藏傳佛教
象徵符號與器物圖解

羅伯特·比爾 Robert Beer 著／繪

向紅笳 譯

The
Handbook
of

TIBETAN BUDDHIST SYMBOLS

Written and Illustrated by

ROBERT BEER

CONTENTS

譯者的話

我是在英國牛津大學舉辦的國際藏學研討會的書攤上發現這本書的。坦率地說，最初吸引我的是書中精美的插圖。全書插圖均採用白描畫法，毫無奢華之感，但令人有一種美的享受。藏傳佛教象徵符號與器物的色彩、線條和器形與眾不同，別具風格。白描繪製的藏傳佛教象徵符號與器物，則更有一番韻味。插圖的線條典雅、流暢，構圖嚴謹，器具形象逼真、直觀，極富韻律美。在翻閱全書後，我更感到這是一部文風嚴謹、資料翔實、內容豐富的學術性著作，全面闡述了藏傳佛教器物的歷史淵源、禮儀上的應用及其濃厚的宗教內涵。

本書作者羅伯特·比爾是一位西方藝術家。近三十年來他一直致力於西藏唐卡藝術的研究，是從事唐卡藝術研究的首批西方學者之一。他曾有多部有關西藏唐卡藝術的論著問世，如《藏族符號與藝術主題百科全書》[1]等，並為《大成就者傳奇》[2]一書繪製插圖。

器物對藏傳佛教的傳播和傳承都具有舉足輕重的作用，也是西藏繪畫、雕塑等藝術的重要題材。藏傳佛教器物包括宗教法器、禮器、戰鬥武器及神靈所持的神器。

全書共分十六章，附有四個附錄和二百餘幅附帶文字說明的插圖。第一章「八瑞相」介紹了十分常見的寶傘、金魚、寶瓶、妙

1.原文： *The Encyclopedia of Tibetan Symbols and Motifs*，《藏族符號與藝術主題百科全書》，書名。

2.原文： *Buddhist Masters of Enchantment: The Lives and Legends of the Mahasiddhas*，《大成就者傳奇》，書名。

蓮、右旋白螺、吉祥結、勝利幢和金輪及其起源。第二章「八瑞物」詳細描述了寶鏡、黃丹、酸奶、長壽茅草、木瓜、右旋白螺、朱砂及芥子，並闡述了它們的功能。第三章「五妙欲」特別介紹了色、聲、香、味、觸及五大感官在藏傳佛教中的作用。第四章「轉輪王」是十分重要的一章，就轉輪王七政寶、七近寶及七珍進行了言簡意賅的闡述。第五章「象徵物與供物」側重在幾大組重要的吉祥符號和圖案上。第六章「動物和神話動物」主要介紹了出現在藏傳佛教藝術中的自然動物及超自然的神話動物及其起源。第七章「星象符號」除了簡述太陽和月亮及五大要素外，特別詳細地解釋佛教宇宙觀中神祕莫測的須彌山和被稱作「壇城」的曼荼羅。第八章「主要禮儀和密宗器具」是本書中最為重要的一章，重點詮釋藏傳佛教儀軌和儀式中最常用的法器。第九章「兵器」介紹神－人或神－神戰爭中使用的兵器及它們的歷史淵源。第十章「吉祥天母的五大神器」是專門介紹吉祥天母神器的章節。第十一章「恐怖的替代品和供物」重點描述了藏傳佛教中十分獨特的供物和替代品。第十二章「手持標識和禮儀供物」著重講述佛像所持器物及其歷史淵源。第十三章「植物供品」介紹的是其他類似著作中很少提及的植物供品。第十四章「法源」是比較晦澀的一章，主要涉及佛教的本源及其外在的表現形式。第十五章是「朵瑪與象徵性供品」。朵瑪是日常生活和宗教生活中常見的供物，而其他象徵性供品的宗教含義卻鮮為人知。這一章側重在對朵瑪、靈器、贖身品、五覺供品及內供的描述上。第十六章「手印」十分有趣，在所附插圖的幫助下，該章介紹了多種手印、手印的功能及結法。四個附錄分別是：**1**攪拌大海的傳說；**2**五部佛；**3**三身；**4**脈輪。書後所附詞彙解釋對生澀難解的佛教詞彙作了進一步的詮釋，相信會使讀者受益匪淺。

　　為了方便讀者進一步深刻理解藏傳佛教器物深邃的宗教內涵，也為了增加本書的學術性，譯者就力所能及提供了千餘條註釋，希望由此能加深讀者的興趣和理解。需要說明的是，由於個別梵文或藏文語焉不詳，只得保留原文或給出音譯或根據英文解釋進行翻譯，因而也無從加註。對於譯者來說，這是一個小小的遺憾，我希

望這點缺憾不會影響全書的質量。還須指出的是，全書中除了註釋中的藏文和梵文是由譯者補充，絕大部分的藏文和梵文均是原書所註明。

譯者從事藏傳佛教資料翻譯工作已有二十餘年，對藏傳佛教文化的博大精深深有感受。本書中出現的梵文、藏文及其他文字大大增加了翻譯的難度，幸虧得到諸多朋友的鼎力相助，才使得這本著作得以面世，譯者對此心懷感激，恕不一一致謝。我還要真誠地感謝中國藏學出版社為解決本書的版權所作的不懈努力。

最後，我願對長期以來一直給予我真誠幫助的所有朋友們表達我誠摯的謝意。

由於譯者的水平有限，特別受到對佛學精髓之領悟的制約，在翻譯過程中難免會有漏譯，甚至錯譯之處，懇請廣大讀者及藏學界學者不吝賜教。

扎西德勒！[3]

向紅笳
2006年國慶節

3.藏文：tsa shi de lek，扎西德勒，藏語巾「吉祥如意」之意，祝福一切吉祥喜樂、圓滿，也是問候語，同「你好」。

序言

1999年夏季，我完成了《藏族符號與藝術主題百科全書》。這部著作的寫作耗時多年，僅完成素描一項就用了近乎八年的時光，是我在蘇格蘭荒蕪的西部高地漫長的半隱居狀態下創作出來的。與之相比，本書的寫作速度較快，且費力不大。每當有話要說時，詞彙會輕易滾湧而出，或許，不知何時收筆成了我的最大困難。在完成了近五十萬字之後，我的出版商和編輯「讓我歇手」。此書已超過了截稿日期，甚至連編寫索引的時間也所剩無幾。儘管基本上它是以初稿形式呈現在讀者的面前，但我認為它是一部質量上乘、見解獨到的著作。

2000年初，我為《藏傳佛教眾神》[1]一書編寫精準的圖示索引。馬丁·威爾森[2]歷時大約十四年為這部著作翻譯了藏文經文並加以註釋。這部著作簡要描述了五百多位神靈。這兩部著作幾乎是同時出版，我也隨之感到金剛乘藝術複雜的象徵主義展現了煥然一新的氣象與見解。

本書是《藏族符號與藝術主題百科全書》原文與《藏傳佛教眾神》中凝練段落的綜合。儘管我為本書所繪的插圖經過了一定的篩選，且主題範圍也被大大縮小，但我認為以本書目前的編排，讀者使用起來會更為方便、得心應手。

1.原文：*Deities of Tibetan Buddhism*，《藏傳佛教眾神》，書名。
2.原文：Martin Willson，馬丁·威爾森，人名。

3.原文：*Praises to the Deities*，《神靈讚》，書名。

　　我力圖使本書的內容構架更符合邏輯，以便將具有鮮明佛教教義特徵的大量內容納入此書。本書的前五章涉及幾大組吉祥符號、供物及標識，其中許多是早期印度佛教第一批具有象徵意義的主題。第六章介紹佛教藝術中的自然動物和神話動物之起源。第七章談及星象符號（太陽和月亮）、五大要素、須彌山和壇城供物。第八章介紹了金剛乘中的主要法器：金剛杵、金剛鈴、十字金剛杵及金剛橛，以及天杖、達瑪茹（手鼓）、脛骨號筒、顱器及鉞刀等其他密宗法器。第九、第十章介紹了具神力的傳統武器，主要為半怒相本尊神和怒相護法神所持。第十一章描述這些神靈所持、更具降魔功力的替代物。第十二、十三章包括不同神靈和法師的手持法器與植物替代物。第十四、十五章涉及金剛乘佛教中更為神祕的符號，包括「法源」、「朵瑪」及「內供」。第十六章描述眾神所結的主要手印，並以此結束全書。

　　本書書後附有四個附錄和一個詞彙表。附錄一是有關攪拌大海的傳說；附錄二簡述五佛部之總體概念；附錄三簡要詮釋佛陀的各種「身」；附錄四試圖簡要闡釋無上瑜伽密宗佛教的「脈輪」體系。從象徵意義上來看，「脈輪」體系與出生、生命和死亡的轉換過程及進入最高圓滿狀態的轉世有關。最後這三個附錄的主題內容極為廣泛。儘管本書的解釋十分簡要、不夠充分，但想要真正理解金剛乘佛教令人歎為觀止、紛繁複雜的戒律和修持，深入這些主題是至關重要的。

　　在本書中，我通篇使用「符號」一詞說明一個特定的器物或替代物的內涵。這一詞彙更精準的解釋或許應是「清淨」，因為這些器物主要代表眾神獲得圓滿後的品性或「純淨」。在過去一千五百年間，印度及西藏大師撰寫的《神靈讚》[3]種類繁多，已充分展示了這種純淨。優美的祈禱詞中，詩一般的語言展現出這些大師從眾神身上感悟到的尊崇、信奉、摯愛和忠誠，被他們視為得到庇蔭和獲得靈感的源泉。

　　本書通篇使用了「經常地、通常地、頻繁地、普遍地和從傳統意義上」等詞彙，表示獨特的象徵性定義或描述。之所以使用這些

詞彙，並非無法確定某個象徵的含義或是無法描述，而是這些符號在不同派別或世系的圖像上產生了異化。岔題去解釋這些異化超出了本書的範疇，但是在卷帙浩繁的《藏族符號與藝術主題百科全書》中，我不時針對局部作嘗試性的解釋。在金剛乘肖像畫法中，象徵主義有時會有外部、內部及神祕三個層面，在無上瑜伽密宗的修持中更爲如此。這些教義揭示的含義十分深奧，且層面較多。宛如閃爍彩虹光澤的一顆錐形如意寶，光的本體只有一個，但各個琢面發出的光澤卻繽紛多彩。

同樣，對於用來描述各種佛教世俗和圓滿特質的詞彙，也應有同樣的理解。如：「八正道」、「六度」和「四無量」都是難以界定的「絕對」詞彙和「相關」詞彙，其含義基本上是溝通人的靈感的。作爲禪定的內容，其含義不斷加深以符合修持者在情感、精神、心理和哲學上的認知。佛教經文中的大量詞彙，任何一個都可以再分爲多個方面或多個組成部分，例如「六度」就可以進一步分爲三個層面。這些詞彙的「絕對」含義僅存於圓滿之心，自然地散發出佛陀與生俱來的無限清淨、智慧、慈悲和摯愛。

佛教眾神及其象徵物只是將小乘、大乘和金剛乘佛教教義的整個「道」囊括其中，或是以有形的方式表現。只有深入理解，才能真切地感悟，而且只有通過持續、漫長的修持、修習和完善，才能直接感悟。以爲僅僅透過歷史、心理和比較性質的詮釋就能理解，這種觀念不免有失偏頗。佛教是一個活的教派，其歷史可以追溯到二千五百年前。幾千名大學者、賢哲和修持者已爲此貢獻了一生，乃至生命。這些教義的理解十分完美，無需再行詮釋。人類思想能夠加以詮釋和理解，而這個「活的教派」的純淨之美正在於此；人們最終會意識到，佛法只存於思想中，人們苦苦尋覓的東西正是他們實際看到的東西。

佛教在其起源地印度發展了一千七百多年，直到入侵的伊斯蘭軍隊在十二世紀末期摧毀了龐大的佛學院。金剛乘密宗傳承在公元八至十二世紀期間得以昭世，而這四百年是印度佛教文化之花綻放的最後時期。正是在這段時期，佛教教義通過喀什米爾和尼泊爾傳

4.原文：Stephen Bachelor，斯蒂芬·巴徹勒，人名。

5.原文：*The Jewels in the Lotus*，《蓮花中的珍寶》（1987年），書名。

6.原文：Sam Mendes，山姆·曼德斯，英國導演。

7.原文：*American Beauty*，《美國心玫瑰情》，美國電影名。

入西藏，並由梵文譯成藏文。藏族藝術中出現的大部分符號都源自於印度佛教。早在佛教傳入之前，許多符號在古印度業已存在。同樣，所有的佛、菩薩、主要本尊神和護法神都源自印度佛教，裝飾在印度皇族的絲袍和珠寶飾物上，或是印度密宗瑜伽師及瑜伽母的骨飾和獸皮上。

大多數符號源自印度已無可爭議，但不可避免地引發了以下問題：「依據什麼區分藏傳佛教和早期印度佛教？」斯蒂芬·巴徹勒[4]在其著作《蓮花中的珍寶》[5]中寫道：「就教義而言，藏傳佛教並不會過分偏離印度先哲，但他們以其他種方式重新組織其內容，形成系統化實現大圓滿的道次。真正屬於藏文化的是佛教『道次』的邏輯，而不是根據這種邏輯編排的個別教義和感悟。因此，並不是與眾不同的藏族成分使藏傳佛教與眾不同，而是這些常見的佛教成分在藏人思想中融合的方式。」

我從事佛教藝術研究和實踐已有三十餘年，但從中發現的奇觀和感悟始終令我驚歎不已。

如同一面魔鏡，你注視得越久，它就越能揭示其內涵。我對大圓滿思想滿懷感激，它表述了這一切神聖之美。山姆·曼德斯[6]的影片《美國心玫瑰情》[7]結尾的幾段話似乎能準確地表達出這種心情：「我想，我對我身邊發生之事是滿心怨忿，但當我發現世界上充滿這麼多美麗的事物時，我氣都消了。有時，我感覺所有美的事物彷彿在我眼前展現，無處不在。我的心膨脹起來，就像個快要爆炸的氣球。而後，我想起要鬆弛於心，不再執著。隨後，那些事物便像雨水一樣從我手中悄然流過。於是，除了對我愚蠢、微不足道的生活中的每一個時刻心懷感激外，我的頭腦空空如也。我敢說，我的話你懵懂不明，但別擔心，總有一天，你會明白的。」

2003年復活節

第一章
八瑞相

八瑞相（梵文，astamangala；藏文，bKra-shis-rtags-brgyad）是佛教符號中最著名的一組，其傳統排列如下：1 白傘；2 一對金魚；3 寶瓶；4 妙蓮；5 右旋白螺；6 吉祥結；7 勝利幢；8 金輪。

最初，八瑞相構成了印度早期的一套供物，是國王加冕時獲贈的禮品，可能源自前佛教時期。這組印度早期的八瑞相可能由以下器物組成：1 寶座；2 卐字符；3 手印；4 髮旋[1]；5 珍寶瓶；6 淨水瓶；7 一對金魚；8 蓋碗。早期南印度的一組器物可能有：1 拂塵；2 雙魚；3 趕象刺棒；4 寶鏡；5 寶鼓；6 寶幡；7 水瓶；8 燈盞。

耆那教[2]教徒也選用八瑞相，其年代可能要早於佛教的八瑞相。耆那教的器物包括：1 寶瓶；2 淨水瓶；3 雙魚；4 字符；5 吉祥結；6 髮旋；7 寶鏡；8 寶座。在尼泊爾尼瓦爾[3]佛教的八瑞相中，一對拂塵或犛牛拂塵[4]替代了金輪；一般來說，八大尼瓦爾象徵物排列成瓶狀。

在佛教傳統中，象徵好運的八瑞相代表釋迦牟尼得道時偉大吠陀教[5]眾神敬獻給他的供物。第一個在佛陀前現身的是眾神中的梵天神[6]。他獻給佛陀一尊千輻金輪，象徵著請求佛陀透過「轉法輪」傳道。大天神因陀羅神[7]隨後現身，贈給佛陀一隻巨大的白色海螺

1. 梵文：shrivatsa，髮旋，頭髮循著一定方向所形成的漩渦，多位於頭頂。

2. 原文：Jaina，耆那教，產生和流行於南亞次大陸的一種宗教。前六至五世紀與佛教同時興起，自稱是最古的宗教。傳說有二十四祖。四至十三世紀曾在印度流行，不少君王都是該教信徒和支持者。

3. 原文：Newar，尼瓦爾，尼泊爾的民族之一，大多居住在加德滿都河谷及其附近城鎮，主要從事農牧業。

4. 梵文：chamara，犛牛尾拂塵。

5. 吠陀教，印度古代宗教之一，由約前二千年古印度西北部的亞利安游牧部落的信仰演化而成。信仰多神，崇拜種種神化的自然力和祖先、英雄人物，凡日月星辰、雷雨閃電、山河草木及動物等都被幻化為神，並根據這些神的位置分為天、空、地三界。

6. 梵文：Brahma，梵天，婆羅門教、印度教的創造之神，與濕婆、毗濕奴並稱婆羅門教和印度教的三大神。認為世界萬物（包括神、人）都是他創造的，被稱為始祖。佛教產生後，被吸收為護法神，為釋迦牟尼的右脅侍。

八瑞相：（上排左起）白傘、金魚、寶瓶、妙蓮；（下排左起）右旋白螺、吉祥結、勝利幢、金輪。

號，象徵著請求他「宣喻佛法眞諦」。在描繪佛陀得道的
藏族繪畫作品中，傳統上，黃色四面梵大神和白色
因陀羅神的祈求形式是跪拜在佛陀寶座面前，獻
上他們各自的象徵物金輪和白海螺。親歷見證
佛陀得道的地神母[8]獻給釋迦牟尼一隻充滿長生
不老甘露的金瓶。

　　在早期的印度佛教中，佛像畫成非偶像或
無形的，通常用華蓋和菩提樹下的空寶座或帶
有其神刻足跡的石刻來表現。這些石刻顯示出佛
陀神性標識的各種吉祥符號，如：勝利幢、獅子
座、三股叉、三寶、吉祥結、卐字符、海螺和雙
魚，但最常見的標識是蓮花和金輪。在早期金剛乘佛
教[9]中，八瑞相被神化爲八大天女，每人手持一個吉祥
符號作爲器物，以「八瑞相天女」[10]著稱。

八瑞相整體構圖。

　　在漢地佛教中，八大象徵物代表佛陀身體的八大器官：■1
寶傘代表脾臟；■2雙魚代表腎臟；■3寶瓶代表胃；■4蓮花代表肝
臟；■5海螺代表膀胱；■6吉祥結代表小腸；■7勝利幢代表肺；■8金
輪代表心臟。類似的藏族傳統把八大象徵物看成佛陀身體的組成部
分：■1寶傘代表頭部；■2金魚代表雙眼；■3寶瓶代表頸部；■4蓮花
代表舌頭；■5金輪代表雙足；■6勝利幢代表「身」；■7海螺代表
「語」；■8吉祥結代表「意」。

　　在藏族藝術中，八瑞相可以分別繪製，也可以畫成兩個、四個
和八個一組。成組繪製時，常常擺成瓶狀。呈瓶狀時，可略去寶
瓶，由其他七件寶瓶狀的象徵物代表寶瓶所象徵的財富。象徵好運
的八瑞相圖裝飾在各式各樣的佛教聖物和世俗物品上，如木雕家
具、鑿花金屬製品、瓷器、牆鑲板、地毯和絲綢織物，也用潑灑麵
粉或彩色粉末畫在地上，以敬迎宗教大德們光臨佛門聖地。

7.梵文：Indra，因陀羅神，印度教神
名。由亞利安人從古代伊朗帶到印
度，後被佛教吸收。在印度教中，為
喜見城（Sudarsana）之主，備受崇
拜。原為雷雨之神，後發展成為戰
神，手持金剛杵，故名「金剛手」，其
武器有鉤子和網。

8.梵文：Sthavara；藏文：Savi Lha-
mo，地神母，亦稱「堅住神」或「不
動神」，女神名。

9.金剛乘佛教，真言密教的異名，其名
表示教法的堅利無比，有如金剛石。

10.梵文：Astamangala Devi，八大
瑞相天女，女神名。

11. 梵文：chakravartin，轉輪王，亦譯「輪轉聖帝」和「輪轉聖王」，因手持輪寶而得名。古印度神話中的「聖王」。此王即位，自天感得輪寶，他轉輪寶而降伏四方。佛教襲用其說。

12. 梵文：Dipamkara Atisha；藏文：A-ti-sha，阿底峽，法名燃燈吉祥智，出身於孟加拉王族，曾任那爛陀寺、超岩寺住持。著有《菩提道燈論》等五十餘種論著。1054年病逝於前藏聶塘。其弟子仲敦巴等弘傳其學說，發展成噶當派。

13. 梵文：Sitatapatra，大白傘蓋佛母，女神名。藏文：gDugs-dkar，有「白傘」之意。

14. 梵文：makara；藏文：Chu-sring，摩羯，水怪之意。

寶傘
（梵文：chatra, atapatra；藏文：gDugs）

寶傘是印度皇族傳統的象徵物和保護傘，傘下陰影使人免受熱帶陽光的暴曬之苦。陰涼象徵保護人們免受酷熱之苦，避開欲、障、疾病和邪惡力量。作為皇族或世俗財富的象徵，儀仗隊中隨行人員擎舉寶傘的數量越多，表明他的社會等級越高。傳統上根據規定，國王可以撐用十三把寶傘，早期印度佛教徒把這個數字看成化身為轉輪王[11]的佛陀的權力象徵。十三個傘輪構成各類佛塔的錐形塔尖。佛塔則記述佛陀一生中的主要事件或用於安放其遺物。這種習俗後來用於所有藏傳佛教佛塔的設計上。印度大師阿底峽[12]公元十一世紀在西藏復興了佛教，人們認為他有資格擁有撐十三把寶傘的隨從。

寶傘撐在頭部上方，自然象徵著榮譽和尊崇。正是出於這一原因，寶傘在早期佛教藝術中變成明顯的非偶像象徵符號。大龍神敬獻給國王的寶傘是用黃金製成的，上面綴滿珠寶，傘圈還綴有散發甘露香氣的珠寶。傘上掛有迎風時叮噹作響、玲瓏可愛的鈴鐺，還有一根青玉手柄。佛像頭頂上常畫有一把精緻的巨型白傘，而這把「大白傘」後來成為辨認金剛乘女神大白傘蓋佛母[13]的標誌。大白傘蓋佛母是金剛乘所有神靈中最為複雜的一個，長有千手千足千首和「十億」隻眼睛。雙臂大白傘蓋佛母常常畫在結跏趺坐的佛陀上方，十分恬靜地手持一把白傘。

典型的佛教寶傘有一根白色或紅色檀香長手柄或軸桿。其傘頂飾有一朵金色小蓮花、一個寶瓶和一個珠寶綴。在圓頂狀的傘架上繃著白色或黃色絲綢。傘骨圓邊掛著一塊多褶的簾飾，上面綴有眾多各色絲綢懸飾和圍幔。寶傘圓簷的分界處釘有一根裝飾華麗、飾有摩羯[14]（參閱第104頁）尾的金軸，上面一般掛有絲綢帳幔，也可以用孔雀翎、珠寶鏈飾和犛牛尾的掛飾來裝飾。傳統上，在儀禮上使用的絲綢寶傘直徑約四英尺，長軸桿可將傘撐在頭

寶傘。

頂上方至少三英尺。方形和八角形寶傘也十分常見，但在住持喇嘛寶座上方或寺院寶殿主供神像頭頂上方經常懸掛的是黃色或紅色巨型絲綢寶傘。白色或黃色寶傘是至高無上權力的宗教象徵。而孔雀翎寶傘則更具體地體現了世俗的權威。

寶傘的圓頂代表智慧，懸掛的絲綢圍幔象徵著各種慈悲的方法或方便善巧[15]。敬獻給佛陀的白傘主要象徵他護佑芸芸眾生免於誘惑、克服恐懼的能力。

飾有孔雀翎、珠寶鏈、犛牛尾拂塵及絲幔的精美寶傘。

金魚
（梵文：suvarnamatsya；藏文：gSer-nya）

在梵文中，一對金魚稱作「雙魚」[16]，暗示其來源，也是恆河[17]和朱木那[18]兩大主要聖河的古代標誌。從象徵意義上來說，這兩條大河代表著陰、陽脈或脈道[19]。脈道源自鼻腔，掌控著呼吸的節奏。

在佛教中，金魚代表著幸福和自主，因為牠們完全可以在水中自由游動。由於繁殖迅速，金魚代表著多子多孫，還代表不受種姓和地位約束的舒適之感，因為能融合在一起，隨意接觸，因此金魚常常成雙成對地游動。而在中國，雙魚代表著夫妻結合和忠貞不渝，因此傳統上，常贈送一對金魚作為結婚禮物。由於魚在中國數量繁多，構成了主食一個重要的部分。在漢字中，魚有「魚」和「餘」雙重含義，因此，魚成了物質財富的雙關語。在中國風水傳統中，人們認為養魚就是招財進寶。

雙魚這一吉祥符號在印度教[20]、耆那教和佛教中十分普遍。在古埃及，雙魚象徵尼羅河富庶的流域。早期基督教徒把雙魚看作「得人漁夫」基督的象徵，並將希臘文「魚」一字的字母（ΙΧΘΥΣ／ichthys）解釋為「耶穌基督、神之子和救世主」。

雌、雄雙魚通常對稱繪製，形似鯉魚，尾巴、鰓和鰭均十分優雅，長長的魚鬚從上顎伸出。傳統上，鯉魚因其優雅之美、體態和

15.方便善巧，指為了接引眾生的權宜方式。

16.梵文：matsyayugma，雙魚。

17.梵文：Ganges 或 Ganga，恆河，位於今印度與孟加拉國境內，被印度教視為聖河，兩岸約有一千五百公里的地方作為神聖的朝拜地區。印度教徒常到此巡禮、沐浴，或將死者骨灰投入河中，認為可滌除罪惡。

18.梵文：Yamuna，朱木那河，印度境內的一條河。

19.梵文：nadi，脈道，指人體內的脈，在藏醫學中可分為初成脈、世界脈、聯合脈和維持生命脈。

20.印度教，亦稱「新婆羅門教」。四世紀前後，婆羅門教吸收佛教、耆那教等教義和民間信仰演化而成。基本教義與婆羅門教雷同。後逐步形成毗濕奴教、濕婆教和性力派三大派別。

各種雙魚。

長壽，以及與某些慈悲之神有關，在東方被視為聖魚。雙魚常常畫成兩鼻相觸。在印度教中，這是女性性器官和陰道的象徵。金魚是印度大成就者[21]提洛巴[22]的器物，象徵他使芸芸眾生免受輪迴之苦的覺識和能力。敬獻給佛陀作為吉祥象徵物的雙魚可能是用金線繡在貝拿勒斯[23]絲綢上的。

寶瓶
（梵文：nidhana-kumbha；藏文：gTer-gyi bum-pa）

金色寶瓶仿造傳統的印度黏土水瓶。這種水瓶稱作「Kalasha」或「kumbha」，瓶底扁平、圓肚、細頸，上瓶沿口刻有凹槽飾。在印度，子宮形狀的聖水瓶在盛大的宗教「寶瓶節」[24]上頗受尊崇。該節日每三年在阿拉哈巴德[25]、哈里迪瓦爾[26]、納西克[27]和烏賈因[28]等城市輪流舉行一次，以紀念神降甘露[29]於這四個聖地（參閱附錄一）。

寶瓶主要是某些財神的象徵，其中有寶藏神[30]、多聞天王[31]和

21.梵文：Mahasiddha，大成就者。「Maha」譯為「大」，「siddha」音譯「悉曇」，漢譯成就、吉祥。

22.梵文：Di-lo-pa；藏文：Te-lo-pa，提洛巴，生於藏曆土陽鼠年（公元988年－1069年），是公元十世紀印度那若巴的上師。原名慧賢，為修密宗的成就者。

23.原文：Benares，貝拿勒斯，印度教聖地。舊稱「伽屍」（Kashi），因古代伽屍國而得名。1957年改為瓦拉納西（Varanasi）。位於印度北方邦南部、恆河中游左岸。不僅是印度教教徒的朝拜中心，也是佛教徒、耆那教朝拜聖地。古城內有成千座印度教寺廟，其中有著名的金寺。城西北約十公里處的鹿野苑，據傳為釋迦牟尼第一次講道處。

增祿天母[32]。寶瓶常常作為一種器物出現在他們的腳下。增祿天母的化身之一就是站在水平擺放的一對寶瓶之上，寶瓶連續不斷地噴出珠寶。作為神瓶[33]，它有自動示現的特質，因為無論從瓶中取走多少珠寶，瓶內永遠都珠寶滿盈。

　　典型的藏式寶瓶畫成極其華麗的金瓶，各個部位都散射著蓮花瓣圖案。一塊如意寶或三聯寶石作為飾頂，象徵著佛、法、僧三寶。佛教壇城[34]供中所描述的大寶瓶[35]是黃金製成，飾有大量奇珍異寶。瓶頸上繫有來自神域的一方絲綢，頂部用一棵如意樹為頂飾。該樹的樹根浸泡在長壽水中，樹根上神奇地長出各色各樣的珠寶。封好的寶瓶可以放在或埋在聖地，如山口、朝聖地、溪流、河流和海洋，一方面使周邊地區富庶，另一方面也取悅居於該地的地方神。

金色寶瓶。

妙蓮
（梵文：padma, kamala；藏文：Pad-ma, Chu-skyes）

　　出污泥而不染的蓮花是表示純淨和斷滅的一個主要佛教象徵。它代表一切活動的鼎盛階段，而進行這些活動是為了完全避免墮入輪迴之錯誤。神靈端坐或站立的蓮花寶座象徵著他們的神聖本源。這些神靈被想像成是潔白無瑕、極盡善美，其身、語、意絕對清淨。神靈顯現在輪迴之中，但他們絕沒有受到不潔之物、意障和心障的污染。

　　從埃及到日本的眾多世界偉大文明都把蓮花視為神聖的象徵，並將其廣泛地融入自己的藝術和建築之中。蓮花隨太陽升落而開闔，在古埃及，人們認為黎明時太陽從東邊的蓮花中升起，日落時

24.原文：Kumbh Mela；梵文：mela，寶瓶節，印度教紀念黑天神（札格納特）降落下界的節日。每年的六、七月舉行。由祭司把札格納特及其弟大力羅摩（Balarama）、妹蘇婆特羅（Subhadra）的神像從廟宇抬出，用一百零八個水罐的水，在太陽升起前給以沐浴、塗油，把神像高舉，讓所有人都能看到。

25.原文：Allahabad，阿拉哈巴德，印度地名。

26.原文：Haridwar，哈里迪瓦爾，印度地名。

27.原文：Nasik，納西克，印度地名。

28.原文：Ujjain，烏賈因，印度地名。

29.梵文：amrita；藏文：bDud-rtsi，甘露，神祇、諸天常用的飲料。據說，服後不老不死，是一種不死的靈藥。在佛教中，甘露被視為忉利天甘美的靈液，服後能使人驅除苦惱、延年益壽，甚至死而復甦。

30.梵文：Jambhala，寶藏神，神名，財神之一。

31.梵文：Vaishravana；藏文：rNam-thos-sras，多聞天王，亦稱「多聞子」，梵音譯作「毗沙門」。佛書所說的北方一神名。

32.梵文：Vasudhara；藏文：Nor-rgyun-ma，增祿天母，亦稱「財流佛母」、「財續母」、「財寶天母」。賜予財寶成就的佛教密乘一本尊名。

33.藏文：Bum-pa bzang-po，神瓶。

34.梵文：Mandala，壇城，音譯「曼荼羅」，亦譯「壇場」、「輪圓具足」等。印度密教修「祕法」時為防止「魔眾」侵入，在修法處劃一圓圈或建以土壇，有時還在上面畫上佛、菩薩像，事畢像廢。一般曼荼羅分為：❶大曼荼羅；❷三昧曼荼羅；❸法曼荼羅；❹羯磨曼荼羅。

35.藏文：gTer Chen po'i bum-pa，大寶瓶。

36.梵文：Surya，太陽神，梵文譯音「蘇利耶」，神名。

37.梵文：Vishnu，毗濕奴，意譯「遍入天」、「遍淨」等。與梵天、濕婆並稱為婆羅門教和印度教三大神。後被毗濕奴教奉為最高的神來崇拜。其妻是吉祥天女，曾化作十大化身，十次下凡救世。

38.梵文：Padmasambhava，蓮花生，亦稱「烏金大師」。八世紀印度僧人，應吐蕃贊普赤松德贊（公元742年－797年）之請入藏傳播密法，曾利用密宗法術同苯教巫師鬥爭，並為護寂共建桑耶寺，對吐蕃佛教戰勝苯教有一定的作用。後世藏傳佛教甯瑪派尊其為「祖師」。

落入西邊的蓮花之中。同樣，吠陀教太陽神[36]的每隻手都持有一朵蓮花，象徵太陽掠過天際的路徑。吠陀教的創生之神梵天誕生在一朵金色蓮花裏，而這朵蓮花是從毗濕奴[37]肚臍裏長出來，宛如從臍狀莖長出的一朵蓮花。密教大師蓮花生[38]將佛教傳入西藏，他同樣被神化為生於一朵奇異的蓮花上，開放在印度的烏仗那[39]王國的丹納闊沙[40]湖上。在印度教和佛教經文中，蓮花被性隱喻為神聖子宮或陰道。蓮花是梵文女性「陰道」的同義詞，女性陰道柔軟，呈粉紅色且有開口。同樣，金剛[41]是男性「陰莖」的同義詞，既堅挺又能插入。金剛和蓮花的結合是色[42]與空[43]或方便與智慧結合的性象徵。在內在層面上，這種結合象徵氣滲入人體內主脈並升騰，會穿透並開啟脈輪中的蓮花或輪[44]。

牡丹和菊花樣式的蓮花。

蓮花與花蕾。

　　蓮花是西方紅色阿彌陀佛，即「蓮花部怙主」的象徵。阿彌陀佛的特質代表著火的紅色、生命體液、黃昏暮光、夏季及將慈愛化作覺識。阿彌陀佛之伴偶般吒羅[45]的手持器物是一朵紅色蓮花。阿彌陀佛麾下的菩薩是蓮花手觀音[46]（即大慈菩薩）。

　　佛教中的蓮花被描述為四瓣、八瓣、十六瓣、二十四瓣、三十二瓣、六十四瓣、百瓣、千瓣。令人費解的是，這些數字既象徵性地符合人體內的蓮花數量，也與壇城各個組成部分的數量相符。作為手持器物，蓮花通常呈粉色和淺紅色，共有八片或十六片蓮瓣。盛開的蓮花也可以是白色、黃色、金黃色、藍色和黑色。白色蓮花

39. 梵文：Uddiyana，烏仗那，印度地名。

40. 梵文：Dhanakosha，丹納闍沙，印度地名。

41. 梵文：vajra，金剛，音譯「伐折羅」。金中最剛之意，用以譬喻牢固、銳利、能摧毀一切的意思。

42. 梵文：rupa，色，佛教名詞。相當於物質的概念，但並非全指物質現象。

43. 梵文：sunya，空，佛教名詞。指事物之虛幻不實，或指理體之空寂明淨。謂世界一切現象皆是因緣所生，

刹那生滅，沒有質的規定性和獨立實體，假而不實，故謂之「空」。佛教講空，說法不一。

44. 梵文：chakra，輪。

45. 梵文：Pandara，般吒羅，阿彌陀佛的伴偶，在佛教中代表女性性力。

46. 梵文：Padmapani Avalokiteshvara，蓮花手觀音，神名。

47. 梵文：pundarika；藏文：Padma-dkar-po，白色蓮花。

48. 梵文：Sikhin，屍棄佛，代表火的神。

49. 藏文：Pad-ma ser-po，黃色蓮花。

50. 藏文：gSer-gyi pad-ma，金黃色蓮花。

[47]是屍棄佛[48]的象徵，而白度母手持的是十六瓣白蓮花。黃色蓮花[49]和金黃色蓮花[50]一般稱作「白瑪」（蓮花），而紅色或粉色蓮花更爲常見。梵文詞彙「utpala」專指藍色或黑色的「夜蓮花」，但直接音譯的藏文「ut-pa-la」可用於各種顏色的蓮花。

右旋白螺
（梵文：dakshinavarta-shankha；藏文：Dung gyas-'khyil）

右旋白螺是古印度戰神的器物，巨大的海螺號宣告人們在戰鬥中表現出的驍勇和勝利。毗濕奴的噴焰海螺叫「Pamchajanya」，其意爲「擁有對五眾的控制力」。阿周那[51]的海螺以「Devadatta」著稱，其意爲「神賜」。他的勝利號角令敵人膽顫心寒。作爲戰鬥號角，海螺相當於現今的軍號，是力量、權威和統治的象徵。吉祥的號聲可以驅除邪惡精靈，使人避開自然災禍並恫嚇一切有害生靈。

毗濕奴左上手持有噴焰海螺，與右上手持有的金輪相配。毗濕奴的十大化身[52]中的前五位魚、龜、野豬、人獅和侏儒，都持有這兩種器物。在印度教中，佛陀是毗濕奴十大化身中的第九大化身。因陀羅和梵天這兩大天神在傳統上被畫成在佛陀寶座前敬獻毗濕奴的器物海螺和金輪，這或許更是一種巧合。毗濕奴普遍也被稱作「偉人」[53]或「右手神」[54]，這些稱號同樣適用於佛陀。佛陀的頭髮右旋，身體帶有「偉人」的三十二吉相[55]。

早期的印度教把海螺分爲陰、陽兩類，厚殼球莖狀海螺屬於陽性[56]，而薄殼細長型屬於陰性[57]，這也用於劃分印度四大種姓[58]。表面光滑的白海螺代表婆羅門（僧侶）種姓；紅色海螺代表剎帝利（武士）種姓；黃色海螺代表吠舍（商人）種姓，而灰暗色海螺代表首陀羅（奴隸）種姓。天然左旋的普通海螺[59]與極爲罕見的

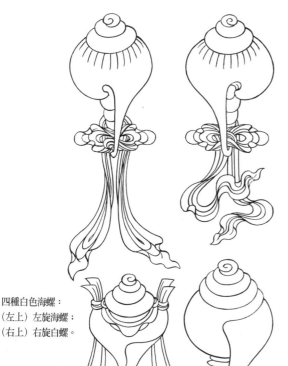

四種白色海螺：
（左上）左旋海螺；
（右上）右旋白螺。

旋白螺[60]可以進一步劃分。右旋白螺最爲吉祥，
適宜用於儀式中。螺殼的殼尖被鋸掉，形成吹
口，這樣，右旋風道可以創造出音響的效果，
象徵正在施頌[61]佛法。

　　婆羅門教把戰鬥中使用的海螺視爲其宗教統治
的禮儀象徵。早期佛教徒同樣用它作爲佛陀教義至
高無上的象徵。此時，海螺象徵佛陀宣講佛法
眞諦時的無畏精神，以及號召爲眾生利益而獲
得圓滿和努力精進。海螺號筒般深沉的聲音是
佛陀三十二個大相之一，其聲音響徹整個十方大
地。在肖像畫法中，佛陀喉部三條海螺形狀的皺褶
代表這一大相。

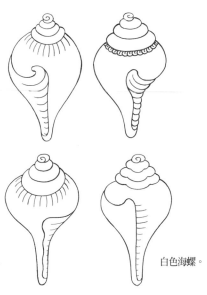

白色海螺。

　　作爲八瑞相之一，白色海螺通常垂直繪製，常在其較低處繫有
一根絲飄帶。從口部曲線和螺孔可以看出螺的右旋。海螺可以水平
放置，當作盛放甘露或香料的容器。作爲手持器物，則象徵宣講佛
法就是「佛語」。眾神的「智慧」左手常持有海螺。

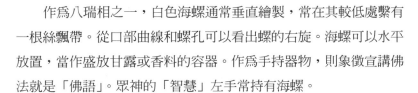

吉祥結
（梵文：shrivatsa, granthi；藏文：dPal be'u）

　　梵文「室利靺瑳」[62]一詞意爲「室利的鍾愛之物」。室利指的
是羅乞什密女神[63]，即：毗濕奴之妻。吉祥結裝飾在毗濕奴的胸
前。毗濕奴胸口上的羅乞什密標識表示他內心對其妻的忠誠。由於
羅乞什密是財富和幸運之神，因此吉祥結就形成了一個自然的吉祥
符號。吉祥結既可呈三角形的漩渦狀，又可以呈垂直的菱形，其中
四個主要內角掛有環圈。毗濕奴的第八個化身黑天[64]也在胸部中央
佩戴吉祥結。

　　吉祥結的另一個名字是「nandyavarta」，其意爲「喜旋」[65]。這
個結與卐字符和希臘十字架[66]形狀相同。印度和中國漢地佛像的胸
部經常刻有吉祥結或卐字符，象徵著大圓滿思想。吉祥結和卐字符
可能源自眼鏡蛇頭部的S形圖斑，由此生成了龍吉祥結[67]，即：兩

51.梵文：Arjuna，阿周那，印度古代
梵文史詩《摩訶婆羅多》中的角色。

52.梵文：avatara，化身。毗濕奴的
十大化身爲：① 魚（Matsya）；② 龜
（Kurma）；③ 野豬（Varaha）；④ 人
獅（Narasingha，半人半獅的怪
物）；⑤ 侏儒（Vamana）；⑥ 持斧
羅摩；⑦ 羅摩；⑧ 黑天（Krishna）；⑨
佛陀；⑩ 迦爾吉（Kalki，白馬）。

53.梵文：mahapurusha，偉人或大
人。

54.梵文：dakshinadeva，右手神。

55.梵文：mahapurusha-lakshana，
三十二大相。如來身體的三十二種殊
勝的相狀。或指佛、轉輪王的身體所
具的三十二種相好。

56.梵文：purusha，陽性。

57.梵文：shankhini，陰性。

58.原文：caste，種姓。印度的四大
種姓是：① 婆羅教的掌門人，音譯
「婆羅門」（brahmin）；② 武士、王族
和軍人，音譯「刹帝利」（ksha-
triya）；③ 農工商庶民，音譯「吠舍」
（vaishya）；④ 奴隸，音譯「首陀羅」
（shudra）。

59.梵文：vamavarta，左旋海螺。

60.梵文：dakshinavarta，右旋白
螺。

61.梵文：dakshina，施頌，指受施時
唱起的咒頌。

62.梵文：shrivatsa，室利靺瑳，意譯
「室利的鍾愛之物」。

63.梵文：Lakshmi，吉祥天女，音譯
「羅乞什密」。婆羅門教、印度教的命
運、財富、美麗女神。在史詩、往世
書時代成為女神。據印度教神話，她
是天神和阿修羅攪拌乳海時產生出來
的，故有「乳海之女」名。謂為毗濕
奴之妻，愛神之母。在藏傳佛教中常
被稱作「班登拉姆」。

64.梵文：Krishna，黑天，印度教崇拜
的大神之一，毗濕奴的第八個化身。
黑天的英雄事績受到大神濕婆的尊
敬，承認他是宇宙大神。黑天的形象
在印度的民間文學、繪畫、音樂等藝
術中經常出現。

65.藏文：dGav-'khyil，喜旋，與太極
圖相似的圖形。

66.希臘文：gammadion，希臘十字
架，由四個大寫的希臘語第三個字母
π所組成的帶鉤十字形，特別是卐字
形或希臘中空十字架。

67.梵文：nagayantram，龍吉祥
結。

68.印度河文明，年代約公元前2350至
前1750年。居民主要從事農牧業。有
輪製素面陶。青銅舞女像為印度河流
域文物珍品之一，出土印章多有動物
形象，印章銘文尚未解讀成功。

69.梵文：shrivatsa-svastika，吉祥卐
字符。

70.原文：celtic，克爾特，是鐵器時
代歐洲和前羅馬時代歐洲早期印歐民
族的一部分成員，其分支分佈在從大
不列顛群島和西班牙到小亞細亞，一
部分被吸入羅馬帝國，如：高盧
人、加拉西亞人等。

71.十二因緣，又作「十二支」、「十二
因生」。原始佛教極其重要的觀念，以

繫有絲哈達的兩種吉祥結。

條或多條蛇纏繞形成的吉祥圖案。吉祥結也出現在印度河文明[68]的
泥印上。最終演變成幾何圖形的佛教符號吉祥結，人們認為會
「像卐字符一樣旋轉」，被認為是「吉祥卐字符」[69]，因為，這兩個
相似的符號在大部分有關早期印度八瑞相的傳說中十分常見。

　　在許多古代教派中，代表永恆、無限或神祕的吉祥結十分常
見，特別是在伊斯蘭和克爾特[70]的圖案中得以創新。在中國，吉祥
結是長壽、永恆、愛和和諧的象徵。作為佛教思想的象徵物，代表
著佛陀無限的智慧和慈悲。作為佛教教義的象徵，則代表「十二因
緣」[71]的延續性；「十二因緣」強調輪迴轉世的現實。

勝利幢

（梵文：dhvaja；藏文：rGyal-mtshan）

　　勝利幢意為旗子、旗幟或軍旗，最初是古印度戰爭中的戰旗，裝飾在武士戰車的尾部或插在巨型寶傘或華蓋後面。每面戰旗都有勝者或王者的具體標識。黑天的戰車上飾有金翅鳥[72]飾頂的旗幢。阿周那的戰車上插著猴子圖案的旗幢。而威音王[73]戰車的旗幢上有棕櫚樹圖案。但勝利幢主要是濕婆[74]這個死亡與毀滅之神的軍旗。該旗頂有一個三股叉，象徵著濕婆在天、地和地下三界的勝利或奪取坐落在三界[75]上之「三城」的勝利。

　　在印度戰事中，軍旗經常做成恐怖的樣式，其設計是為了在敵人之中製造恐慌。敵人或被害者被串起的頭顱和剝下的人皮是一種極為恐怖的標誌。凶猛野獸的頭和皮，特別是虎皮、鱷魚皮、狼皮

十二因果的條件而成一系列，解釋人生的種種痛苦與煩惱的起源。這亦是佛祖釋迦牟尼覺悟的內容。十二因果是：① 無明（梵文：avidya）；② 行（samskara）；③ 識（梵文：vijnana）；④ 名色（梵文：nama-rupa）；⑤ 六入（梵文：ayatana）；⑥ 觸（梵文：sparsha）；⑦ 受（梵文：vedana）；⑧ 愛（梵文：trishna）；⑨ 取（梵文：adana）；⑩ 有（梵文：bhava）；⑪ 生（梵文：jati）；⑫ 老死（梵文：jaramarana）。

72. 梵文：garuda，金翅鳥，梵文譯音「迦樓羅」，亦稱「妙翅鳥」等。印度神話中理想化的靈鳥，據說居於四天下的大樹上，以龍為常食。大乘經典以之為天龍八部之一。

73. 梵文：Bhisma，威音王，神名。

三種勝利幢，右邊的兩個飾有虎皮橫飾帶。

74.梵文：Shiva，濕婆，婆羅門教和印度教主神之一，即毀滅之神、苦行之神、舞蹈之神。與梵天、毗濕奴並稱為婆羅門教和印度教三大主神。由「吠陀」中樓陀羅神發展而成。印度教認為「毀滅」有「再生」的意思，故表示生殖能力的男性生殖器「林伽」被認為是他的象徵，受到教徒的崇拜。妻子是雪山神女，兒子是象頭神塞建陀。佛教文獻稱他「大自在天」，住色界之頂，為三千界之主。

75.梵文：trailokya，三界：**1** 欲界（梵文：kamadhatu；藏文：'Dod-khams）；**2** 色界（梵文：rupadhatu；藏文：gZugs-khams）；**3** 無色界（梵文：arupadhatu；藏文：gZugs-med-khams）。依據佛教的世界觀，三界是眾生所居住的世界或是三個迷執的界域，眾生即在其中輪迴流轉，不能出離。

76.梵文：mara，惑者。

77.梵文：maya，誘者、魔。

78.梵文：Kamadeva，欲神，亦稱「五欲自在王」，印度教的愛欲之神。

79.梵文：Mara，魔或惡魔，音譯「馬拉」。障礙佛道的鬼神或與佛法為敵的鬼神。

80.梵文：Skhanda-mara；藏文：Phung-po'i-bdud，陰魔，四魔之一。

81.梵文：Klesha-mara，惑障魔，四魔之一。

82.梵文：Mrityu-mara；藏文：'Chi-bdag-gi-bdud，死魔，四魔之一。

83.梵文：Devaputra-mara，魔子，四魔之一，五欲自在王的另一個梵文名字。

84.梵文：catur-brahmavihara；藏文：Tshad-med-bzhi，四無量，亦稱「四無量心」和「四梵往」，是四種廣大的利他心願：慈、悲、喜、捨，以導無量的人入覺悟之域。四無量包括：**1** 慈無量（梵文：karuna）；**2** 悲無量（maitri）；**3** 喜無量（梵文：

和水牛皮常常是首選之物。還有用其他令人生畏的生靈做成的巨型雕像，如：蠍子、蛇、蒼鷹、烏鴉和金翅鳥。

摩羯頭旗幢最初是吠陀時期作為「惑」者[76]和「誘」者[77]的欲神[78]的標識。印度教中的欲神與佛教中試圖阻礙佛陀獲得圓滿的魔[79]作用相仿。在早期佛教中，魔是阻礙修持者精神提升的阻障者，四魔為一組。四魔最初是以四兵為依據劃分的；四兵分別為：馬兵、步兵、象兵和車兵。四魔中占首位的是陰魔[80]；第二位是惑障魔[81]；第三位是死魔[82]；第四位是魔子[83]或稱「欲惑神」，該神就是欲神，即：「最高欲界之王」。據說，在獲得圓滿之前的一個黃昏，佛陀通過修習「四無量」[84]（慈、悲、喜、捨）戰勝了欲神的性誘惑。清晨時，他戰勝了魔的「蘊」和「惑」。在其長壽生命結束前僅三個月，佛陀最終戰勝了死魔，憑藉著大無畏的決力，他進入了大般涅槃[85]。

作為佛陀戰勝四魔的象徵，早期佛教徒選用欲神的摩羯頭圖案作為軍旗，並將四面繪有摩羯頭圖案的旗幟插在如來佛或佛陀菩提塔的四大基本方位上。同樣，眾神也選擇把勝利幢插在須彌山[86]上，把消滅了四魔軍隊的佛陀尊為「征服者」[87]。這面「十方勝利幢」畫成一個綴滿珠寶的旗桿，桿頂飾有月牙和太陽，旗桿上裹著三層三色絲綢，絲綢上裝飾著「三勝獸」[88]。

在藏族傳說中，十一種形狀各異的勝利幢代表著十一種制欲的具體方法。在寺廟屋頂上常插有不同形狀的勝利幢。屋頂四角插有四面勝利幢，象徵著佛陀戰勝四魔的勝利。勝利幢最傳統的形式是圓柱形寶幢，插在一根長木軸桿上，幢頂呈小白傘狀，傘頂中央有個如意寶飾。圓頂傘用裝飾華麗的金黃色傘骨支撐，傘骨末端有一個摩羯頭，上面掛有呈波浪狀的黃色或白色絲綢。圓柱形勝利幢上披有層層疊疊飄垂、色彩繽紛的絲綢帳幃，並懸掛眾多珠寶，底部飾有波浪形狀飄揚的彩色絲綢帷簾。圓柱形勝利幢的上半部飾有虎皮帳幃，象徵佛陀戰勝一切「嗔」與「蘊」。作為手持標識，勝利幢是眾多神靈的器物，特別是與財富和權力有關的神靈，如：北方的多聞天王。

金輪

（梵文：chakra；藏文：'Khor-lo）

輪是早期印度的太陽的象徵，象徵統治、保護和創生。作為太陽的象徵，輪最初出現在印度河流域哈拉帕文明[89]遺址出土的泥印章上，也是吠陀時期保護神毗濕奴的主要器物。噴焰六輻金輪[90]代表宇宙萬象之輪，以及運動、持續性和變化，宛如天界圓形天體一樣永遠旋轉向前。作為一種武器，無輪圈的輪有六個、八個、十個、十二個或十八個利尖的刃片，能夠像輪那樣旋轉或在繩下擺動。古印度戰車上的木輪也有數量相同的輪輻。

佛教把輪視為「轉輪王」的主要標識，認為這個輪就是佛陀教義中的「法輪」。法輪的藏文詞彙「Chos-kyi 'khor-lo」的字面含義是「轉法輪」或精神的變化。輪的快速轉動代表佛陀教義所揭示的迅速的精神轉變。與轉輪王旋轉的武器相比，輪能斷滅一切「障」和「惑」。佛陀在斯里那他[91]鹿野苑[92]的初次傳道被稱作「初轉法輪」。在此地，他闡述了「四聖諦」[93]和「八正道」[94]。後來，他又在拉賈吉爾[95]和沙拉瓦斯蒂[96]舉行了兩次重要的傳法活動，這兩次傳法分別稱作「二轉法論」和「三轉法輪」。

輪由輪轂、輪輻和輪圈三部分組成，象徵著佛教教義以倫理、智慧和禪定為依據。中心輪轂代表著倫理規範，位於中心，使人心平穩篤定。尖利的輪輻代表智慧和覺識，可以斷滅癡愚。輪圈代表著冥思禪定，既環繞著輪也驅動輪的轉動。千輻金輪像太陽的光芒一樣散射，代表佛陀上千次的傳法活動和教法。八輻金輪既象徵佛陀的「八正道」，也象徵這些教法傳播八方。

吉祥輪畫成用純黃金製成，黃金採自「南瞻部洲」[97]的瞻部河[98]。吉祥輪在傳統上畫成由八個金剛杵形狀的輪輻構成，中心輪轂上有三個或四個旋轉的「喜旋」，其旋轉方向與中國漢地的陰、陽符相同。如果中心輪轂上有三

mudita）；④舍無量（梵文：upeksha）。

85.梵文：parinirvana，大般涅槃，漢譯「大滅度」、「大入滅息」、「大圓寂入」。

86.梵文：Meru或Sumeru，須彌山，印度神話中的山名，亦為佛教所採用。許多佛教造像和繪畫以此山為題材，用以表示天上的景觀。

87.梵文：jana；藏文：rGyal-ba，藏文音譯「嘉瓦」，征服者。

88.三勝獸，指傳統意義上互為對手的獸類結合而生的三隻雜交獸，分別是：①八足雄獅；②長毛或長皮的魚；③海龍或水怪。

89.原文：Harappan，哈拉帕文明，青銅時代文化，詳見註68「印度河文明」。

90.梵文：Sudarshana-chakra，六輻金輪。

91.梵文：Saranath，斯里那他，印度地名。

八輻金輪。

（左、右）兩個八輻金輪；（中）十六輻雙輪。

個旋，那麼就代表佛、法、僧「三寶」和戰勝癡、貪、嗔「三毒」的勝利。如果有四個旋，那麼其顏色通常與四大方位及四大要素相符，象徵以「四聖諦」為依據的佛陀教法。輪圈可能畫成一個簡單的圓圈，常有朝向八大方向的圓形金色小飾物。有時候，輪圈也可以畫在裝飾華麗的梨形框圈內，框圈是用鑲嵌珠寶的金色旋狀飾物製成。輪圈後面常披掛著一條絲飄帶，而輪的底部通常插在小蓮花座基上。

92.梵文：Mrgadava，鹿野苑，亦稱「仙人論處」、「仙人住處」、「仙人鹿園」等。佛教聖地。在今瓦拉納西城西北約十公里處。傳為釋迦年尼成道後最初說法的地方。

93.梵文：astangamarga；藏文：bDen-pa-bzhi，四聖諦，亦稱「四諦」，指四條神聖的真理，能徹底解決宇宙人生問題的四個真理條目。「四聖諦」為：1 苦諦；2 集諦；3 滅諦；4 道諦。

94.藏文：'phags-lam-yang-lag-brgyad，八正道，又稱「八聖道」、「八道支」等。要到達理想的境地的修行者所要具足的實踐德目。「八正道」是：1 正見；2 正思維；3 正語；4 正業；5 正命；6 正精進；7 正念；8 正定。

95.梵文：Rajghir，拉賈吉爾，地名。

96.梵文：Shravasti，沙拉瓦斯蒂，地名。

97.梵文：Jambudvipa，南瞻部洲，意譯「勝金」。佛教名詞。四大瞻部洲之一。此洲盛產瞻部樹，位於須彌山南面鹹海裏，故名。

98.梵文：Jambud，瞻部河，河名，南瞻部洲中的一條河。

第二章
八瑞物

八瑞物（梵文：astamangaladravya；藏文：bKra-shis-rdzas-brgyad）構成了早期第二大組佛教符號，包括：**1**寶鏡；**2**黃丹；**3**酸奶；**4**長壽茅草[1]；**5**木瓜[2]；**6**右旋白螺；**7**朱砂；**8**芥子。與八瑞相一樣，這八件寶物可能也源自前佛教時期，並在初始階段就被早期佛教所採納。它們代表了敬獻給佛陀的一組具象供物，象徵著佛陀的「八正道」（正見、正思、正語、正業、正命、正精進、正念和正定）。與八瑞相一樣，八瑞物後來在金剛乘佛教中被神化為八大供養天女。

寶鏡代表威光天女[3]，她敬獻給釋迦牟尼一面光潔無瑕的鏡子，象徵著其透徹的悟性及其所有前世準確無誤的羯磨[4]思想。寶鏡代表正思或正確的分析，因為它能真實無誤地反映出萬物，而沒有任何偏愛、偏見、錯覺和歪曲。

黃丹[5]取自大象前額的主要腺囊，代表護財象神[6]，並且保護著佛陀證道之地菩提伽耶[7]的牧場。黃丹另外還代表正念，因為它可治癒因愚癡所患之病，而該病是一切痛苦的根源。

酸奶指的是農夫積德行善之女妙生女[8]敬獻給端坐在菩提樹下的釋迦牟尼的乳糜。酸奶代表正命，因為它沒有任何雜質，也沒有對任何生靈造成傷害。

1. 梵文：durva，長壽茅草，八瑞物之一。

2. 梵文：bilva，木瓜，八瑞物之一。

3. 梵文：Prabhavati；藏文：'Od-'chang-ma，威光天女，女神名。

4. 梵文：karma；藏文：Las，音譯「羯磨」，意譯「業」。佛教名詞。意為造作，泛指一切身心活動。

5. 梵文：gorochana，黃丹，八瑞物之一。

6. 梵文：Dhanapala；藏文：Nor-skyong，護財象神，神名。

7. 梵文：Bodh Gaya，菩提伽耶，亦稱「菩提道場」。佛教聖地。在古印度摩揭陀國（今印度比哈爾邦南部）尼連禪河西岸。相傳釋迦牟尼在此菩提樹下結跏趺坐，悟十二因和四諦。為紀念釋迦牟尼在此地成道，前三世紀阿育王曾圍繞菩提樹建立大精舍。現存一座高五十二公尺的巨塔。

8. 梵文：Sujata；藏文：Legs-skyes-ma，妙生女，釋迦牟尼證道前獻乳糜之女。釋迦牟尼去摩揭陀途中，遇妙生女，她把從五百黃牛乳中提煉出的精華獻給釋迦牟尼。

各種八瑞物。（第一列）寶鏡；（第二列）黃丹；（第三列）酸奶；（第四列）長壽茅草；
（第五列）木瓜；（第六列）右旋白螺；（第七列）朱砂；（第八列）芥子。

(左上角) 盛有寶鏡、酸奶、木瓜和長壽茅草的碗；(右上角) 盛有海螺、黃丹、朱砂、芥子的碗；它們下面是一堆珠寶，珠寶後面是八瑞相。一隻盛有八瑞物的碗在下排中央。該碗的右側還有一隻盛有八瑞物的碗，左側有一個盛有五妙欲的碗。

長壽茅草爲八抱草，由割草神[9]做成禪墊敬獻給佛陀。長壽茅草象徵著長壽和堅韌，把正精進比作修持佛法的持久恆心。

木瓜是由梵天敬獻給釋迦牟尼，把正業比作成就一切的善行。

右旋白螺是因陀羅神敬獻給佛陀的，把正語比作佛法的宣證。

婆羅門星象師鬼宿神[10]把吉祥朱砂痣[11]點在佛陀的前額上，把

9.梵文：Mangala；藏文：bKra-shis，割草神，神名。

10.梵文：Jyotisharaja；藏文：sKar-rgyal，鬼宿神，神名。

11.梵文：tillaka，朱砂痣或吉祥痣，印度教徒作爲宗教標誌而畫在額頭上的裝飾斑點。

12. 梵文：samadhi，三摩地，亦譯「三昧」。「定」的異名，漢譯作「等持」。這是一種心、精神的統一作用，把心、精神集中到某一對象上去，而凝斂其力量，進入宗教意義的深沉冥想境地。通常所謂禪定，即指此而言。在密教中，「三摩地」是覺悟的境地。其最終階段，是修行者的身、語、意三種領域都徹底澄清起來，在精神上、境界上與佛平等不二。

13.梵文：Vajrapani；藏文：Phyag-na-rdo-rje，金剛手菩薩，菩薩名。

14.四法，佛法可以分為：１教法；２理法；３行法；４果法。

15. 梵文：abhisheka，灌頂，佛教名詞。本為印度古代國王即位的一種儀式，國師以「四大海之水」灌於國王頭頂，表示祝福。佛教密宗仿效此法，於僧人嗣阿闍梨位時，設壇舉行灌頂儀式。

16.藏文：Khrus-gsol，獻沐浴，亦稱「侍浴」，指在佛教儀式中為神像進行的沐浴。

17.藏文：Thang-ka，唐卡，指一種可以懸掛的卷軸畫，以宗教人物和宗教歷史事件、教義為主要描繪對象，多掛於寺院中。

18.梵文：Bodhi-citta，菩提心，表現菩提智慧、能使人開悟成佛道的主體性，亦稱「無上道心」。

正定比作心境基於一點的三摩地[12]禪定。

白芥子是金剛手菩薩[13]敬獻給佛陀的，把正見比作具有斷滅一切僞見和僞釋的能力。

以上所列的八瑞物也代表四法[14]或得道者的各種行爲活動。寶鏡、黃丹和酸奶代表平和的行爲；長壽茅草、木瓜和海螺代表增長；紅色朱砂代表降服；芥子代表凶殘的毀滅行爲。

與八瑞相一樣，八瑞物也可分別繪製，每一瑞物可以單獨出現，或放在不同的碗中，也可以成組地出現在成排的珠寶供物後面，掛在小棵如意樹的枝條上，或放在淺碗或托盤裏。

寶鏡
（梵文：darpanam, adarsha；藏文：Me-long）

作爲光的反射「見證物」，鏡子代表視覺和眼睛這個感官。其功能是使人看清自己。鏡子作爲化妝用具或家用物品所代表吉祥的重要性是不言而喻。在佛教中，鏡子是空和淨識的完美象徵。鏡子準確無誤地反映出一切東西，絲毫不受鏡中形象的影響，說明在本質上萬物皆空。與「瞬時瞬逝展現」一樣，能反映出自然世界中的萬物，又能說明萬物都是非物質的。

在古代印度的灌頂儀式[15]中，聖像或禮器均需浸入水中或通過噴灑聖水加持，即：灌頂。把水倒在能映出圖像的鏡面上，也能清洗聖像的影子。這個儀式叫作「pratibimba」，字面含義是「被反射」。在西藏，這個儀式叫「獻沐浴」[16]，即：把水灑在鏡子映出的佛像或唐卡[17]影像之上。洗滌過聖像的水被視爲灌頂水。

威光天女敬獻給佛陀的寶鏡絕對通透、無瑕疵、明亮而光潔。作爲菩提心[18]的象徵，寶鏡完美地反映萬物，沒有絲毫的歪曲或阻礙。在藝術上，寶鏡常畫

寶鏡。

成一只白色或銀色的小圓盤，鏡圈飾有一個圓形金框。圓盤表面中央刻有一個小圓圈，四方刻有四個小圓圈，象徵五佛[19]大圓滿的品性和智慧。

黃丹
（梵文：gorochana；藏文：Gi-wang）

黃丹是某些動物，特別是大象、熊和牛體內發現的內臟結石或膽結石。梵文「gorochana」一詞特指牛[20]體內，如野牛、母牛、公牛和犛牛體內發現的結石。傳說動物睡覺時發出鼾聲，代表結石已經生成。

吠陀時期的一個傳說講述了因陀羅神向大海中拋撒金、銀、珊瑚、珍珠和藍寶石或綠松石五種珍寶的故事。大象、熊、蛇、蛙、蒼鷹、鵝和鴿子後來分別吞食了這些寶物，由此形成牠們體內的結石。從這些動物體內取得的內臟結石色彩各異，具有神奇的魔力，因具有抗毒、提神醒腦、退熱和抗傳染性病毒的藥性而著稱。優質結石、中等質量的結石和劣質結石，分別能治癒七位、五位或三位中毒的病人。

「結石」一詞源自波斯文「pad-zhar」，其意為「抗毒」，廣泛的含義是「解毒劑」。在中世紀的歐洲醫學傳統中，動物結石備受青睞，是一般中毒症的解毒劑。源自東方的「東方結石」是由小異物周圍形成的有機油脂層構成，價值最高。印度常見的解毒劑是結石解毒劑。波斯野山羊被稱作「結石山羊」。據說在突厥斯坦[21]，人們膜拜結石以祈雨。在西藏，溫泉中發現的小塊白色和橘紅色礦物質石頭是鈣和硫磺的積垢物。人們認為，這些鈣化石或「藥丸」[22]與動物結石具有同樣的藥效。

據說，優質黃丹（象黃）取自大象大腦或大象前額，次等黃丹取自母牛的胃，至於大小、外

黃丹。

19. 四方佛，在真言密教的壇城中，大日如來（梵文：Vairocana；藏文：rNam-par-snang-mdzad）居中央，其四方有四佛，即成五佛。五佛為：❶ 東配阿閦如來（梵文：Akshobya；藏文：Mi-bskyod-pa）；❷ 西配無量壽如來（阿彌陀佛）（梵文：Amitabha；藏文：'od-dpag-med）；❹ 南配寶生如來（梵文：Ratnasambhava；藏文：Ran-chen-'byung-gnas）；❺ 北配不空成就如來（梵文：Amoghasiddhi；藏文：Don-phod-grub-pa）。

20. 梵文：go，牛。

21. 原文：Turkestan，突厥斯坦，亦稱「土耳其斯坦」，前蘇聯地名。

22. 藏文：Ril-bu，藥丸。

23.原文：Ayurvedic，印度草藥學，大部基於順勢療法和自然療法的傳統醫學體系。

24.中道，在原始佛教，這主要是指遠離苦行與快樂這兩極端的不苦不樂的中道。

25.梵文：kapha，體液。

觀與熟雞蛋的蛋黃相同，從中獲得的黃色物質可當作補藥和鎮靜劑，也可以用作額前點吉祥痣的顏料。據說，與蜂蜜混合後用於眼部可以使人明目，看清世上的一切珍寶。同樣，取自眼鏡蛇王頭部的灰色和白色結石讓耍蛇人有控制小型蛇的能力，也可使自己免受毒液的傷害。據說，取自老蟾蜍頭部的西洋「蟾蜍結石」同樣具有血清的抗毒效應。

在藏族藝術中，這種結石的繪製方法多樣，可呈丸狀，也可呈雞蛋狀、豆子狀、螺旋狀、水果狀、腺狀或菌狀，顏色通常為白色或黃色，一般畫成堅硬的橢圓形，浮在白色的黏液中。

酸奶
（梵文：dadhi；藏文：Zho）

在印度，酸奶一直被視為一種有營養的純飲料。在印度草藥學[23]中，酸奶是種備受青睞的助消化劑。傳統上，酸奶也是腹瀉和消瘦症的滋補之物。用母牛產仔後的初乳製成的酸奶咸認最具再生力。酸奶純淨潔白的特質象徵著精神滋養和斷滅一切惡業。源於神牛的「三白」（酪、乳、酥油）被視為濃縮的植物精華，常作為淨化物用於各種密宗儀式中。

作為八瑞物之一，酸奶象徵著妙生女敬獻給饑腸轆轆的佛陀的四十九口乳糜。乳糜使佛陀獲得了在菩提樹下證道的力量，並清晰地頓悟「中道」[24]的真諦。出於這一原因，在佛陀的藍色僧缽裏常畫有白色酸奶或「甘露」。

酸奶清涼、黏稠、含乳脂、滑膩且柔潤，象徵著體液[25]或水分子的組成部分。有鑒於此，在印度炎熱的夏天和雨季，喝酸奶已無需再遵醫囑。七、八月份的印度季風期在傳統上是佛教僧侶季節性閉關的靜修期。在多雨的閉關靜修期結束後，要舉行儀式

酸奶。

爲僧侶們供應酸奶作爲首次慶賀大餐。在西藏的雪頓節[26]上也可以看到這一傳統的延續。雪頓節在色拉寺[27]和哲蚌寺[28]這樣的大寺院舉行，在結束百天夏日閉關靜修後，僧人可以享用酸奶。

酪、乳、酥油「三白」構成了源自神牛「五甘露」中的三個，其他兩個是小便和大便。出於儀禮的目的，牛尿和牛糞在落地之前必須收集到容器裏，然後在一個青銅碗中與「三白」混合，隨後將這種混合物煮沸。晾涼之後，濾去黏液上層的浮渣和下層的沉澱物，留下中層的物質。然後將這些物質攤開，在陽光下晾曬。最後，再將曬乾的粉末與藏紅花[29]混合在一起，製成小藥丸。在西藏，這種藥丸與經過加持的「甘露降魔丸」[30]均在修持時使用。五甘露源自神牛，該牛應是懷孕的母牛，毛色呈金黃或橘黃色，可從其身上提取黃丹。

長壽茅草
（梵文：durva；藏文：rTsva dur-ba）

長壽茅草是一種普通的草，有多種名稱[31]。在西方稱作百慕達草[32]、巴哈馬草、匍匐草或邪惡草，通常都生長在牧場。在東方，被看作是「恐怖草」[33]或「折腰草」，也是一種白色的草類，梵文稱作「chanda」。長壽茅草草質堅硬，匍匐四散地生長，草莖上佈滿斑點，葉子覆蓋莖端。沼澤或濕地是其天然的生長環境，但韌性極強，即使曬乾後遇水依然可以發出新芽。

長壽茅草是吠陀時期供物中不可或缺的組成部分。吠陀時期的聖壇是用長壽茅草捆結牛糞搭成。在撫慰眾神的儀式中，吠陀時期的祭司經常戴有一只用長壽茅草草稈編織的戒指，代表毗濕奴的吉祥結。

長壽茅草的神性源自攪拌大海時偶然灑下的甘露傳說。據

長壽茅草。

26. 藏文：Zho-ton，雪頓節，「雪」爲「酸奶」，「頓」爲「宴會」之意。群眾的傳統節日。每年藏曆七月一日舉行，節期五至七天不等。該節最初純屬宗教節日。經過三百多年的發展歷史，已經形成風韻各異、流派紛呈、豐富多彩、獨具域特色的全民性藏族藝術節。由於在此期間許多藏戲團在羅布林卡演出藏戲，因此，人們又把「雪頓節」稱為「藏戲節」。

27. 藏文：Se-ra-dgon-pa，色拉寺，原意「野玫瑰寺」。相傳初建寺時，此地長滿野玫瑰（色拉），故得名。位於西藏自治區拉薩市北郊的色拉烏孜山下，為宗喀巴八大弟子之一的釋迦也失於明永樂十六年（1418年）所創建。寺內藏有大量文物珍品和稀世之寶，還有西藏本地製作的金銅佛像上萬尊及大量的法器、壁畫、唐卡、佛經等。

28. 藏文：'Bras-spungs-dgon-pa，哲蚌寺，藏語全稱「吉祥米聚十方尊勝洲」，漢語意為「堆米寺」。據說該寺石山上有很多白石，遠看就像很多白米，故而得名。該寺依山而築，錯落重疊。位於西藏自治區拉薩市北郊的根培烏孜山下，是藏傳佛教格魯派六大寺院中最大的一座。明永樂十四年（1416年）由宗喀巴之弟子降央曲結所建。大殿二層供有宗喀巴親自開光的強巴佛像，是該寺的主供佛像。其他各殿堂中供有宗喀巴師徒塑像，以及觀音、文殊、金剛、無量、度母等佛像。寺內還有大量佛教經典、法器、供器、唐卡、壁畫和各種工藝品。

29. 梵文：kumkum；藏文：Kha-che-sha-skam，藏紅花，藏族醫學之傳統藥物。屬菊科。一年生直立草木。草藥醫學以花入藥，性溫，味辛苦，有活血、祛痰、調經的功能。

30. 藏文：bDud-rtsi，甘露降魔丸，藥名。

31. 梵文：durva, durba, darbha，長壽茅草，草名。

32. 學名：*Capriola dactylon*，百慕達草，草名。

33.學名：*Panicum dactylon*，恐怖草，草名。

34.梵文：Kusha；學名：*Poa cynosoroides*，拘沙草，印度畫眉草。印度的一種禾草，常用於印度教的禮儀中。

35.梵文：Kalachakra，時輪金剛密乘。時輪金剛密法源於古印度北方的香巴拉國，十二世紀前後傳入西藏。時輪金剛密法確認一切眾生都在過去、現在、未來「三時」的「迷界」中，並以時輪表示「三時」。

36.梵文：homa，護摩，密教的修法。在爐中燃燒起火來，燒著供養的物料以供養本尊。護摩儀式分為：1 懷柔護摩；2 增長護摩；3 息滅護摩；4 誅滅護摩。

37.梵文：Kushasana，拘沙蒲團，用拘沙草編成的蒲團。

38.梵文：siddha，成就者，指通過密教的祕法而獲得覺悟的人。

39.梵文：Malla，末羅國，古地名。故址在今伊拉克巴士拉之西。《新唐書·地理志》附「廣州通海夷道」稱之為大食重鎮。

40.梵文：Kushinagara，拘屍那迦，亦稱「俱屍那」，意譯「角城」、「茅城」。佛教聖地。相傳為釋迦牟尼在世時的末羅國都城，傳為釋迦牟尼涅槃之處。

41.學名：*Aegle marmelos*，木瓜。

42.梵文：Bel或Bael，孟加拉蘋果。

說，在攪拌大海時，有幾滴甘露灑落在長壽茅草上。類似的傳說認為拘沙草[34]也具有神性。在這個傳說中，金翅鳥偷走了盛有甘露的寶瓶，想用它贖回被其敵手龍眾監禁的母親。金翅鳥把這個寶瓶偷偷藏在一叢長壽茅草中，但因陀羅神識破牠的欺騙行徑並迅速地從龍眾手中拿走了甘露瓶。龍眾急切希望能用上一些甘露，誤以為甘露的神聖香氣是拘沙草發出的。當龍眾去舔拘沙草的草尖時，舌頭就被劈成了蛇信的叉形。

長壽茅草和拘沙草成了神聖的同義詞，一般叫「darbha」。拘沙草是一種長形刷狀草，可以長到大約兩英尺高。在印度，用繩子把拘沙草捆在一起就可以做一把普通的家用掃帚。在傳統上，拘沙草可以用來淨化污濁之物。在需要舉行淨化儀式時，婆羅門都睡在一叢拘沙草中。根據寓言的說法，拘沙草的草稈又尖又硬，象徵著敏慧的智力。在佛教中，人們認為這種草可以增加透視的清晰度及禪修的定力。在許多密宗教派如時輪金剛密乘[35]中，人們把一根長莖稈縱向地放在床墊之下，把一根短莖稈橫向放置在枕頭下，用這兩根拘沙草莖稈為灌頂前夜所作之夢進行釋夢。浸泡過拘沙草的水也常常作為灌頂水用於灌頂加持。護摩火祭儀式[36]開始時，也會點燃一把曬乾的拘沙草。

即將成佛的佛陀在頓悟前夕走到神聖的菩提樹下，站在一片柔軟的草地上。在菩提樹下，他遇到了割草神。割草神給了佛陀八抱拘沙草讓他製成禪定蒲團。從吠陀時期起，拘沙草編織的拘沙蒲團[37]就是宗教儀式中使用的聖墊，所以佛陀始終沿襲古老的傳統，使用拘沙草蒲團。在肖像畫法上，眾多的佛教苦修者、瑜伽師和成就者[38]都被畫成端坐在拘沙草蒲團之上。末羅國[39]的古都（佛陀涅槃之地叫拘屍那迦[40]）的意思是「拘沙草之城」。從藝術上來看，長壽茅草和拘沙草在藏族藝術中都有多種形式的變體。

木瓜
（梵文：bilva；藏文：Bil-ba）

木瓜[41]也稱作孟加拉蘋果[42]和孟加拉橪樺。這是一種圓形水

果，如大橘子般大小，外皮堅硬，有斑點，皮呈棕紅色。十九世紀初期，英國植物學家首次看到一堆令人困惑不解的印度珍奇水果時，他們選用了當時爲英國蘋果命名的時髦方式爲許多水果重新命名，創造出鳳梨、番荔枝、蒲桃和曼陀羅果等名稱。木瓜外皮粗糙，被恰如其分地稱作「木蘋果」。從醫藥學上來看，木瓜有速效收斂作用。在傳統印度醫藥學和民間醫學中，木瓜因具有排毒作用而備受重視。未熟的木瓜瓜瓤，特別是經過熬製、能長期保存的木瓜醬，更是治療腹瀉和痢疾最有名的良藥。

在古印度，木瓜被視爲水果中最神聖之物，是供奉寺廟眾神的主要食供。只是在近幾年，椰子才取代木瓜，成爲宗教供物中的主要水果，或作爲放棄自我的象徵物。對印度教眾神，特別是濕婆、雪山神女[43]、吉祥天女、難近母[44]和太陽神這些神靈來說，木瓜樹是神聖的。在印度教一個早期的神話中，木瓜最初發芽於雪山神女額頭滴落在邁達拉聖山[45]的汗珠。而邁達拉山就是吠陀經典所描述的創世紀中，用以攪動大海的聖山。三片一組的木瓜葉象徵著梵天、毗濕奴、濕婆三聯神（創生之神、保護之神和毀滅之神）及濕婆的三股叉。對濕婆來說，木瓜樹尤爲神聖。在濕婆纏結的頭髮上常畫有三葉一組的木瓜葉。傳統上，在印度烈日炎炎的夏天，也將濕潤的木瓜葉放在方形的石製象徵物或濕婆的林伽[46]上作爲降暑供品。另外，木瓜樹是性力派[47]眾神或濕婆之妻雪山神女各種化身的居處。據悉，乳房形狀的木瓜含有大本母神[48]的乳汁，木瓜也叫作「shriphala」，其意爲「什密果」，是代表財富和繁榮的天女羅乞什密的別名。

用木瓜代表濕婆派和性力派的象徵主義源自印度教密宗後期，這個時期要大大晚於佛陀釋迦牟尼時代。無論前佛教時期的象徵主義是什麼，木瓜始終被視爲萬果中最爲神聖的一個。據說，吠陀時期的創生之神梵天曾

木瓜。

43. 梵文：Paravti，雪山神女，亦稱「喜馬拉雅山之女」，共有十大化身。她美麗、溫柔，愛上了在雪山修苦行的濕婆。因陀羅派愛神去引誘濕婆愛上雪山神女，觸怒了濕婆，被他用第三隻眼睛的神火燒毀。之後，雪山神女修了千年苦行，終於做了濕婆的妻子。

44. 梵文：Durga，難近母。印度教雪山神女的化身之一。印度教女神名。既是濕婆的妻子，又是一個相對獨立的神祇──降魔女神。印度教中信徒較多的神祇，也是性力派崇奉的主神之一。

45. 梵文：Mandara，邁達拉，山名，是印度北部比哈爾邦的一座聖山。

46. 梵文：lingam，林伽，男性生殖器，濕婆派和性力派的崇拜對象，其寺廟往往豎立著林伽石像，性力派教徒胸前還佩戴著林伽標誌。

47. 梵文：shaktis，性力派，印度教三大派之一。主要崇拜濕婆之妻難近母、時母、吉祥天母及娑室伐底等女神。認為這些女神的活動力（性力）是宇宙萬有的根源。

48. 梵文：matrika，本母神，女神名。

49.梵文：Shakra或Shatakratu，眾神之主。

50.梵文：Jyotisharaja，鳩提沙拉賈，人名，意為「星相術士之主」。

51.藏文：Cog-la-ma，辰砂，即朱砂。舊時以湖南辰州府所產的最著名，因而得名。

52.梵文：mtshal，天然朱砂。

向釋迦牟尼敬獻木瓜。在智慧和頓悟之心都優於自己的人面前，梵天以尊崇和乞求之姿低聲下氣。傳統上，梵天被畫成向釋迦牟尼敬獻金輪，但有時會用盛有木瓜的盤子替代。在藏族藝術中，木瓜常畫成三個一組，象徵「三寶」。木瓜一般會畫成石榴狀，帶有奶嘴狀的圓尖及三片葉子，其繪製形式多種多樣。

右旋白螺
（梵文：dakshinavarta-shankha；藏文：Dung-dkar-gyas-'khyil）

右旋白螺象徵佛陀宣講佛法。如前所述，是八瑞物之一，由大天神因陀羅敬獻給佛陀。在佛教傳統的肖像畫法中，因陀羅神經常手持這種供物，以敬畏之姿站在佛陀面前。因陀羅神在示現此一化身時，被視爲「眾神之主」[49]，這也是因陀羅的別名，其意爲「強大」或「百供者」。

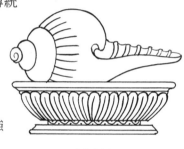

右旋海螺。

朱砂
（梵文：sindura；藏文：Li-khri）

據說，一位名叫鳩提沙拉賈[50]的婆羅門向佛陀敬獻了朱砂。這種橘黃色或紅色的粉末有時被看作是辰砂[51]或天然朱砂[52]，這兩種礦砂均從含水銀的天然硫化礦中提煉而成。經過加熱把水銀與硫化物分離，進而從辰砂中提煉水銀。從化學的角度來看，將硫化物與水銀重新融合生成結晶辰砂的逆向反應也是可能的。辰砂變成水銀及水銀還原成辰砂的現象說明了元素的易變性，印度和中國的煉丹術便是奠基於這一特性。

在梵文中，朱砂粉叫作「sindura」，被看作是礦物質「紅鉛」或「鉛丹」，這種紅色的氧化鉛可以當染料。西藏草藥確認了鉛丹的三種形式：❶取自石料的粗鉛丹；❷取自土壤的軟鉛丹；❸從木頭中提取的鉛丹。「sindura」一詞普遍定義爲鉛丹、辰砂、朱砂或

朱砂。

聖灰。

朱砂和鉛丹自古一直當作礦物顏料使用。在印度，朱砂粉是橘黃色或紅色粉末，用來裝飾聖像，也用於其他各種宗教目的和儀式。與薑黃或黃色的藏紅花、紅色的檀香木[53]和牛糞燒後的白灰[54]一樣，虔誠的印度教教徒也用朱砂在前額點吉祥痣。在傳統上，已婚婦女前額上點的朱砂吉祥痣表明其丈夫依然在世，她不是寡婦。這樣的痣記在正統的印度教社會等級中是十分重要、外在的聲明。在前額或身體其他部位點痣的習俗可以追溯到吠陀時期。層級森嚴的種姓制度及教派標識隨著時間的推移已有所發展。點吉祥痣是梵文詞彙「手印」[55]的眾多含義之一。

可以肯定的是，在佛陀的時代，朱砂在禮儀中意義重大。其紅色象徵著權力，特別是具有磁力的愛欲，是經血的具體體現。在金剛乘佛教中，紅色專門用於某些降魔和財富女神，如：紅色的作明佛母[56]、吉祥天母和增祿天母。朱砂粉也用來製作砂製壇城，是許多世俗和宗教手工製品的裝飾顏料。在漢地的象徵體系中，朱砂和黃金被視為表示愉悅和繁榮兩大相互協調的色彩。

芥子
（梵文：sarshapa；藏文：Yungs-'bru）

據說，怒相金剛力士曾向佛陀敬獻過芥子。在佛陀時代，芥子是一種普通的家居食品。正如有關他的寓言所述，他讓一位新近喪子、悲痛欲絕的母親向無人故去的家庭要一些芥子。原來每戶都有芥子，但無人能免除喪子之苦。當她聽到他們傷感的故事後，她自己的痛苦逐漸減輕。

種植芥子是為了榨取食用和點燈用的油。芥子分為白芥子[57]和黑芥子[58]兩種。在古印度，人們視芥子為具有神奇力量之物，有助於抵禦一切障礙和命運的不祥逆轉。佛陀在忠告希望孩子重生的母

53. 梵文：chandan，檀香木。
54. 梵文：vibhuti，白灰。
55. 梵文：mudra，手印，佛的覺悟內容，稱為「法印」。在密教，「印」即「印相」、「印契」。
56. 梵文：Kurukulla，作明佛母，女神名。
57. 藏文：Yung-dkar，白芥子，十字花之物，可入藥。
58. 藏文：Yung-nag，黑芥子，指油菜子。

芥子。

59. 梵文：Agni，阿耆尼，婆羅門教火神。《梨俱吠陀》對他的頌歌僅次於因陀羅。

60. 梵文：Sarshaparuna，紅芥魔，魔名。

61. 藏文：Thun，真言芥子，亦稱「真言砂」，宗教徒誦咒加持後用以驅魔的芥子、砂粒等物。

62. 藏文：gTor-ma，朵瑪，由糌粑捏成用以供神施鬼的食品。每年舉行送鬼儀式時，家家戶戶皆要把事先做好的朵瑪拋到門外或大街上。人們認為這樣做，會把影響一家人健康、幸福的妖魔鬼怪全部驅逐出去，從而保證在今後的生活中得到幸福和安樂。

63. 原文：Nebesky-Wojkowitz，內貝斯基－沃傑科維茨（1923年-1959年），奧地利藏學家。1948年畢業於維也納大學，獲博士學位，留校任教，供職於該校人類學博物館。1950年-1953年參加希臘和丹麥王子彼得組織的中亞考察隊，在印度和錫金邊界地帶收集資料，對藏傳佛教的護法神產生強烈的興趣。1956年出版了《西藏的鬼怪神靈》。另有遺作《西藏的宗教舞蹈》。

64. 原文：Oracles and Demons of Tibet，書名。

65. 藏文：gShin-rje，閻羅王，亦稱「死主」，所有死人的統治者。

66. 藏文：Kha-rdo，卡多寺，拉薩東北的一座寺院。

67. 藏文：Srog-snying，生命索，指生命命脈。

68. 梵文：Akshobya，不動如來，又稱「阿閦佛」，住東方妙喜世界，如有人勤修六度，發願生其國者，死後可以轉世此地。密教認為，他是金剛界五智如來中住於東方者。其塑像常為坐形，左手握拳，右手持「梵函」。

親時，解釋了這個共同的信念。在舉行護魔火祭儀式時，芥子是獻給吠陀火神阿耆尼[59]的供品，此時用於斷滅一切不祥之障。在印度教和佛教密宗教派中，芥子被視爲令人感到恐怖的東西，在毀滅儀式上用於驅除以障魔化身的邪障。用密宗咒語爲芥子加持，然後將之燒掉或拋撒以驅除惡鬼或憤怒精靈。控制幼童的精靈叫「紅芥魔」[60]，可能指猩紅熱。芥子是主要的「眞言芥子」[61]之一，在金剛乘毀滅儀式上，是對付有害精靈的禮器。這些武器可以做成「朵瑪」[62]、嘎巴拉碗、刻有有毒生靈的圖案（如蛇、蠍、蛙）的牛角或犛牛角的形狀。在控制天氣的藏族儀式上也使用芥子，此時，可以用來召喚或阻止雷暴。

內貝斯基－沃傑科維茨[63]在其著作《西藏的鬼怪神靈》[64]一書中，描述了一種叫「閻羅王磨盤」[65]、具有神力的武器，就放在拉薩附近的卡多寺[66]裏。這個武器是一個雙面磨盤，磨盤正面刻有十分靈驗的咒語，用來消滅政治怨敵的首領。擔當住持的喇嘛要先抓住敵人的「生命索」[67]，卡在幾粒白芥子上面，然後將芥子放在刻有獨特咒語的磨盤下研磨。顯然，這個過程極爲危險，因爲隨意碰觸磨盤的人不久就會身亡。

金剛手敬獻的芥子象徵著金剛部怙主不動如來[68]，其主要活動就是摧毀一切仇恨、侵犯及有害的影響。

第三章
五妙欲

1.藏文：Tsa-ka-li，扎嘎里，繪有象徵天神、壇城、八瑞相等圖案的小畫片。

2.藏文：Mon-lam-chen-mo，大祈願法會，藏文音譯「默朗欽莫」，亦稱「大傳召」、「傳召大法會」。「傳召」是發願、祈願之意。藏傳佛教傳統節日，藏曆年正月初三至二十四日舉行，是宗喀巴大師倡導的四大佛事之一。

五妙欲（梵文：pancha；藏文：'Dod-yon sna-lnga）是最爲精妙的組合，可以吸引或迷佳色、聲、香、味、觸五種感官。在傳統上，五欲供的形式如下：❶鏡子表示「色」；❷琴、鐃鈸或鑼表示「聲」；❸焚香或盈滿香料的海螺表示「香」；❹水果表示「味」；❺綾羅表示「觸」。

作爲令人感官愉悦的象徵，五妙欲主要是敬獻給善相神和世系大師的供物，象徵著取悦獲得圓滿的一種欲望，也代表施主斷欲的一種姿態。傳統上，五妙欲放在神祇的蓮花座或寶座下，與供碗組合在一起，但也可畫成單獨的象徵物或是雲生天神的手持器物。在眾多佛教儀式中，這五種象徵性供物經常作爲供品敬獻給住持喇嘛，一般是一面鏡子或一個小金輪、一對鐃鈸、香或一個海螺、一盤新鮮水果或糖果及一塊絲綢。五欲供或其他成組的吉祥符號，也可畫在許多儀式中象徵性使用的長方形「扎嘎里」[1]上。酥油花造型極爲精美細膩，色彩豔麗，也是由五欲供及其他各組供物組成，用於一些獨特的儀式或節日。這些節日中令人印象最深的是每年藏曆正月十五日在拉薩舉行的「大祈願法會」[2]。每逢此時，拉薩各大寺院會競相製作最優質的酥油花。酥油花與錐形供物「朵瑪」形狀相似，一般高達十多英尺，是幾週艱辛勞動的成果。比賽於晚間

五妙欲的各種排列：寶鏡或金輪（色）在中央，然後是聲供（鐃鈸或琴）、香料（海螺）、水果和絲綢。
較小的圖像畫有寶鏡、鐃鈸和鑼、海螺、水果、花及絲絹。

3.藏文：Jo-khang，大昭寺，位於西藏自治區拉薩市中心。始建於七世紀吐蕃王朝松贊幹布時期。相傳寺址由唐文成公主相度地勢選定，由尼泊爾墀尊公主興建。自明、清以來，每年一度的正月傳召大法會再次舉行。該寺是最早的大型建築之一。

4.梵文：skandha，五蘊，亦稱「五種積集」，五種集合之意。構成我們的存在、以至於周圍環境五種要素的集合。五蘊為：1色；2受；3想；4行；5識。

5.藏文：'Byung-ba-lnga，五大，構成萬物的五種要素：地、水、火、風、空。

在拉薩主寺大昭寺[3]外舉行，由達賴喇嘛評判勝出的酥油花。

五欲供與五佛有關，是五蘊[4]和五官的感官器官。大日如來代表「色」（識），即視覺，鏡子是其象徵物；寶生如來代表「聲」，即聽覺，象徵物為琴或鐃鈸；阿彌陀佛代表「香」，即味覺，象徵物為琴或盈滿香料的海螺；不空成就如來代表「味」，即味覺，象徵物為水果；不動如來代表「觸」（或「色」），即觸覺，象徵物為絲綢。

在金剛乘佛教中，五欲供被神化為手持五欲供的五大供養天女。

色
（梵文：rupa；藏文：gZugs）

小銀鏡或八輻金輪代表視覺和眼睛這個感覺器官。鏡子代表色（識）和五大[5]中的空。鏡子清晰、無瑕、明亮，真實無誤地反映一切圖像。無論反映出美醜，還是天生的善與後天生成的惡，鏡子都不會加以評判。鏡中出現的圖像絲毫不會受到影響，也不會發生任何變形和改變。同樣，純識覺也不會受到鏡中出現和反射出的美醜之物及思想的善、中庸或惡的影響。如鏡中反映出的萬物一樣，這些感受本質是空，空之無物，但會繼續在意識的「銀屏」上或鏡子的空性中展示一切。就像一頭野獸會在自己映在靜止湖面的倒影中尋找或襲擊假想敵一樣，尚未頓悟之心會認同自己投射的圖像，而佛陀的頓悟之心卻可視萬象為自性的空性，宛如居住沙漠、熟悉海市蜃樓之人都明白自己永遠不會找到解渴之物一樣。

白色或銀色圓盤鏡代表大日如來，體現出他的品性，其中包括色識、視覺、白色的水及大日如來明察或認知一切的智慧。大日如來手持一個八輻金輪或法輪。該金輪可替代鏡子作為他的具體象徵。

寶鏡。

聲

（梵文：shabda；藏文：sGra）

　　琴或一對鐃鈸把音樂欣賞比作能聽到令人愉悅之聲的聽覺器官，偶爾也會畫上一對鑼或一支笛子。在傳統上，琴[6]會畫成中亞和漢地的四弦琴或五弦琴。琴體呈梨狀，由一個精製的錐形指板和旋軸箱組成，旋軸箱的形狀宛如神話中的神獸或神鳥。琴體通常畫成左斜擺放在鏡子後面，與演奏時的位置相仿。琴的上半邊緣也可呈直線條，外表與阿富汗的「拉巴巴」[7]琴相同。琴頸的上半部常繪有懸垂的流蘇或一塊絲綢。

　　在蒙古唐卡上，琴的形狀與傳統的馬頭琴[8]相同。這個雙弦的絃樂器有一個長方形共鳴箱，弦軸箱以馬的頭頸雕刻裝飾。在漢式唐卡中，琴的形狀類似漢地的兩弦琴，漢文稱之為「二胡」或「胡琴」，在藏文中稱作「也」[9]。這種樂器的共鳴箱又小又深，呈圓筒或六邊形，上半部有瘦長的圓形琴柄穿過，弦軸箱上方安有龍頭雕刻。在印度式的唐卡上，琴的形狀則像印度的一種維那琴[10]，由兩個諧振葫蘆固定在一個管狀的木質或竹製長琴頸上。

6.梵文：vina；藏文：Pi-wang，琴，有時專指琵琶。

7.原文：rabab，拉巴巴琴，阿富汗的一種樂器。

8.原文：morinkhur或khil-khur，馬頭琴，蒙古族絃樂器，有兩根弦，琴身呈梯形，琴柄頂端刻有馬頭做裝飾。

9.藏文：Ye，指二胡或胡琴。

10.原文：vichitra vina，維那琴，印度的一種樂器。

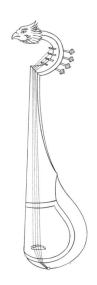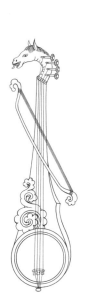

（由左至右）1 呈拉巴巴琴形狀的中亞四弦琴，弦軸箱頂飾有金翅鳥頭。2 眾神的天琴是用珍貴木料、各種金屬和珠寶製成。
3 四弦的蒙古馬頭琴，有馬毛製成的琴弓。4 漢地的兩弦琴，有雕成龍頭的弦軸箱及馬毛製的琴弓。

11.藏文：Ting-shag，手鈸。

12.藏文：Sil-snyan，扁平鐃鈸。

13.藏文：Rol-mo，圓形鐃鈸。

14.蒙古文：dudaram，鑼。

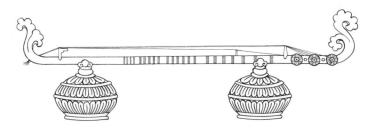

印度維那琴的一種，有兩個置於底部的共鳴箱。

在畫出金色鐃鈸來代表「聲」時，一般呈對稱擺放在供碗前方的中央處。鐃鈸中孔處用一根裝飾性的絲彩帶打圈繫緊。鐃鈸的形狀如同鐘銅製成的藏式小手鈸[11]，直徑約三英寸，能發出持續的高音鈴聲。寺院儀式中最常見的形式是巨大的青銅鐃鈸，能發出撞擊聲。作爲供奉給善相神的供物，寺院使用的扁平狀鐃鈸[12]則用於懷柔護摩儀式，而圓形鐃鈸[13]則用於誅滅護摩儀式。

(左上) 一對禮儀上使用的青銅鐃鈸；(右上) 帶有木鼓槌的碗狀鼓；下面是作爲供物使用、以絲絹連在一起的兩對藏式鐃鈸。

繪製時，鐃鈸呈一對對稱擺放的金屬碗，兩個碗中間放有一對木槌。布圈墊在其底部以減少敲擊產生的共鳴。中國的鑼和蒙古的鑼[14]可能是這些象徵物的原型，出現在後期的藏族藝術之中。在新世紀靈性運動的現代神話中，鑼逐漸被稱作「會唱歌的藏式碗」。許多不可思議、具有神力的傳說已被移植到鑼的近代歷史中及演奏技術的改革上了。二十世紀七〇年代，黃銅碗或青銅碗首次出現在流寓海外的藏人貨攤上，但實際上這些器物只是這些人吃飯的家什或供碗。在過去幾十年裏，這些「會唱歌的藏式碗」大批量生產以滿足印度和尼泊爾的旅遊市場，但有關它們在古代西藏作爲神奇樂器的故事，則成了一則現代版的神話故事。

在繪製笛子時，常常畫成印度竹笛或

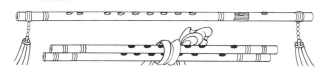

（上）帶竹笛膜的漢地笛子；（下）用絲綢捆在一起的一對印度笛子。

15.原文：Kazoo，卡逐笛，在上面唱
或哼會發音的一種樂器，一般由一個
開口的管子和附有笛膜的側孔組成。

16.藏文：bSang，藏香，香的一種。

17.藏文：sPos，藏線香，香的一種。

18.藏文：sPos-phor，香爐，燒香所
用的器具。

19.藏文：bSang-khung，神香爐灶，
藏文音譯「桑康」。造於屋頂或路旁、
用以焚煙祀神的瓶形泥灶。

20.原文：dhup，蠟狀。

21.梵文：shankhapatra，海螺碗。

中國橫笛的形狀。笛子用竹子製成，有六個或七個指孔和兩個吹
孔。在演奏時，要用一片薄薄的笛膜蓋住較低的那個吹孔，這樣，
笛子就會發出頗具特色的鼻音或是卡逐笛[15]般的聲音。笛子一般斜
放在鏡子後面，上端通常繫有一條絲製掛穗。

香
（梵文：gandha；藏文：Dri）

　　焚香、香爐或盈滿香料的海螺在傳統上都代表味覺。松柏葉末
是藏香[16]最主要的成分，通常放在炭火盆或泥製香爐中焚燒。藏線
香[17]是手工製成，用松柏葉枝碎末與各種成分混合而成，其中有中
草藥、藏紅花、檀香、乳香、蘆薈、麝香和其他香料。幾根筆直的
線香或用黃色棉線捆在一起的把香，常插在盈滿穀物的碗中或穀物
盒中，裊裊燃燒。在傳統上，松柏葉枝也常插在香爐[18]中燃燒。香
爐通常畫成一只三足青銅瓶狀的器皿，裝飾華麗，有手柄或是吊掛
在三條鏈子上，宛如基督教中使用的提爐。在西藏，焚燒松柏枝葉
使用的巨大神香爐灶[19]依傳統建在寺廟屋頂或廟門附近。戶外神香
爐灶是以混有白粉水的泥土砌成，形狀與佛塔相仿。更常使用的是
室內木製香爐。這種長方形盒子較低處有個金屬盤，香平放在盤中
的一層香灰上，然後點燃。在古印度，香一般都呈蠟狀[20]。這種有
韌性、柔軟的蠟狀物是用花精和木精精油混製而成的。

　　在印度，海螺是儀式上盛水用的祭器，放在一個叫作海螺碗[21]
的三足小鼎上。由於是佛教的祭器或供器，因此傳統上，海螺裏要
盈滿藏紅花水或是混合了藏紅花、檀香、麝香、樟木和肉豆蔻五種

22.梵文：champaka，黃蘭，東印度樟科的一種喬木，木蘭屬，花黃色，可以產生用作香料的油，即第十三章的龍樹。

23.梵文：shankhanakha，海螺香。

香料的香水。玫瑰水、蘆薈精油和黃蘭[22]精油在印度是製作「海螺香」[23]的液體料物。在西藏密宗儀式中使用的許多藥材或草藥不僅要由處女或幼童親自採擷，所使用的天然水源也必須由他們汲取。

在肖像畫法中，盈滿香料的海螺常畫在供碗的正左或正右方，與對面的水果供物相對稱。白色海螺水平放置，通常為右旋。海螺內的香料水是淡藍色的「旋狀供物」，液體的白色波峰象徵積極的本質或是香料正散發著香氣。

味
（梵文：rasa；藏文：Ro）

新鮮水果在傳統上畫成美味可口的味覺供品，放在供碗的左側或右側，往往由三種圓形水果構成一個三角形。這三種水果可能分枝於同一帶葉的莖條，代表著三寶（佛、法、僧）、三世佛（過去佛、現在佛、未來佛）或漢地「富樹果」（多產、成長、成熟）。這三種水果可畫成梨狀，也可畫成蘋果、杏、芒果、橘子、柿子、番

（上排）盈滿正在旋轉的香料水的四只海螺；（左下）各種燃香及三足香爐；（右下）木香爐，內插正在燃燒的香及一只大型戶外神香爐灶。

石榴、石榴、檸檬、萊姆[24]或木瓜。石榴鮮亮的紅皮和多籽象徵著幸福、熱情、多子多孫。梨是長壽和長生不老的象徵。香櫞是財富和富足的象徵。在漢地的象徵體系中，石榴、梨和香櫞這三種水果稱作「祈福三果」，代表著福、祿、壽。有時，供碗中畫的水果品種多樣。味供可以呈朵瑪狀；但一般來說，這種以青稞麵團捏塑而成的朵瑪是用來供奉怒相神的。

梵文詞彙「rasa」（味）有多種各異的細微含義。一般來說，指的是味覺，是對果汁、樹漿、香精或香味的感覺，但在更具神祕色彩的層面上，是精神或藝術靈感的創造力，在音樂、戲劇和舞蹈領域尤為如此。許多佛教重要的本尊神的舞姿和面部表情都被描述為在展現其「九味觸」[25]。印度舞蹈和戲劇在在展現這九種具有性格特徵的表現模式。在密宗經文中，「rasa」一詞也是精液和水銀的同義詞。印度傳統醫學對於六種味覺的描述是：甜、酸、鹹、辣、苦、澀。在金剛乘佛教中，這六種味覺指的是五佛部和第六佛或最初一佛[26]金剛持[27]的智慧品德。

24. 原文：lime，萊姆，一種具刺的熱帶喬木，圓形果實，成熟時帶黃綠色，有極酸的果肉。

25. 梵文：navanathyarasa，九味觸。

26. 梵文：Adibuddha，最初一佛，最初的佛或本來的佛。

27. 梵文：Vajradhara；藏文：rDo-rje-'chang，金剛持，亦譯「持金剛」、「執金剛」。密宗菩薩名。身呈青金色，右手持金剛杵，左手持金剛鈴，表示金剛部菩薩摧毀魔敵的堅毅智力。密宗講釋迦牟尼講說密法時所現身相，故為密宗的祕密主。

各種食物和水果供品，其中有番石榴、香蕉、香櫞、李子、草莓及甘蔗；中央左側是一只糖果碗，右側是三個朵瑪供品。

觸

（梵文：sparsha；藏文：Reg-bya）

　　彩色絲帶無疑代表著觸覺。絲綢柔軟光滑，被視爲一切織物中最令人賞心悅目、使人產生無拘無束之感的織物。印度絲綢商常把一束絲綢從戒指中穿過以示其絲綢優良的品質。人們視眾神的神綢遊絲爲上等：一面足以覆蓋須彌山的輕薄神綢能單以指甲抽出。神綢如此輕薄、隱約，彷彿可以隨天籟的微風飄拂，其邊緣和底端形成極爲雅致的皺褶和盤卷的曲線。

　　絲製供品綢帶在鏡或輪的底部打成結，兩端則在供碗兩邊盤絞。絲綢可以從成對鐃鈸的中孔穿過，再從兩側穿出來；可以結在琴頸上；也可以披掛在供碗中間的碗蓋上，並在碗邊結成上旋的飾狀。絲綢供物可以是白、黃、紅、綠、藍五彩彩虹中的任何一種，與五大和五佛相符或與特定神靈所屬的佛部相符。成捆的多彩絲綢、絲綢卷或鳥翎束也可代表觸覺。

（左下）各種絲帶，羽翎及（右）成卷的絲綢。

第四章
轉輪王

1.梵文：Siddhartha，釋迦牟尼出家前的本名，全名「薩婆悉達多」。

2.梵文：Asita，阿悉達，人名。

3.梵文：Suddhodana，淨飯王，相傳為釋迦牟尼之父，迦毗羅衛國的國王。

轉輪王
（梵文：chakravartin；藏文：'khor-lo bsgyurba'i rgyal-po）

梵文詞彙「chakravartin」通常譯為「宇宙王」或「帝王」，字面含義是「轉輪者」或「無障礙旋轉的輪」。該詞的前綴「charkra」有多種解釋，可以指太陽的火輪，也可以指太陽神的戰車，這時戰車的雙輪就代表天地。作為毗濕奴的標識，輪是他的圓盤，此外也是眾神掌心和足底的吉祥標識。作為計量單位，輪指的是兩條海岸線之間陸地的表面積。轉輪代表著世俗和宗教的權威，表示運動、擴展、勝利、變化及新的倫理道德秩序的形成。

當悉達多王子[1]誕生之時，大預言家阿悉達[2]將一些神奇事件和嬰兒身體上的吉祥標識解釋為神示，明示這個孩子不是成為轉輪王就是成為覺者佛陀，命中注定會獲得世俗或是精神的統治權。如同鐘擺可以朝兩個方向擺動一樣，他只能選擇其一。由於這個原因，悉達多之父淨飯王[3]竭盡全力保護其子，不讓他接觸嚴酷的生活現實，而讓他沉溺於感官滿足的富裕生活及年輕、精力和俊美為永恆的快樂假象之中。在好奇心驅使之下，年輕的王子走出黃金鳥籠到外面的世界去冒險，親眼目睹了老、病、死的現實。他意識到，痛苦是人之宿命，揭開了永恆主義的虛偽面紗。如果人的靈魂

最終會被老、病、死擊敗，那麼，他又能從整個世界獲得些什麼呢？面對如此喧囂的非永恆現實，年輕的王子不想再作任何其他選擇。主宰世界是終級的虛幻，只有自我探詢痛苦的根源和心之本性，最終才能理解現實。

轉輪王的觀念源於毗濕奴教[4]「大聖賢」[5]陀提吉[6]的理念。作為毗濕奴的化身，大聖賢有三十二大相和聖賢的八十隨行好[7]。佛陀釋迦牟尼也有三十二相，在印度教中，他被尊崇為毗濕奴十大化身中的第九化身。這樣的人注定要成為世界的主宰。與佛陀一樣，在世間的某一個時段只能有一位轉輪王。轉輪王誕生前都有吉兆和星象顯現。轉輪王之母通常會在其降生後不久亡故，這種情況與佛母的情況如出一轍。日食與轉輪王的死亡同時出現，因為太陽本身也是天上轉輪王的大轉輪的化身。轉輪王的降生預示著七財的出現，七財包括：❶信財；❷戒財；❸慚財；❹愧財；❺聞財；❻舍財；❼慧財。轉輪王出生時，七政寶也同時出現，分別是：❶金輪寶；❷神珠寶；❸玉女寶；❹主藏臣寶❺白象寶；❻紺馬寶；❼將軍寶。金輪和神珠是轉輪王世俗和精神尊嚴的象徵，也是獲得圓滿的神奇工具。紺馬和白像是其坐騎，象徵著不知疲倦的速度和力量。玉女、主藏臣和將軍是體現其愛、智慧和權力的三位一體，他們的忠誠得到輪轉王的恩澤。在壇城供物中，金寶瓶也列入轉輪王七政寶之中，構成一組更為直觀的八瑞相。（參閱第113及114頁）

在佛教傳統中，轉輪王的七政寶代表「大圓滿七覺支」[8]，是克服通往大圓滿之路上「惑」或「障」的「覺悟」。七覺支為：❶擇法覺支；❷舍覺支；❸精進覺支；❹喜覺支；❺念覺支；❻定覺支；❼輕安覺支。

七近寶[9]也是轉輪王的屬物，分別是：❶寶劍；❷龍皮褥；❸宮室；❹衣袍；❺靴履；❼寶座；❽林苑。七近寶代表著轉輪王物質方面的繼承物或器物。

4. 梵文：Vaishnavite，毗濕奴教。信奉大神毗濕奴及其各種化身的教派。

5. 梵文：mahaparusha，大聖賢。

6. 梵文：Dadhichi，陀提吉，聖賢名。

7. 八十隨行好，佛的身體所具足的八十種吉相。據說這是經過百大劫的長久修行才能感得，亦稱「八十種好」。

8. 梵文：sapta-bodhyanga，大圓滿七覺支，佛教用語。能增長覺悟智慧的七種修行。

9. 七近寶的另一說法：❶劍寶；❷皮寶；❸宮寶；❹衣寶；❺苑寶；❻臥具寶；❼履寶。

10.梵文：bhadrakalpa，賢劫，極長時間地現在一大劫之意，特別是現在的住劫之意。

11.梵文：yojana，由旬，古印度計算距離的單位，以帝王一日行軍之路程為一「由旬」，印度國俗為三十里。

12.梵文：Caturdvipa，四大瞻部洲，佛教用語。謂須彌山四方鹹海之中有四洲，即：■ 東勝洲（梵文：Purvavideha）；❷ 南瞻部洲（梵文：Jambudvipa）；❸ 西牛貨洲（梵文：Aparagodaniya）；❹ 北俱盧洲（梵文：Uttarakuru）。

13.藏文：Sham-bha-la，香巴拉，寫作「香跋拉」，佛教一淨土名。意譯持樂世界。又稱「香格里拉」。此世界地為圓形，雪山環繞，形狀如八瓣蓮花，花瓣之間河水周匝，貴種王朝，世領其地，佛說時輪經教，今猶盛傳。

14.梵文：kulika；藏文：Rigs-can，俱利迦羅，龍的一種，或世間所尊奉的神。

15.藏文：Chos-rgyal，法王，對崇信佛教的國王、大臣的敬稱。

轉輪王七政寶
（梵文：saptaratna；藏文：rgyal-srid-rin-chen-sna-bdun）

金輪寶
（梵文：chakraratna；藏文：'khor-lo rin-po-che）

　　珍貴的千輻金輪是轉輪王的第一件寶物，也是最偉大的寶物，是用從南瞻部洲瞻部河中採集的黃金製成，閃閃發光，宛如一輪太陽。一千個輪輻象徵著賢劫[10]千佛的千種佛法。轉輪王的輪子就像一支天兵，直徑為五百「由旬」[11]，意味在行進中勢不可擋。轉輪王的四兵——馬兵、象兵、車兵和步兵分佈在輪的中轂上，可以穿越天際行程萬里，每日穿行十萬「由旬」。轉輪王駕輪可到環圍須彌山的四大瞻部洲[12]的其他三大瞻部洲去，還可以到四大天王的聖地。佛陀得道後準備第一次化緣時，四大天王贈給他四個珍貴的僧缽。

　　金剛時輪密乘描述了一個「並存的宇宙」，稱作「香巴拉」[13]國。從理論上來看，這個神祕王國位於巴格達、中亞、俄羅斯、蒙古或中國的西藏，保存著時輪教義的原始傳法，是佛陀釋迦牟尼傳授給香巴拉第一任國王的。香巴拉教法經由七大法王、二十五位俱利迦羅[14]龍王或轉輪王得以傳承。每一位轉輪王統治一百年，現時相當於第二十一位轉輪王的在位期。根據預言，在二十五位輪轉王中最後一位的在位期（大約公元2327年）將爆發一場大戰。那時，信教者（佛教徒）將戰勝「野蠻人」或非信教者。大獲全勝的轉輪王軍隊將駕著千輻金輪行進，據說，千輻金輪能夠戰勝一切金屬器物和戰鬥武器。

　　從肖像畫法上來看，轉輪王的金輪通常畫成金色法輪。八條輪輻象徵著「轉動」或傳授佛陀的「八正道」。作為宗教和世俗統治的象徵物，金輪是西藏大法王[15]的標識，也是眾多達賴喇嘛化身的器物。

神珠寶

（梵文：maniratna；藏文：Nor-bu rin-po-che）

八面神珠寶或八面如意寶[16]可以實現轉輪王及在其光芒籠罩下的人的一切欲望。具有傳奇色彩的紅寶石[17]是在海水被攪拌時露出水面的，成了毗濕奴和訖瑟吒[18]的胸飾。與紅色珠寶一樣，神珠寶也具有神奇的八大特徵：■1其光芒能照亮一「由旬」或一百「由旬」以外的黑夜；■2在酷暑難耐之日，神珠寶變涼；當寒風凜冽之時，神珠寶則變暖；■3當人感到口渴時，神珠寶能使小溪或甜水河出現在面前；■4能生成轉輪王所希望的一切；■5能控制龍眾、防止水患出現及冰雹、暴雨；■6其各面散射出的各種彩色光澤可以治癒一切精神障礙並滌除自然界的污濁之物；■7其光芒可以治癒一切疾病；■8可以防止嬰兒早夭，確保祖孫三代按吉祥順序自然死亡。

在肖像畫法上，神珠寶一般畫成一串被拉長的多彩棒狀物，插在月形小圓盤和蓮花上。八面神珠寶則畫成琉璃[19]寶石的深青金石色，發出藍色的光，能夠照亮整個宮室或轉輪王的四兵。

玉女寶

（梵文：raniratna；藏文：btsun-mo rin-po-che）

玉女是凡界一切女子中最美麗、品德最高尚的人，被比作印度財富女神羅乞什密。她的身體發出樟木和檀香木的自然香氣，呼出的氣體散發藍色夜睡蓮的香氣。她體現出女性高雅優美的三十二吉相。她既年輕又強健，宛若十六歲妙齡少女。身材比例適中，腰身筆挺，手指修長柔軟，朱唇，明皓，黑色長髮。其乳房堅挺渾圓，肚臍呈蓮花狀，耳垂垂長，皮膚潤澤光滑，脖頸上有三條細褶。

她擁有優雅女性的八大完美特徵：■1忠實其主轉輪王，對其他男人毫無欲望；■2如果轉輪王情移其他女人，她也毫無嫉妒之心；■3子宮繁育功能好，能生育眾多健康的子嗣；■4能為其主人王國的眾生聚斂財富；■5擁有天生的女性智慧，能輔佐其主；■6一貫講真言，從不講輕浮話；■7不受色情、刺激之物或物質誘惑；■8從

16.梵文：chintamani，如意寶。

17.梵文：kaustubha，紅寶石，寶石中的一種。

18.梵文：Krishna，訖瑟吒，印度教的神祇，其形狀是半神半人，被視為英雄，是農牧之神。

19.梵文：vaidurya，琉璃，用鋁和鈉的矽酸化合物燒製成的釉料，常見的有綠色和金黃色兩種。

轉輪王七政寶：主藏臣手捧神珠；玉女雙手合十；金輪寶在玉女身後；白象和紺馬在將軍前面；將軍的右側是七近寶：寶劍、寶座、衣袍、靴履、龍皮褥、宮室及林苑。

無謬論。玉女受到臣民的擁戴，她也崇拜和尊敬其主。他們在王國全境共同傳播和平、繁榮、穩定與和諧，結合後生育了眾多男性繼承人，也都承繼了父母的尊嚴、智慧和美麗。

20.梵文：gehapati，內務大臣。

主藏臣寶

（梵文：mahajanaratna, parinayakaratna；藏文：Blon-po-rin-po-che）

主藏臣擁有眾神的慧眼，能洞察一千「由旬」以外發生的種種事件。其思維像剃刀一般尖銳鋒利，具有極強的耐心和傾聽能力，確保他能給轉輪王提出恰如其分的忠告。他與其主的想法一致，甚至早在轉輪王下令之前，聰慧的主藏臣就已經開始實施。主藏臣只希望多做善事以弘揚佛法，護佑和利益眾生。由於具有神視能力，他能夠確定一「由旬」半徑內藏寶的位置，因此在效忠其主期間，他使國庫的財產數量激增。由於具有這方面的能力，他被稱作「內務大臣」[20]。作為一個有文化的外交家，他在政治韜略、國家事務、社會福利、宗教職責、道德規範方面都做得十分出色。他深刻理解並實現轉輪王的意願。主藏臣寶經常與如意寶畫在一起，有時他的右手持有寶篋。

白象寶

（梵文：hastiratna；藏文：glang-po rin-po-che）

白象力大超過一千頭普通的大象，是萬象之王，宛若一座大山，巋然不動。象皮色白如雪，或像在雪峰上月光泛出的銀光。象鼻、象尾和陰囊拖至地面。其前額汗腺發出的氣味制服了所有的大象，驅使牠們溫順地尾隨其後。白象共有七大肢幹：四條強壯的大腿、運用自如的鼻子和兩根有力的長牙。

戰鬥中，白象不知疲倦、英勇無畏、不可戰勝，耐力非凡，能讓牠在一天之內繞行南瞻部洲三次。在和平時期，牠既充滿智慧又溫文爾雅，步伐從容不迫，邁步小心謹慎，輕起輕落，步態有力、優雅。作為轉輪王莊嚴的坐騎，白象絕對服從其主，心有靈犀地追隨著主人的精神指引。牠頭戴金色頭飾，脖上掛有一串珠寶項鏈，

21.藏文：rlung-rta，風馬，藏語音譯「龍達」，亦稱「風馬旗」、「嘛呢旗」。多印在布和紙上。其圖形為：中間一匹飛馬，馬背駄有火焰寶瓶，四角印有龍、虎、獅、大鵬或以上四種動物的名字等。藏族群眾認為，「龍達」隨風飄起與天神相見，代表人們向神靈表達自己的心願。

22.藏文：dmag-dpon，將軍。

背上披著絲毯。只需一根極細的繩子就可以將其牽走。牠還具有漫遊天穹的超自然能力。畫中，白象常常背駄金輪或駄著佛陀的僧缽，僧缽上蓋有一塊布。（參閱第86頁）

紺馬寶
（梵文：ashvaratna；藏文：rta-mchog rin-po-che）

紺馬有神馬的三十二相，眼、耳、舌、牙齦、牙齒、前額、顴骨、鬃毛、脖頸、胸、尾、骨骼、筋肉、腿、膝、距毛和蹄都有與眾不同的特殊標記。與「風馬」[21]一樣，紺馬可以毫不費勁地迅速奔跑，能在一天之內繞行南瞻部洲三次。其身體通常為純白色，宛若一隻天鵝，身上披掛著眾神的黃金珠寶披飾。在一些傳說中，牠被描述為長有黑色馬頭和孔雀藍色的身體，有瞬間遍遊環圍須彌山四大洲的能力。

紺馬不會因周圍的響聲或恐怖之事而受到驚嚇，其狀態頗佳，鎮定自若，並長有十萬根光滑柔順的馬鬃和宛若彗星掠過般飄逸的長長馬尾。牠用不知疲倦的馬蹄悄然、輕鬆、毫不猶豫地迅速將轉輪王駄在「風雲之翼」之上。與「風馬」一樣，紺馬的馬鞍上常常駄著神珠寶，給轉輪王王國送去吉祥的祝福，因為，無論神珠寶到達何方都會隨之帶去它的神性。（參閱第226頁）

將軍寶
（梵文：senapatiratna；藏文：dmag-dpon rin-po-che）

將軍[22]身披古代勇士的鎧甲，頭戴頭盔。鎧甲由金屬箔打製而成，再用皮條連接起來。將軍右手揮舞著一把無鞘寶劍，左手持有一面盾牌，象徵他已準備好（用劍）擊退各種進犯，（用盾）保衛疆土。他掌握六十四種戰術，因此，他的軍事才能使之能在戰爭中永遠立於不敗之地。他會不惜一切代價來避免戰爭，但當戰爭無法避免時，他會挑選武器，選擇戰場，毫不畏懼地殲滅敵人。他與轉輪王的意願一致，對其主的意願瞭如指掌，並能逐漸向四兵（馬兵、象兵、車兵和步兵）灌輸轉輪王的意願。將軍是為真理和正義

而戰的。由於他已摒棄了不德之舉，因此，他不會傷及愛好和平者的財富和財產。當世間建立起佛法的公正、智慧和仁慈的平和隨處可現時，將軍會解甲歸田，以「家長」[23]身份出現。

轉輪王七近寶
（梵文：sapta-uparatna，藏文：nye-ba'i rin-po-che）

轉輪王的七近寶包括：**1** 寶劍；**2** 龍皮褥；**3** 宮室；**4** 衣袍；**5** 林苑；**6** 靴履；**7** 寶座。這七件皇家佛教象徵物源自於古印度七件皇室標識[24]的理念。七件標識分別是：**1** 寶劍；**2** 白色華蓋；**3** 皇冠；**4** 靴履；**5** 拂塵；**6** 權杖；**7** 寶座。

在現代世界優裕的生活中，這七件物品可能顯得十分普通，但是對古印度王來說，其重要性是不可低估的。歐洲神話、民間故事，以及黑暗時代、中世紀的浪漫故事和騎士傳說，都充斥了許多涉及神劍、護身符、加持過的衣物和靴履、令人驚歎的寶座、宮殿和庭院的內容。

....

寶劍
（梵文：khadga；藏文：ral-gri）

轉輪王的寶劍通常直插在一個月形小圓盤和蓮花上。劍身是用深藍色的鍛鋼製成，間或也用經過打磨的黃金製成。帶有裝飾的黃金劍柄上有一個結狀或雙蓮圖案，做工十分精美。劍柄的圓頭底上有一個五股金剛杵或一塊珠寶飾。與文殊菩薩[25]的噴焰智慧劍一樣，細長的火舌通常纏繞在雙刃劍身上，在頂部形成冠狀火焰。火焰象徵著寶劍的堅固特性，不易折斷，堅硬無比，不屈不撓。與亞瑟王[26]的寶劍[27]一樣，轉輪王的寶劍具有神奇特徵，只有正義之人方可將其抽出，其光發出的火焰可以照亮黑暗，使無數的妖魔鬼怪聞風喪膽。

在西方傳統的授勳儀式上，君主要用劍碰觸被授勳者表示祝福和授勳。劍是君主的主要標識，象徵統治、權力、權威、仁慈、公正和超凡脫俗的智慧。轉輪王的寶劍集眾權力於一身，能刺穿愚癡

23. 藏文：khyim-bdag，家長或當家男子。

24. 梵文：raja-kakuda，皇室標識。

25. 梵文：Manjushri，文殊菩薩，意譯「妙吉祥」等。佛教菩薩名。中國佛教四大菩薩之一。相傳其顯靈說法的道場在山西五臺山。釋迦牟尼的左脅侍，專司「智慧」，常與司「理」的右脅侍普賢並稱。

26. 原文：King Arthur，亞瑟王，傳說中的英國古代歷史人物。曾聯合不列顛各部落人民抵抗撒克遜人的入侵。他的事跡在民間流傳很廣，後來成為西歐騎士文學的主要題材。

27. 原文：Excalibur，寶劍。

之心，滴血不見就能消滅一切仇敵。據說，仇敵只要看到這把寶劍會即刻投降。

龍皮褥
（梵文：nagacharman；藏文：klu pags-pa）

珍貴的龍皮取自深海大龍王，是件具有魔力的神奇護身符。這張光澤四射的龍皮像月亮一樣閃爍發光。據說，其寬度爲五「由旬」，長度爲十「由旬」，轉輪王通過他的力量征服各類龍精海怪，使之屈從自己的意志。他透過控制龍眾來控制天氣。在乾旱之時，能呼風喚雨，也能阻止狂瀉的瓢潑大雨。在嚴寒的日子裏，他能帶去和煦的微風，使烈日炎炎的夏日降溫。還能使龍神妖力引發的水腫、麻風、皮膚病和精神或肌體失調等病痛折磨在人間消失。

海底龍眾的寶物包括珍珠、珊瑚和海螺。當轉輪王有財力需求之時，海底龍眾會供奉出這些寶物。龍皮也具有戰勝世間龍眾的力量，世間龍眾同樣也將其礦產財富獻給轉輪王。龍皮具有巨大的征服力，與煉金術中的火龍一樣，不會受到風、水、火摧毀性活動的影響。

宮室
（梵文：harmya；藏文：khang-bzang）

轉輪王的宮室具有古印度宮殿的一切神聖特性，是用優質木料、大理石、珍稀金屬和七種珠寶修造而成。宮室寬敞明亮，比例和諧精準。門廊及朝向八方的窗戶俯瞰轉輪王王國的全境。在夜間，從天窗望去，天體半球上的星辰、月亮和行星清晰可辨。冬季的暖風和夏季的涼風緩緩吹入。宮室充滿神性，因神域的歡樂和愉悅而蓬蓽生輝。梵音、香氣、場景、溫暖和氣味展現了圍宮牆內的五妙欲。這裏的氣氛令人欣然又感覺十分恬靜。靜寂的殿堂使人感受不到死亡或疾病。在這個神聖的宮室裏，人能懷著對最高神域一切愉悅的甜蜜夢想，輕易迅速地入睡。

衣袍
(梵文：chivara；藏文：gos)

　　在藏族藝術中，轉輪王的衣袍常畫成喇嘛或帝王在禮儀上所穿的外袍。這些錦緞衣袍是用產自古印度傳統的紡織中心瓦臘納西[28]最優質的絲和棉紡製而成。轉輪王衣袍的衣料特點是鮮亮、柔軟、精紡、耐磨、散發香氣、清爽，顏色往往是天然本色。衣袍冬暖夏涼，具有抗餓、抗渴、抗疲勞和抗疾病的神力，不怕武器攻擊及火、水、風、昆蟲和塵土，並能破除咒語的影響。

林苑
(梵文：vana；藏文：tshal)

　　林苑是宮室的附屬建築。各式各樣的香料樹、果樹、花卉和蓮花在這個林苑裏爭奇鬥豔。清涼、清澈的溪流流經佈滿飾物的河岸，流入水面鋪滿盛開蓮花的池塘中。池塘中棲息著珍奇的魚類和水鳥。色彩斑斕的禽鳥、蝴蝶和採集花粉的蜜蜂使這些樹木充滿生機。在這裏，還可以傾聽乾闥婆[29]演奏的神樂，天上香料發出的香氣漂浮在和煦的微風之上。優質金沙鋪就的大道蜿蜒穿過林苑直抵宮室台階。與眾神的色欲二界一樣，一切都因色彩而美麗，充滿生機。轉輪王居於此地，愉快地禪修。一些妙齡少女服侍左右，令他滿心歡愉。

28.原文：Varanasi，瓦臘納西，即貝拿勒斯。請參閱第一章第23條有關貝拿勒斯的註釋。

29.梵文：gandharvas；藏文：dzi-za，乾闥婆，漢譯作「香神」，藏譯「食香者」。在佛教中，他是天上的樂師，不食酒肉，只求香以滋養身體。他常侍在帝釋天旁，演奏伎樂。

成堆的珠寶金字塔，後面有轉輪王七珍。

轉輪王七政寶:持輪的玉女、主藏臣及盯視轉輪王的將軍,還有身馱珠寶的紺馬和白象。前景下方有七近寶中的寶劍、龍皮褲和靴履,背景上方有寶座、衣袍、宮室和林苑。右前角是轉輪王七珍。

30.梵文：sthan，聖座。
31.梵文：padalepa siddhi，捷疾腳。

寶座

(梵文：sayana；藏文：mal-cha)

寶座做工精美，威嚴無比，寬敞舒適，是供人坐臥之處。寶座給寶殿創造出一種神聖的氣氛。其體積龐大，但質地很輕，移動方便，能輕而易舉地搬到轉輪王王國的任何一處。與覺者的聖座[30]一樣，寶座為坐在上面的修持者創造出一種靜修的狀態，安坐其上即可斷滅癡、嗔、貪「三毒」。轉輪王坐在這個奢華寶座的豪華坐墊上，可以專心致志、以無可挑剔的心境清淨禪定靜修。寶座使人放鬆、精神振奮，消除一切疲勞和抑鬱之感。

靴履

(梵文：pula, paduka；藏文：lham)

靴履十分舒適，合腳、輕便、柔軟、結實、耐磨，冬暖夏涼。人穿此靴履可以感覺不到腳部的疲勞。轉輪王腳蹬靴履獲得了「捷疾腳」[31]的神力，使他不論在地上還是水面上都健步如飛。靴履的上半部用軟氈製成，靴底用犀牛皮製成。這種耐磨的犀牛皮具有犀牛雄氣十足的防禦特性。

轉輪王七珍

(梵文：saptaratna；藏文：nor-bu cha-bdun)

轉輪王七珍也可以畫成七個一組、鑲珠寶的徽相或標識。七珍如下：■ 犀牛角；■ 一對方形纏枝耳環；■ 紅色珊瑚樹；■ 一對圓形纏枝耳環；■ 十字徽相或標識；■ 一對象牙；■ 鑲嵌在三葉飾金座上的三睛寶石。轉輪王七珍分別代表金輪寶、神珠寶、玉女寶、主藏臣寶、白象寶、紺馬寶和將軍寶。

儘管起源於信奉佛教的印度，但這組七珍已經由漢地藝術被吸納進藏傳佛教的肖像畫法。很顯然，沒有原始的藏文資料足以解釋這些象徵物，因此幾種不同的傳說把七珍解釋成與轉輪王七政寶相關的物品。例如：圓形耳環常被認為是國王耳飾或如意寶；方形耳

32.梵文：mahapurusha，大人相，偉大人格的特相。這是就佛或轉輪王所具的殊勝三十二相而言。

33.藏文：bse-ru，藏文音譯「色如」，犀牛和當地的犀角鹿，也指犀牛角。

34.藏文：glang-chen mche-ba，象牙。

35.藏文：btsum-mo rna-cha，圓形纏枝耳飾。

36.藏文：Blon-po-rna-cha，方形纏枝耳飾。

37.藏文：Nor-bu bskor-cha，十字珠寶。

38.藏文：Nor-bu-mig-gsum-pa，三睛寶石。

39.藏文：Byu-ru，珊瑚樹。

40.藏文：rGyal-po'i rna-cha，國王耳飾。

環可能專指大臣耳飾或皇后耳飾；三睛寶石被認定是金輪，而珊瑚樹則是玉女寶或珍寶。犀牛角和象牙一定代表紺馬寶和白象寶，而十字徽相則代表將軍寶。

作為具有三十二大相和八十小相的「大人相」[32]的象徵物，七珍在傳統上擺放在眾神蓮座前的供物，有各式各樣的排列方式，一般以水平排列或放在錐狀成堆珠寶的後面。

第71頁插圖展示的是轉輪王七珍的多種繪製形式；頂部是轉輪王七近寶；寶劍和龍皮褥放在左邊；寶座、宮室和林苑置於中央，而衣袍和靴履放在右邊。

第二排的七寶是：1代表紺馬的犀牛角[33]；2代表白象的一對象牙[34]；3代表玉女寶的圓形纏枝耳飾[35]；4代表主藏臣寶的方形纏枝耳飾[36]；5代表十字寶劍或將軍寶的十字珠寶[37]；6代表神珠寶的三睛寶石[38]；7代表金輪寶的珊瑚樹[39]。

第三排是七珍八物的另一種排列方式，其中包括代表轉輪王的國王耳飾[40]，還有：1代表金輪寶的八輻金輪；2代表神珠寶的三睛寶石；3代表國王或轉輪王的圓形耳飾；4代表主藏臣寶的方形耳飾；5代表白象寶的十字象牙；6代表紺馬寶的犀牛角；7代表將軍寶的十字標識；8代表玉女寶的兩棵珊瑚樹。

第四排的左側畫有六顆各異、代表佛法僧「三寶」的三睛寶石，一般會畫成漢地的如意或金剛杵形狀，帶有三葉形的「雲紋」。前兩顆寶石畫成三面寶石，後兩顆三睛寶石畫成有三個旋面的「喜旋」，最後兩顆珠寶畫成了如意狀。這六塊珠寶的右側是犀牛角、象牙和兩棵珊瑚樹。

在藏文中，犀牛和當地的犀角鹿都叫「色如」。在漢地，犀角鹿以麒麟著稱，與藏族傳統中的「風馬」視為同一物。在中醫藥學中，犀牛角稱作「龍牙」，象徵男性勃起的能力，因此作為春藥或男性補藥備受青睞。在古代中國，整根犀牛角常刻製成酒具，人們認為盛放在這種酒具裏的液體會吸收犀牛角的藥效精華。這些角製酒具也有排毒的獨特功能。

第71頁插圖的第五排中央是五塊十字將軍寶，可視為十字珠

轉輪王七近寶和七珍。

寶、十字寶劍或某種測量器具。在中國的象徵體系中，這個標識是「方勝」，與犀牛角並列爲八寶之一。「方勝」爲古代樂器磬，由兩片聯結的玉片構成。這個圖案在漢地也常被做成頭飾，代表著勝利。

在插圖的下半部是承托著七珍的四排彩色珠寶，一般畫成敬獻給神靈的珠寶供物。象牙一般成對擺放在一排珠寶的兩端。在珠寶堆中，其他六珍寶的排列沒有一定的順序。其他珍貴供物，如：海螺、噴焰寶、法輪或寶瓶，一般也包括在這些珠寶供物之中。

第五章
象徵物與供物

三寶
（梵文：triratna；藏文：dkon-mchog-gsum）

　　佛、法、僧「三寶」（梵文：triratna；藏文：dKon-mchog gsum）是佛教聖壇上的中央供物，代表著所有佛的身、語、意，共同構成了佛教教義中的「三學」[1]、「三篋」[2]和「三皈依」[3]。從概念上來看，則代表著得道者淨化後的行為（身）、言語（語）和思想（意）。

　　佛像或圓滿大師像放在聖壇中央，代表佛陀的圓滿之身。一本經書放在佛像左側，代表佛陀的經論和教義，是獲得圓滿之語或佛法的具象之物。一座佛塔放在佛像右側，代表僧眾或僧團的頓悟之心。作為佛陀的話語和教義，經書依據傳統都放在聖壇的最高處。作為佛陀身相的表現形式，佛像放在中央。佛塔代表僧眾，放在佛像下方。在舉行皈依儀式[4]時，用這三樣皈依物品迅速碰觸弟子的頭。在初級密宗院裏，信徒也會皈依大師、本尊[5]神和空行母[6]這「三根本」[7]。三顆一組的寶石也可代表「三寶」。

1. 梵文：trishiksha，三學，亦稱「三事」。三學，佛教修行者必須修習的三種最基本的學問，即：[1]戒學；[2]定學；[3]慧學。戒是抑止邪惡，積習善行。定是使身心安靜下來，止息種種念慮，使精神能集中。慧是如理思維，照見真實。

2. 三篋，即：[1]經；[2]律；[3]論。

3. 三皈依，即：[1]皈依佛；[2]皈依法；[3]皈依僧。

三寶。

4.皈依儀式，一個人正式成為佛教徒時所舉行的宗教儀式。

5.梵文：Yidam；藏文：Yi-dam，本尊，密乘四部的每一部都有各自的精神宇宙模式，即壇城系統，由一密乘主神與一些眷屬神靈組成。壇城中的主神就是佛家所稱的本尊神。

6.梵文：dakini，空行母，藏傳佛教中代表智慧與力量的飛行女神。

7.藏文：rTsa-ba gsum，三根本，**1**加被根本依上師或喇嘛；**2**成就根本依本尊；**3**除障根本依空行母。

三勝獸
（藏文：Mi-thun g'yul-rgyal gsum）

　　三隻雜交獸都是傳統意義上互為對手的獸類結合而生。最初可能是作為裝飾性圖案出現在早期印度佛教的勝利幢上。早期的勝利幢是用三色絲綢圍成的三層幃帳製成，每塊絲綢上都可能畫有一隻雜交獸。牠們的形象也出現在唐卡、家具、星相圖、占卜圖、吉祥供物和勝利幢上，特別是在西藏的風馬旗上。三隻雜交獸分別是：**1**八足雄獅[8]；**2**長毛或長皮毛的魚[9]；**3**海龍或水怪[10]。

　　八肢翼大鵬或金翅鳥雄獅是獅子與其傳統天敵金翅鳥的後代。八個肢翼由長在獅子足底的四隻爪掌和從金翅鳥膝部長出的四隻利爪組成，但一般只畫出四隻爪掌。由於金翅鳥是天界之主，獅子是地間之王，因此，金翅鳥雄獅能成功地使天地合一。八足雄獅長有獅子的身體、四肢、鬃毛和尾巴，卻長著帶角金翅鳥的頭、翅膀和利爪。人們很容易將這隻雜交獸比作西方神話中的格里芬[11]。格里芬長有獅身、鷹頭、鷹翅和尖利的鷹爪。早期希臘歷史學家希羅多德[12]曾寫到格里芬生活在印度的高山中，用利爪刨挖黃金。

　　「長毛的魚」是魚和其傳統天敵水獺結合的產物，長有水獺的身體和四肢，卻長著魚的頭、腮，有時還有魚尾。與水獺一樣，長毛的魚的身體上長滿了棕色、灰色或黑色的毛。魚頸部的鱗片可能漸漸沒入水獺皮下，而魚獺前腿上也可能形成一條明顯的鱗、毛分界線。

　　「水怪」或「摩羯蝸」是摩羯和其傳統天敵海螺結合生成的。摩羯蝸的形象可能是從把螺殼或軟體動物當作寄居之所的寄居蟹演變而來。在整個喜馬拉雅地區的溪流和湖泊中，也可以發現寄居蟹。摩羯畫成常見的樣子，長有鱗片、角、獠牙、鬃毛、上翹的鼻子，雙足經常從白色的螺殼中伸出，而且摩羯捲曲有致的尾部也不時鑽出螺殼的殼尖。

8.藏文：Seng-ge rkang-pa brgyad-pa，八足雄獅。

9.藏文：Nya spu rgyas-pa，長毛的魚。

10.梵文：makara；藏文：Chu-srin，水怪，摩羯。

11.原文：griffin，格里芬，一種神話中的野獸，典型形狀為類似鷹的頭、前腿和翼，通常有明顯豎立的雙耳，前腿像鷹爪，而身體、後腿與尾則像獅。

12.原文：Herodotus，希羅多德（約前484年-約前425年），古希臘歷史學家，在西方史學中有「歷史之父」之稱，著作有《希臘波斯戰爭史》。

（上）金翅鳥－獅子；（中）魚－水獺；（下）摩羯－海螺。

和氣四瑞。

和氣四瑞
（藏文：mThun-po spun-bzhi）

藏族吉祥主題中的和氣四瑞是由大象、猴子、野兔和鷓鴣組成，在樹下疊羅成一個雜技般的金字塔狀。和氣四瑞源於佛陀往世故事之一的《本生經》[13]，但在寓言中只提到大象、猴子和鷓鴣這三種動物。這則關於道德的寓言說明了對長者的尊重應超過對學識、優越地位和高貴出身的重視。

該寓言講述佛陀最年長的弟子之一舍利弗[14]的故事。一次，他在吠舍離[15]未能找到落腳之處，一些年輕弟子跑在他的前面很自私地為自己找尋棲身之地。第二天清晨，佛陀得知了舍利弗獨自一人在大樹下棲身過夜，便針對年輕僧人普遍自顧自的態度，講述了《本生經》中「尊老」的寓言。

「一次，在喜馬拉雅山腳下的一棵印度榕樹[16]下住著鷓鴣、猴子和大象三個朋友。牠們之間互不尊重。為了明確誰是長者，牠們開始討論牠們棲居的這棵大榕樹的年齡。大象首先發言，說當自己還是頭幼象的時候，這棵榕樹僅是一棵小樹叢。猴子接著發話，聲稱在牠幼年時，這棵樹只不過是一株幼苗。鷓鴣說牠曾經吞食這棵樹的種子，眼前強壯的大樹實際上是從自己的糞便中長出來的。於是，鷓鴣被尊為長者，排在猴子和大象之前。動物王國從此和諧寧靜了起來。」

佛陀宣佈，從今往後，僧眾中的長者一切優先。他解釋說，在他的前世，弟子目犍連[17]就是大象，長者舍利弗就是猴子，而佛陀本人就是鷓鴣。後來，野兔也加入了這個傳說，也就是佛陀最年長的弟子阿難陀[18]。野兔在年幼長老順序中排行第二，因為當樹發芽時，野兔最先看到它。

這四隻非食肉動物代表著天（鷓鴣）、樹（猴子）、大地（大象）和地下（野兔）四種大地的生長環境。有時，鷓鴣會畫成松雞，榕樹通常畫成果樹。在另一個寓言中，牠們一個站在一個的背上以夠到樹上的果實，暗含相互合作的道德內涵。有時，這四隻動物在大

13. 梵文：Tittira Jakata，本生經，亦稱「本生話」。釋迦前世作菩薩時救度眾生的故事。在巴利聖典中，有五百四十七個類似的故事。

14. 梵文：Shariputra，舍利弗，佛陀十大弟子之一。善講佛法，故稱「智慧第一」。

15. 梵文：Vaisali，吠舍離，古印度國名。相傳釋迦牟尼逝世後約一百年，為解決戒律疑難問題，七百比丘在此結集，是謂第二次結集。

16. 梵文：banyan，印度榕樹。

17. 梵文：Maudgalyayana，目犍連，佛陀十大弟子之一。據傳神通廣大，能飛上兜率天，故稱「神通第一」。

18. 梵文：Ananda，阿難陀，意譯「歡喜」、「慶喜」等，釋迦牟尼叔父斛飯王之子，釋迦牟尼的堂弟。釋迦回鄉時跟從出家，侍從釋迦二十五年，為「十大弟子」之一。傳說佛教第一次結集，由他誦出經藏。

漢式長壽圖：壽星、長壽鹿、仙鶴、岩石、水和樹。壽星手持一根龍頭竹拐杖，拐杖上掛有一個煉丹用的雙葫蘆。其頭頂上方的蝙蝠和圍巾象徵著幸福和純淨。

樹的兩側都畫上了。在一側，牠們被分隔在各自的生長環境裏；而在另一側，則畫在一起，和諧地合作。據說，某些印度樹種只有經過鳥的腸道才能發芽，這同樣象徵互相依存、相互合作的主題。和氣四瑞的主題經常畫在民居或僧房的牆壁、大門、家具和家用瓷器上。

德國城市不來梅（Bremen）也選用《本生經》傳說中動物相互合作的圖案作為城防衛兵外衣上的徽記。相同的圖案也出現在格林兄弟[19]〈不來梅的鄉村音樂家〉這則童話故事之中，但四隻動物分別是驢、狗、貓和小公雞。

六長壽
（藏文：Tshe-ring drug-skor）

六長壽的象徵物源於中國內地。在藏族藝術中，常以世俗主題而非宗教主題的型態出現，經常刻在木鏤板和家具上，或繪製在瓷器上，作為壁畫和裝飾性圖案。六長壽分別是：**1** 壽星老；**2** 樹；**3** 岩石；**4** 河流；**5** 禽鳥；**6** 長壽鹿。

中國的壽星老相當於南船星座[20]中最明亮的老人星[21]。三、四月份在較低的南部地平線上可以清晰地看到，因此，壽星老漸漸地代表春分、萬物復甦及平和長壽。兩大星神福星和財神星經常伴隨在他左右。梨、石榴和香櫞[22]也象徵著漢地吉祥的福、祿、壽三神。據說，壽星老從梨裏出生。在漢地藝術中，梨樹的枝幹有時會畫成纏繞形狀的漢

藏式六長壽圖。

19.原文：Grimm Brothers，格林兄弟，雅各·格林和威廉·格林兄弟都是德國的語言學家、童話作家。他們共同搜集德國民間故事、傳說和童話，合編的《兒童與家庭童話集》被譯成多種文字，流傳很廣。

20.原文：Argo，南船星座，分為船底座、船尾座、船帆座和羅盤座四個星座。

21.原文：Canopus，老人星，與太陽相距一百八十光年。

22.原文：citron，香櫞，一種柑橘果，在外表和結梗上類似檸檬，但比檸檬更大，也沒有突出的尖端。

23.梵文：Amitayus，無量壽佛，即阿彌陀佛。密教稱「甘露王」。淨土宗的主要信仰對象，稱他是「西方極樂世界」的教主，能接引念佛人往生「西方淨土」，故又稱「接引佛」，共有十三個名號。

字「壽」字，表示長壽。壽星老常畫成一位知足常樂的老人，額頭大而凸出，白髮蒼蒼，白眉白鬍鬚長。在藏族傳說中，這位眉慈目善的老人代表著深思熟慮的聖賢，表現出無量壽佛（長壽菩薩）[23] 的特質。

壽星老端坐在一棵長壽樹下，樹常畫成漢地眾神的梨樹，枝椏果實累累。梨樹可以結出長生果來。中醫藥學對梨樹的藥物成分極為重視。梨核常雕刻成長壽護身符。松柏也是中國長壽的象徵，與竹、李構成了「冬歲三友」。在傳統上，常青的松柏也與鹿、鶴畫在一起，成為長壽三象徵。

亙古不變的長壽石是形狀吉祥的岩石。人們認為，岩石具有的占卜特性對人類大有裨益。這種岩石通常呈海螺狀，岩面呈現天然右旋的縫隙和條紋。人們認為，與加持過的岩石形狀極為相似的地區是修造寺院、廟宇、佛塔、靜修洞和隱居地最吉祥的地方。

長壽水具有八大吉祥特徵：一甘、二涼、三軟、四輕、五清淨、六不臭、七飲時不傷喉、八飲時不傷腹。長壽水從海螺殼狀的岩縫中流出，彷彿是從無量壽佛的長壽瓶中流出的甘露。在漢地藝術中，吉祥岩及瀑布般落下的水都叫作「玉泉」。

長壽鶴是漢地藝術中常見的主題。據說，鶴，特別是黑鶴的壽命很長，因為能獨自在水面上生活而享有美名。鸛同樣是長壽的象徵。與鶴一樣，人們認為鸛終生只有一個伴侶。據說，鶴可以把亡者的靈魂馱送到「西天」。這種說法不啻與西方民間故事中鸛鳥背馱新生嬰兒身體的說法如出一轍。十八世紀以後，由於從漢地藝術中吸收了一些文化主題，因此鹿、鶴和松柏開始頻繁出現在藏族藝術中。單鶴象徵隱修者亙久不變的滿足；雙鶴或雙鸛象徵則幸福、忠誠和長壽。

鹿是壽星老的坐騎，在傳統上，壽星老騎坐在長有鹿角的成熟雄鹿身上。鹿因為是唯一能確定「靈芝」位置的動物而備受尊崇。長壽鹿通常畫成口銜靈芝的樣子。漢地傳說描述「仙境位於東海」。仙人們在仙境吃的是靈芝仙果，飲的是玉泉流出的長生水。在佛教中，鹿是和平、和諧、非暴力，尤其是團圓的象徵，因為與

無家可歸的托缽僧一樣，人們認爲鹿也是每晚居無定所。

三大菩薩

　　人們認爲，蓮花、經書、從湖中升起的寶劍及側伴它們的雙頭鴨和雙頭鸚鵡，最早是由薩迦派[24]大師薩迦班智達[25]畫在前藏桑耶寺[26]一面牆上的。另有一種觀點認爲，這個主題最初是以隱晦的圖形出現在信奉苯教的贊普（王）朗達瑪[27]在位的第六年（在位期836年－842年）。朗達瑪鎮壓佛教，摧毀了眾多寺院並禁止佛像藝術創作。這個隱晦的主題既是三大菩薩的標識，也是佛教教義最初傳入西藏的標誌。

　　作爲三大菩薩的標識，蓮花上的經書和智慧寶劍代表文殊菩薩；橘紅色和粉色的雙頭鴨代表觀音菩薩[28]；綠色雙頭鸚鵡則代表金剛手菩薩。三大菩薩分別代表佛陀的智慧、慈悲和權力，統稱爲「三怙主」。文殊菩薩的如來部斷滅「癡」，觀音菩薩的蓮花部斷滅「欲」，而金剛手菩薩的金剛部斷滅「嗔」。

　　該圖案中畫有公元八世紀西藏甯瑪派[29]最重要的創始人中的五位，成爲佛教首次傳入西藏的標誌。生長出蓮花的湖代表印度佛教大師寂護[30]，應赤松德贊[31]贊普之邀入藏。蓮花代表印度密宗大師蓮花生，在寂護的舉薦下，也應赤松德贊之邀入藏。經書和噴焰智慧劍代表西藏大法王贊普赤松德贊（在位期754年－790年），也被視爲文殊菩薩的化身。雙頭鴨代表來自喀什米爾的印度大師、譯師無垢友[32]，也受到赤松德贊之邀而入藏。雙頭鸚鵡代表藏族譯師、蓮花生的弟子毗盧遮那[33]。鳥兒面面相對，其雙眼和喙象徵佛教從印度傳入西藏，也象徵佛教教義從梵文譯成藏文。

七供碗

（藏文：Ting-phor）

　　依照傳統，每天清晨要將七只供碗擺放在佛龕上的三寶物前方，但位置稍低。七供碗一般是用黃銅、青銅或銀製成，直徑大約

24.藏文：Sa-skya-pa，薩迦派，藏傳佛教主要宗派之一。薩班‧貢噶堅贊（1182年－1261年）是這一派著名的高僧。薩迦派不禁娶妻，以「道果」教授爲主要修法。

25.藏文：Sa-pan Kun-dgav-rgyal-mtshan，薩班‧貢噶堅贊，藏傳佛教薩迦派第四代祖師，亦是一位學識淵博的學者，故世人尊稱其爲「薩迦班智達」，簡稱「薩班」（意爲薩迦派的大學者），爲薩迦派五祖之一。其著述頗多，後人輯之爲《薩班全集》。

26.藏文：bSam-yas，桑耶寺，位於西藏雅魯藏布江北岸。約在八世紀赤松德贊時期修建。因修建時仿照印度的飛行寺，又融合了藏、漢建築特點，故又有「三樣寺」之稱。該寺是西藏第一座剃度僧人出家的寺院。

三大菩薩標識。

27.藏文：gLang-dar-ma，朗達瑪，
吐蕃末代贊普。唐開成三年（838年）
為反佛貴族大臣傑刀熱等擁立，下令
禁止佛教，封閉寺院，強迫僧衆還
俗，焚毀佛教經典。唐會昌二年（842
年）被佛教僧人拉隆貝多吉暗殺。在
他死後，吐蕃統治集團分裂，奴隸、
屬民起義，吐蕃王朝政權滅亡。

28.梵文：Avalokiteshvara；藏文：
sPyan-ras-gzigs，觀音菩薩，阿彌陀佛
的左脅侍，「西方三聖」之一。佛教
把他描寫為大慈大悲的菩薩。在漢地
寺院中的塑像常作女相。

29.藏文：rNying-ma-pa，甯瑪派，
藏傳佛教最古老的宗派。源自前弘期
來藏傳教的印度高僧蓮花生大師，以
修習密法為主。「大圓滿法」是甯瑪
派的主要法門，主張「空明覺了」、
「諸法性空」。從十二世紀開始，甯瑪
派發掘了不少伏藏。

30.梵文：Shantarakshita，寂護，藏
譯名為「喜瓦錯」。印度僧人，大乘佛
教中觀學派衍化出現的瑜伽中觀派創
始人。受赤松德贊迎請，兩次入藏傳
播佛教，建桑耶寺，任該寺第一任堪
布（傳授出家戒或近圓戒的大師），並
剃度第一批西藏貴族青年出家為僧。

31.藏文：Khri-srong-lde-btsan，赤松
德贊，吐蕃著名贊普。唐天寶十四年
（755年）即位。在位期間，大力扶植
佛教，宣佈苯教為非法，迎請漢地僧
人摩訶衍和印度僧人寂護、蓮花生至
吐蕃傳佈佛教，並設新制，定民法，
任用僧人為御論（僧相），開吐蕃僧人
干預政事之先例。與松贊干布、赤祖
德贊合稱「三法王」。

32.梵文：Vimalamitra，藏文：Dri-
med-bshes-gnyen，無垢友，古印度
一佛學家名。八世紀末，赤松德贊延
請來藏，傳佈舊密《大圓滿心點》等
法要。

三、四英寸。碗上常有金、銀鑲嵌的鑿花吉祥圖案。七供碗代表「七支」[34]，可以消除孽障，積下陰德。「七支」為：①敬禮支；②供養支；③懺悔支；④隨喜支；⑤請轉法輪支；⑥請住世支（請不涅槃）；⑦迴向支（迴向一切善事）。

　　將七供碗放在佛壇之前，要在每只潔淨碗裏倒上一點水。作為初供，這可以確保供碗不空。在置放之前，必須用左手拿著疊在一起的潔淨供碗，同時口默誦「Om A Hun」為其加持。在頂碗中加入少量新鮮水，再將頂碗中大部分的水注入第二只碗中，然後，將第二只碗擺放在佛龕前。這個過程往返重複直到七只碗從左至右排成一列。每只供碗間大約僅有一粒青稞大小的距離。供碗相互碰撞是個凶兆，表明有人會因此變得精神恍惚；間隔過大也不吉利，代表有人將與其大師分手。

　　注入供碗的新鮮水多半畫成傾流而下，宛若從盛水容器口流出的「青稞粒」。這暗示傾倒出的水開始時稀少或流得緩慢，但到中間時段，水流開始增大或流得較急，而到最後，水流逐漸變成一條狹長的溪流。供碗中的水逐漸滿溢，距碗口僅差一粒青稞的高度。人們認為，水漫過碗口會造成道德傷害，水面過低則代表經濟上的衰敗。人們不應在供碗上方呼氣，因為會污染敬獻給眾神的供物。

　　七供碗也可以排成「七供物」，以尊崇的方式敬獻給眾神。在古印度，人們也以這種方式迎候貴客臨門。第一只供碗盛著潔淨的飲用水和漱口水。第二只供碗中是濯足水，因為印度傳統的習俗規定人們要洗淨雙足，赤腳跨過門檻。第三只供碗盛滿鮮花，代表印度的一項習俗，即：向男賓敬獻項圈或花環，向女賓敬獻作為頭飾的小花環。第四只供碗內有一炷香，用以吸引眾神和乾闥婆，散佈令人愉悅的氣味。第五只供碗中有一盞油燈或酥油燈，代表智慧頓悟之光。第六只供碗內盛有玫瑰水或香料水，能使人的面部和胸部感到舒適。第七只供碗盛著獻給嘉賓的美味佳肴。藏式食品供物通常是一個紅色或白色的錐狀「朵瑪」，是用青稞粉、染料和酥油製成的。（參閱第248頁）

　　傳統上，第八種音樂供品也在供物之列，常畫成琵琶、笛子、

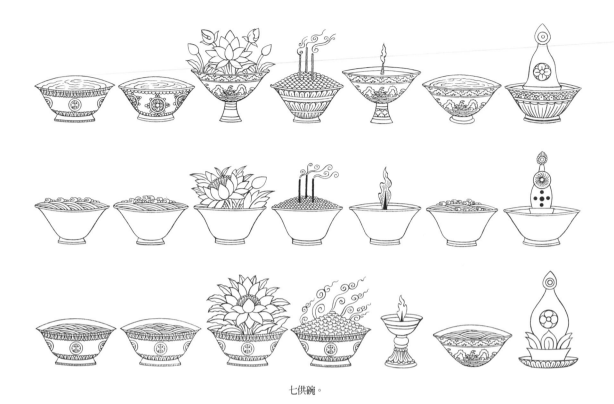

七供碗。

鐃鈸、海螺或手鼓[35]。這些音樂供品十分常見，因此很少與七供物畫在一起。在安排某些儀禮時，可能會把前兩只供碗合二為一，將手鼓或小海螺放在第七只供碗裏，代表樂器供品。當八只供碗都按照規定擺設時，應該會對應到壇城中的八大供養天女。此時，第三、四、五、六只供碗代表四小天女：供花天女、熏香天女、掌燈天女和塗香天女，而兩端的兩對供碗分別代表四大天女：歌詠天女、蹈踴天女、花蔓天女、舞蹈天女[36]。

一旦供物擺放妥當，要在淨水瓶中蘸一下拘沙草，然後用它在供物上滴灑為供物加持，同時誦念三遍或七遍「Om A Hum」。在一天結束之時或靜修期，要把供物搬下佛壇。供碗中的水也一併倒入一個容器裏，然後把水、鮮花和食品供物一起拋灑在自然的環境中，供過往動物或饑腸轆轆的精靈食用。最後將七供碗清潔乾淨，倒扣擺放，以備明日或靜修期再次使用。

33.原文：Vairocana，毗盧遮那，亦譯「遍照護」、「大光明」，僧名。西藏早期佛經譯者。前藏尼木人。桑耶寺建成後，贊普赤松德贊第一次命藏人出家的七僧人之一。後被派往印度學密法，迎請印僧無垢友、法稱到桑耶寺傳法、譯經。

34.梵文：saptanga，藏文：Yan-lag bdun-pa，七支，修學佛法時加行的七法。

35.梵文：damaru，藏文：Da-ma-ru，手鼓，達瑪茹。打擊樂器，俗稱「撥浪鼓」，兩面鼓，體形較小，繫束皮繩、彩帶等飾物。在寺院中作為法器時，外體多塗棕黃色，鼓面多塗綠色。演奏時用中指、無名指、小指敲擊。

36. 八大供養天女有多種說法，其他說法為：１供水天女；２濯足天女；３供花天女；４薰香天女；５掌燈天女；６塗香天女；７供食天女；８音樂天女。或是：１蹈踊天女；２花蔓天女；３歌詠天女；４舞蹈天女；５供花天女；６薰香天女；７掌燈天女；８塗香天女。

37. 藏文：Chu gtor-chos，朵瑪盤架，祭祀施食所用的特種器具。

38. 梵文：Pashupati，獸主，濕婆的另一個名字。

39. 濕婆派，印度教三大派之一。佛典有時稱為「塗灰外道」。主要崇拜毀滅之神濕婆。該派視牛為神聖，宣稱教徒只有膜拜濕婆，才能使靈魂消除污穢，獲得最後解脫。

40. 梵文：Kasha，喀沙，古城名。

另一種水供形式是水施儀式。在這個儀式中，用一個朵瑪盤架[37]來撫慰龍神和某類神靈。這套水供器皿包括四種金屬器物：１帶嘴的小淺壺；２大碗；３支在大碗裏的三腳架；４架在三腳架上的小扁碗。一小尊龍神像或財神像置於這只較小的扁碗上。在淨化儀式或增長儀式中，要將水不斷倒在佛像之上和小碗裏面。

祥麟法輪

雙鹿側伴的八輻金輪是佛教的徽相，代表著佛陀在瓦臘納西附近斯里那他鹿野苑的首次傳法。這次傳法也稱作「初轉法輪」。當時，佛陀向五位印度托鉢僧宣講「四聖諦」和「八正道」教義。作為佛陀教義的象徵，鍍金立體祥麟法輪徽相依傳統置於寺院和廟宇屋頂前面，所發出的光芒象徵著佛法。這個徽相同樣出現在神聖壇城宮的四個入口之上。

麟法輪徽相的起源可能早於佛教，因為，在古代印度河文明（大約公元前2500年）遺址出土的泥印上，就已發現輪的徽相和側伴濕婆獸主[38]的雙鹿圖案。這些古印可能代表早期濕婆教與佛陀首批弟子之間的關聯。佛陀釋迦牟尼在菩提伽耶得道後，返回了斯里那他鹿野苑，並在當地首次傳道。該地可能是個敬獻給濕婆獸主的神聖叢林，濕婆派[39]的瑜伽師們在此居住並修持。斯里那他位於所謂「光之城」的喀沙[40]古城（現今的瓦臘納西）附近。就濕婆而

祥麟法輪。

言，這個地方同樣神聖。由於在斯里那他修建了巨塔和佛學院，因此早期佛教徒可能也接受了雙鹿側伴濕婆的形象，並用佛教法輪代替中間的濕婆像。隨後，祥麟法輪圖案超越了早期濕婆教的圖案，成爲佛陀教義權威性的標誌標識。人們認爲，在佛陀被火化的拘屍那迦佛學院入口旁的娑羅[41]雙樹之間，還有一個火葬堆。與佛陀一生重大事件有關的聖地很有可能都陳列了紀念這些事件的獨特徽相，但祥麟法輪徽相最終成爲佛教寺院的永久標誌。佛教教義在寺院裏得以傳承，法輪也永不停歇地旋轉。

雙鹿平和、順從地默跪在金輪兩側，公鹿在右，母鹿在左。有時，公鹿會畫成獨角的犀角鹿或犀牛。鹿的溫厚和優雅體現了眞正的佛教托鉢僧的素養。

41.梵文：sal，娑羅樹。

第六章
動物和神話動物

背馱如意寶的白象，
鼻子托著一碗朱砂。

大象
（梵文：gaja, hastin；藏文：gLang-chen）

白象「體大如雪山」，在印度、斯里蘭卡、緬甸和泰國被尊為皇室或寺廟的坐騎。寓言中的白象享有盛名，但難以駕馭，需要精心飼養，且花費極高。據說，白象的前額可以生成「象寶」，可以用來製作一種叫作「黃丹」的珍貴藥丸。

「大象」一詞有自己的詞源，源於希伯來文的字母「Aleph」，其意為「公牛」或「牛」；梵文作「hastin」，含「擁有一隻手」之

意。該詞既指出大象鼻子的靈巧性，又指涉出生自梵天之手的大象創生傳說。在古印度，好鬥的大象構成四兵[1]之一的象兵，受到極為嚴格的訓練，能抵禦一切戰爭的重創。飼象人或趕象人用一根繩索和一根帶鉤的刺棒馴服和駕馭大象。這兩件工具為早期佛教所吸納，成為馴服的象徵物。佛陀把無拘無束的心境比喻為野象。這一圖像後來也用於寂止[2]訓練和靜修中。在解釋禪定「九次第定」[3]的助記圖形中，黑色野象代表無拘無束的心境。隨著逐漸熟諳寂止禪定的各個次第，這頭黑象逐漸變白，原來的趕象僧人最終成為其主。僧人馴象所用的繩索和刺棒分別代表心境專一和透徹的感悟。

白象寶是轉輪王七政寶之一，有時會畫成長有六根象牙，這就讓人想到了藹羅筏拿寶象[4]。藹羅筏拿寶像是一頭白色公象，長有六根象牙，是因陀羅（帝釋天）的坐騎。從詞源學上來看，藹羅筏拿一詞源自於梵文詞彙「iravat」，意為「水生」，指出牠是從攪拌大海中生成的（參閱附錄一）。象頭神[5]是濕婆的長子。星宿神[6]的盯視使其頭顱落地。在絕望中，濕婆用他巧遇的第一隻動物的頭顱替換了其子的頭顱，這就是藹羅筏拿大象。象頭神也叫作「除障者」，這樣的稱謂源於大象具有用鼻子和四肢清除荊棘之路的能力。佛陀之母摩耶夫人[7]曾夢見在她懷孕之時有一頭六牙白象進入了她的子宮。這個夢可能暗示，這個注定要成為佛陀的男孩最初被看作是因陀羅的化身。

怒相神的背上常披有新近剝下、鮮血淋淋的象皮，有時也將這張皮看作是「因陀羅皮」。新剝象皮的象徵意義是該神「把大象的愚昧撕成碎片」，類似把大象比作未馴服的心境。大象、人和怒相神身上的裝飾物虎皮分別代表著斷滅貪、嗔、癡「三毒」。

白象寶是眾多金剛乘神靈的坐騎。大象尤其是中部或東方藍色不動金剛部怙主的坐騎。承托著不動金剛寶座的八頭大象將他比作印度大陸、宇宙的中心，因為在吠陀神話中，這塊大陸就是由八頭大象承托的。

1. 梵文：caturanga，四兵，指轉輪王的馬兵、象兵、車兵和步兵。

2. 梵文：Shamatha，藏文：Zhignas，寂止，一切禪定的總括或因，心不散往外境、專一安住所修靜慮之中。

3. 九次第定：四禪、四無色及滅受想定，合起來是九種禪定。這九種禪定，不雜他心，次第由一定入於他一定。

4. 梵文：Airavata，藹羅筏拿寶象，在印度史詩中，指因陀羅所乘之象。

5. 梵文：Ganesh，象頭神，在印度神話中本來是群主之意，進入佛教，則變成大自在天之子的韋馱兄弟。其形相是象頭人身，有單身及雙身。

6. 梵文：Sani或Saturn，星宿神，印度教中眾星的統治者。

7. 梵文：Mahamaya，摩耶夫人，相傳是釋迦牟尼的生母，是天臂（Devadaha）國善覺王（Suprabuddha）之女，迦毗羅衛國淨飯王的王后。

六牙白象藹羅筏拿用鼻子挑著一個帶刀刃的因陀羅輪。

白象。

鹿
（梵文：mriga；藏文：Sha-ba）

　　在有善相神的風景畫中常常畫有鹿。此時，牠們代表神之淨土上自然的和諧與無畏，還代表佛陀在斯里那他鹿野苑的初轉法輪。與孤寂的犀牛一樣，鹿象徵著斷滅，因為牠們從不會在同一個地方連續過夜。雄鹿也可畫成長有獨角獸或犀牛[8]的角。在中國內地，鹿象徵著長壽，是唯一能夠確定靈芝位置的動物，因此備受尊崇。人們認為，鹿角尖部含有靈芝精華，而且鹿茸製成的藥丸據說能益壽延年、強身健體，使人精力旺盛。在藏族藝術中，鹿往往是雌雄成雙成對地出現，代表和諧、幸福和忠誠。如果是風景畫，再畫上一對白鶴更可以凸顯吉祥。

　　鹿皮或羚羊皮可以用來製作佛教瑜伽師或像米拉日巴[9]、日瓊巴[10]和湯東傑布[11]這些大成就者的禪修坐墊。由於苦修者能吸收鹿純真與悅性的精力，因此鹿皮坐墊能夠增加其定力和意識。在修怒相神時，則較常使用虎皮坐墊；虎皮代表王者[12]或動力。

　　大慈大悲觀音菩薩的左肩和胸前披著綠松石顏色的神鹿皮或羚羊皮，這種皮叫作「黑羚羊皮」[13]，象徵著神的摯愛、慈悲和溫柔。黑羚羊皮最初是濕婆以世尊[14]和「世界怙主」化現時的標識。

　　在全印度和喜馬拉雅地區都能夠發現鹿、羚羊和瞪羚多種物種。麝或許是其中最有名也最難找到的一種動物，其身高不足二十

英寸，犬牙突出。麝香就是從雄麝腹部雞蛋大小的液囊提取出來，另外，也可以從留有其氣味的岩石上採集。

獅 (梵文：singha, simha；藏文：Seng-ge) 和雪獅 (藏文：Seng-ge-dkar-mo)

　　萬獸之王獅子是古印度君權和護佑的象徵。早期佛教選用獅子作爲佛陀釋迦牟尼的象徵，因此佛陀也叫釋迦僧格[15]。爲了表明其權力，佛陀多半端坐在由八頭獅子承托的寶座上。八大方位的獅子象徵八大菩薩或佛陀的八大隨佛弟子[16]。「獅子吼」[17]是觀音菩薩一個化身的名號，說明佛陀的教法優於其他外道教法。獅子是眾多金剛乘神靈的坐騎，其中有多聞天王、文殊菩薩、象頭神和吉祥長壽女神[18]。獅子座在佛所化現的身相[19]上十分常見，如：藥師佛、

15.梵文：Sakya seng-ge或Shakya-simha；藏文：Sakya-seng-ge，釋迦僧格，即：釋迦部落的獅子，釋迦牟尼八大名號之一。

16.梵文：asta-upaputra；藏文：Nye-ba'i-sras-brgyad，八大隨佛弟子或稱八大隨佛菩薩。❶文殊菩薩（梵文：Manjushri或Manjugosha；藏文：'Jam-dpal或'Jam-dbyangs）；❷觀音菩薩（梵文：Avaloki-teshvara；藏文：sPyan-ras-gzigs）；❸金剛手菩薩（梵文：Vajra-pani；藏文：Phyag-na-rdo-rje）；❹彌勒菩薩（梵文：Maitreya；藏文：Byams-pa）；❺普賢（梵文：Samantabhadra；藏文：Kun-tu-bzang-po）；❻虛空藏（梵文：

各種鹿：（左上角）獨角鹿與（中上）正在騰躍的麞鹿。（右下）在牴角爭鬥中鹿角叉在一起的兩頭小公鹿。

正在騰躍的雪獅。

寶生如來和大日如來。其中，大日如來是居於中央或東方的白色佛像，也是如來部或佛陀部的怙主。

印度藝術中的獅子在藏族藝術中成了神話中的西藏雪獅。這頭長著綠松石色鬃毛的白色雪獅是掌管西藏雪山山脈的厲妖[20]。與佛教從印度「躍過」喜馬拉雅山一樣，人們只有在白色雪獅頑皮地從一個山巔跳到另一個山巔時，才能有幸一窺其雄姿。雪獅是西藏的動物徽相，裝飾在舊地方政府的官印、硬幣、鈔票和郵票上。在唐卡上，雙獅常被詼諧地畫在積雪的高山之巔，跟鹿和雙鶴一樣，也呈現了和諧的主題。雪獅有時也畫成小貓滾繡球的樣子。中國的一個傳說認為，母獅的奶由爪尖分泌，獅子在戲玩帶有空洞的球時會將一些奶水沾在球上。在藏族藝術中，該球呈三色「喜旋」狀。

西藏的大瑜伽師米拉日巴曾經作過一個預言性的夢，夢境中出現了獅子。他的大師瑪爾巴[21]為其釋夢時說：「壓在柱頂的這頭獅子表現瑜伽師獅子般的天性。牠那奢華的鬃毛說明牠是如何身馱密宗教義。獅子的四爪代表著『四無量』。牠那仰望天際的雙目代表瑜伽師的斷絕塵緣。獅子在山巒間自由翱翔表明瑜伽師已經達到了絕對自由的境界。」

老虎
（梵文：vyaghra；藏文：sTag）

老虎並非西藏本土動物，但在藏族藝術中經常畫有印度的孟加拉虎和中國周邊地區的長毛老虎。在不產獅子的中國，老虎具有印度獅子的一切威武特徵。在中國，老虎是力量、無畏和軍事實力的象徵。據說，老虎額頭上有漢字「王」的天然標記。中醫和藏醫體系都認為老虎渾身具有潛在的藥用特性。虎骨可用來治療骨病，虎牙能夠減輕牙患的疼痛，虎皮、虎骨、虎爪燒後的灰和虎鞭可以治療各種疾病。

Akashagarbha；藏文：Nam-mkha'i-snying-po）；[7]地藏菩薩（梵文：Kshitigarbha；藏文：Sa'i-snying-po）；[8]除蓋障菩薩（梵文：Nivarana-vishkambhin；藏文：sGrib-pa-rnam-sel）。

17.梵文：Simhanada，獅子吼，佛的十名號之一。

18.藏文：bKra-shis-tse-ring-ma，吉祥長壽女，女神名。

19.梵文：nirmanakaya，身相，指佛所化現的身相；為了救度眾生，佛以神通力化現與眾生相似的身相，這是一種方便的身相。佛的三身之一，亦作「應身」。

20.藏文：gNyan，厲妖，能使人畜遭受瘟疫的一類凶惡神靈。

21.藏文：Mar-pa，瑪爾巴，藏族著名的佛學家。噶舉派創始人。曾三次赴印度投名師學喜金剛、密集、大印等密法。返藏後，廣收徒眾，宣說佛法，形成噶舉派，為一代宗師。所唱道歌分別輯錄在《瑪爾巴傳》、《米拉日巴傳》等著名傳記中。

雪獅。

　　在印度，虎皮最初是濕婆的象徵。他殺了「欲虎」，用其皮製作他的禪修坐墊[22]。印度教和佛教中，整張虎皮常用來為眾多瑜伽師、大成就者和神靈製作床墊或禪修坐墊。傳統上，鹿皮坐墊代表著平和或慈悲，而虎皮代表恐怖或暴虐。十九世紀，英國殖民者用步槍大量射殺了印度的孟加拉虎，讓西藏和不丹開始形成編織虎皮毯的傳統。虎皮一般是在戰鬥中披掛，而佛教的勝利幢上就常以虎皮裝飾圍帳。

　　在金剛乘佛教中，老虎是眾多神靈的坐騎，尤其是怒相神或好戰神靈。騎在暴怒的老虎身上象徵著大成就者或神靈的無畏及淩駕他人之上的意志。有時，老虎畫得十分具體，如：長有多色斑紋的白色或黃色老虎，或懷仔或哺乳的母老虎。許多怒相的飲血金剛[23]和護法神都身圍虎皮圍腰[24]，其女性伴偶則身著豹皮裙。老虎身上

22.梵文：asana，坐墊。

23.梵文：Hevajra，藏文：dPal-kyi-rdo-rje，飲血金剛，音譯「亥如迦」。佛教無上密乘本尊之一。其主臂擁抱明妃金剛無我佛母，佛母左手勾喜金剛頸，右上揚著嘎布拉鼓，也有畫成右手持月牙刀，正與喜金剛擁抱接吻。

24.梵文：dhoti，虎皮圍腰。

老虎。

老虎。

性器官形狀的條紋代表陽性的方便，而子宮狀的豹子斑點代表陰性的智慧。當神靈身穿虎皮時，象徵他控制了瞋恚。剝下來的人皮和象皮是神靈另外兩件服飾，象徵他征服了貪癡。

「蒙人馭虎」的畫作經常出現在格魯派寺院的牆壁上，畫面上一個蒙古喇嘛或貴族牽著一隻被鐵鏈拴著、已被馴服的老虎。據說，此圖代表「三界怙主」，其中蒙人代表觀音菩薩，鐵鏈代表金剛手菩薩，老虎則代表文殊菩薩。這幅畫也具有宗教上的象徵意義，即：蒙人馭虎代表格魯派[25]（黃帽系）戰勝了被「馴服」的對手藏傳佛教舊派（紅帽系）。

馬（梵文：ashva；藏文：rTa）與風馬（梵文：ashvavayu；藏文：rLung-rta）

馬是古代社會主要的運載工具。對於前工業時期的人來說，良駒的品種與現代汽車的品牌一樣受到重視。由於受到遙遠的距離和難以跨越的地形阻隔，人們只得依靠有耐力、力量和速度的順從馬匹。競技賽馬促進了純種馬的培育，純種馬步伐輕盈、速度快，體態優雅。與得道者具有三十二大相一樣，東方馬也具有完美的三十二相，主要體現在馬的眼、嘴、頭、鬃毛、四肢、骨骼和肌肉上。完美駿馬的前額、胸和馬蹄顏色都必須符合獨特的條件。儘管被緊緊拴住，但駿馬絕不會因驚人的噪音或恐怖的景象而狂躁不安。

馬或獅子都是寶生部怙主南方寶生佛的坐騎。珠寶是寶生佛的徽相，一般畫在風馬的馬鞍上或轉輪王的紺馬上。在肖像畫法中，馬身畫有金色飾物、鈴鐺、絲製圍帳和犛牛尾飾。這些披飾是佛陀忠心耿耿的馬匹犍陟[26]的「脖飾」（該馬在主人逝去後心碎而死）。正在嘶鳴的馬是怒相神馬頭明王[27]的象徵，他頭上戴著一個或三個正在嘶鳴的綠色馬頭。據說，馬發出的巨大嘶鳴聲可以威懾一切惡魔，使人們更加篤信佛法。「馬鳴」[28]也是公元一世紀一位著名的印度佛教學者，曾撰寫最為啟發人心佛陀的生平故事。

風是馬的天然要素，當馬疾馳時，風起迎之。當馬在靜寂的空

25.藏文：dGe-lugs-pa，格魯派，藏傳佛教派別之一。因該派僧人戴黃色僧帽，俗稱「黃教」。創始人宗喀巴。格魯派有六大寺院：⒈甘丹寺（西藏）；⒉哲蚌寺（西藏）；⒊色拉寺（西藏）；⒋扎什倫布寺（西藏）；⒌塔爾寺（青海）；⒍拉卜楞寺（甘肅）。以達賴、班禪兩大活佛系統為主，擁有眾多的活佛轉世系統。

26.梵文：Kanthaka，犍陟，釋迦牟尼離家出走時所騎之馬名。

27.梵文：Hayagriva；藏文：rTa-mgrin，馬頭明王，亦稱「馬頭觀音」。佛教菩薩名。六觀音之一。以馬置於頭，故名，為觀音的自性身。形貌慣怒威猛，摧伏妖魔，故稱「馬頭明王」。藏傳佛教大密共有九尊馬頭明王，都是忿怒相。藏密認為他是胎藏界（表大日如來的理性）觀音院的本尊，是觀音菩薩的忿怒相之一，是救度羅剎洲眾生的本尊。據說患病念求他的療效最好，否則只有錢財散光才能病癒。

28.梵文：Ashvagosha，馬鳴，約生於一、二世紀間。古印度佛教詩人、哲學家、大乘佛教的著名論師。

中快速疾馳時，馬尾及馬鬃飄逸掠過。游牧的藏人和蒙古人是馬術高手。甚至有人認爲，滿人的髮辮也源自他們對馬匹飄垂馬尾的尊崇。風和馬都是運行的自然載體，馬馱的是實物，風載的是虛無縹渺之物。經文由風傳播，在西藏，經幡也叫作「風馬旗」。

經幡爲五佛的五種顏色，上有符咒[29]、祈禱文和吉祥符號，是用木製雕版印刷的方法印在方形布上。一般風馬居於中央，四角有「四種超自然動物」[30]。風馬的馬鞍上通常馱著轉輪王的如意寶，象徵著無論牠走到何方都會帶去和平、繁榮和和諧。藏族史詩英雄格薩爾[31]也可以畫在風馬旗的中央，他身騎白色神馬[32]，穿過翻湧的積雲。

藏醫和星象學體系都認爲保持人的精力或協調需要四大要素：❶命[33]；❷身[34]；❸自在[35]；❹運氣[36]。風馬本身象徵這四大

29.梵文：Mantra，符咒，譯音「曼扎」，即：咒語、真言。

30.四種超自然動物，指龍、金翅鳥、老虎和獅子。

31.藏文：Ge-sar，格薩爾，藏族長篇英雄史詩《格薩爾王傳》的主人公。在天界時爲白梵天王的第三子，爲降妖伏魔、拯救災難中的百姓而投胎人間。其名源自梵文，爲「花蕊、精華」之意，比喻他是世界無比的英雄。

32.藏文：Kyango Karkar，白色神馬，格薩爾王的坐騎。

33.藏文：Srog，命，生命。

34.藏文：Lus，身，身體。

35.藏文：dBang-thang，自在，還有「權力」和「地位」之意。

各種馬和小馬：被稱作沙羅跋（sharabha，傳說是一種想象中的八足神獸，住在雪山，比獅子和大象還強壯）的雜交神馬，長有山羊頭、鹿角、馬身和獅鬃。

36.藏文：rLung-rta，龍達，直譯「風馬」，意譯為「運氣」。

37.藏文：bSang，煨桑儀式，亦稱「祭祀煙火」。藏族習俗，依焚香地點不同，有山頭火煙與河岸火煙等差別。

要素結合所產生的正氣，可以消除疾病、災禍、邪惡和星際影響引發的一切「障」。風相當於重要的氣息，在通過體內脈道時可以毫無障礙地運動，由此引發如風馬一般可駕馭的潛意識流。

風馬祈禱儀式在盈月的清晨以煨桑儀式[37]舉行。在這個儀式中，要焚燒松柏枝以淨化體內脈道，安撫居於脈道的各路神靈。

四方超自然生靈

龍、金翅鳥、老虎和獅子是四種「超自然動物」，分別畫在藏族經幡中央風馬的四角，源自古代中國星象和泥土占卜傳統。在古代中國，四方被比作四季，每一方都安排了一位「超自然」或「賦有神力」的生靈。東方升起的太陽被比作春天，以青龍爲象徵；南方正午的太陽比作夏天，象徵物是鳳凰或「朱雀」；西方的落日比作秋天，白虎是其象徵；北方日光無法照射到的區域比作冬天，用馱著盤蛇的龜或「玄武」爲象徵。這四種動物的顏色與中國泥製壇城的「天界四方」相符。而且，這四種天界動物構成了中國天界十二宮的最初形式，但在古代後期，其數量有所增加，形成中國的十二生肖。其中，龍、雞、虎被保留在十二生肖之中。龜的上半部圓殼代表天界天穹的陽，扁平的下半部代表天穹的陰。漢、藏星象圖都畫出這隻宇宙「神龜」的底部。文殊菩薩在神龜底部刻下十二生肖、八卦圖和經過特殊排列的數字一到九，讓每個方位的加總都是十五的「魔方」。

春天的青龍是生命輪迴的標誌，代表著生；夏天的朱雀代表青春；秋天的白虎代表暮年；冬天的玄武代表死亡。在漢地佛教中，四大護法動物象徵戰勝了生、老、病、死「四苦」。

在中國風水占卜傳統中，這四隻動物代表某地風水的特質和特徵。藏人從漢地吸納這些動物標識，並納入自己的占卜傳統。他們保留了天藍色或青綠色的龍、紅色的鳥或金翅鳥及長有黃色斑紋的老虎這三種動物標識，但是把神龜或「玄武」換成了白色的雪獅。

在藏族占卜中，這四隻「神授」動物代表著西藏當地的土地

風馬和四方四大超自然生靈：金翅鳥、龍、老虎和雪獅。

神。紅鳥或金翅鳥代表西方一片紅色的岩石區。天藍色或青綠色的龍代表綠樹、草場和溪流，其中一條河蜿蜒地流向南方。黃色老虎表示黃土或岩坡向東方攀升。黑色烏龜或白色雪獅代表位於北方的黑色岩石或雪山。如果四方土地神（或稱「大地支柱」）所處的方向正確、位置適宜，那麼就顯示這個完美的自然環境適於修建寺院、廟宇和佛塔。

龍神
（梵文：vritra；藏文：'Brug）

與歐洲惡龍不同，東方龍是具有創造力的吉祥物。中國龍的圖像最早出現在舊石器時期的石刻上，年代可以追溯到大約公元前五世紀，成為人類最早的具體象徵之一。對龍的最早文字描述出現在《易經》[38]中。在《易經》中，龍象徵著天界發出強光的陽性、春天、變化和創造力，有難以捉摸的隱蔽天性，能隨意改變自己的身形。可以隱身，可以縮小到蠶繭大小，也可以膨脹身軀以遮天蔽日。在春分時，龍升騰到天空，一直待到秋分。秋分時，則沉入深湖之中，在淤泥裏躲藏到第二年的春天。作為天界和光華四射的春天的象徵，龍被比作東方、藍色和陽性數字九。在中國藝術中，英姿勃發的天藍色龍常與其大地陰性伴偶、年邁的白虎畫在一起。

據說，中國龍以三大物種和九小物種的形式出現。三大物種包括：■強龍或長角的雷龍；■狸或無角的海龍；■居住在山間湖泊和洞穴中的有鱗蛟龍。九小物種為：■天龍；■神龍；■翼龍；■盤龍；■帶角的龍；■拱嘴的龍；■黃龍；■水龍；■護寶龍。水龍的頭與印度摩羯頭極為相像。據說，典型的龍可分為三個部分：■從頭到前腿；■從前腿到腰；■從腰到尾。另有九個相像之處：■頭像駱駝；■角像鹿；■眼像惡魔、兔子或對蝦；■脖頸像蛇；■鱗像魚；■腹部像青蛙或巨蛤；■耳朵像母牛；■前腿和爪像老虎；■爪子像鷹。在背上有八十一條噴焰狀的背鰭鱗，突出的背鰭從其爪、顎、雙膝和尾巴長出。鯉魚般的鬚子從龍的上唇伸出。盤捲飄逸的髮鬚宛若馬鬃。雙眼充滿野性，盯視前方。眼、眉

向上噴焰，牙齒尖利，舌頭又長又捲。當龍在雲海中翻騰時，閃電一般的火焰從其上腿散射而出，其四爪緊緊抓住珍寶。

作為中國皇帝的帝王標誌，天龍或宮龍都畫有五爪。皇帝手下的大臣佩戴四爪龍徽相，而官階較低的官員則佩戴三爪龍徽相。在元朝（1271年－1368年），帝王五爪龍徽相的高人一等是強制性的。當時，皇帝頒佈敕令，禁止普通人佩戴龍徽相。皇帝的錦緞衣袍上要繡有九條龍，其中八條繡在袍外，第九條「暗龍」則繡在袍內。皇室的龍鳳代表著中國皇帝和皇后，是天（陽）地（陰）的象徵。龍鳳徽相也用來比喻中國北方與黃河、中國南方與長江。

與印度的龍眾[39]一樣，傳說中的中國龍偏愛控制天氣，尤其是狂暴的雷鳴及暴風驟雨。龍爪散射出叉形閃電，口中噴出灼熱的火球。吼聲是一團雷電，在黑色雷暴雲中不停地翻騰，形成一道犀利的閃電。傾盆大雨如熱帶暴雨般，從其閃亮的鱗片落下。龍爪抓住的四大珠寶生成了露珠，當爪子併攏時則生成瓢潑大雨。在帝王統治的中國，著名的工匠會雕刻玉龍或畫龍以消除旱災。海龍捲（水面上的龍捲風）、海嘯和海底地震都被視為海中四龍的展現形式。

夜明珠是伴隨龍出現的一個特殊標識，畫成包在烈焰中的紅色或白色小球。中國人認為，夜明珠是在海龍王口中生成；印度人則認為夜明珠生成於太陽之火。雙龍常畫成二龍戲珠或相互追逐寶珠掠過天空。夜明珠的來源可能是「球狀閃電」，即叉形閃電爆炸時形成的無數白色小閃光體。

在佛教中，龍是東方和中央白色神明大日如來的坐騎。大日如來的龍座可能源自中國皇帝的龍座。天藍色或青綠色的龍是眾多佛教護法神、水神或風暴神及護寶神的坐騎。作為護寶神，漢、藏的龍可能與印度的龍眾關係密切。

藏文中表示「龍」的詞彙「主」（'Brug）指的是雷鳴的聲音。不丹這個佛教王國稱作「主域」[40]，意為「雷龍之地」。不丹居民通常喚作「主巴」[41]，是以西藏的主巴噶舉派[42]命名的。這一教派是藏巴嘉熱[43]所創建。他在後藏日喀則附近曾親眼目睹九條巨龍騰飛升空，後來就在這個偏僻之地修建了熱壟寺[44]。在藏傳佛教中，群

39.梵文：Naga，龍眾，龍或象之意。

40.藏文：'Drug-yul或'Brug-yul，主域，指不丹。

41.藏文：'Drug-pa或'Brug-pa，主巴，指不丹人。

42.藏文：'Brug-pa-bka'-brgyud，主巴噶舉，藏傳佛教塔波噶舉派帕竹噶舉八小派之一。主巴噶舉派除了修習《密續》、《勝樂》、《大手印》、《喜金剛》等密典外，重視修習時輪金剛法、日瓊巴所傳六平等法。

43.藏文：gTsang-pa-rgya-ras，藏巴嘉熱（1161年－1211年），生於後藏江孜地區甲氏家族。二十三歲為嶺熱‧白瑪多傑的弟子。倡建熱壟寺，又在拉薩河畔朗木地方建竹寺。

44.藏文：Ra-lung-dgon，熱壟寺，由藏巴嘉熱在西藏江孜倡建的一座寺院。

龍和噴焰的夜明珠。

龍騰升始終是最吉祥的吉兆。

龍衆
（梵文：Naga；藏文：kLu）

龍是居住在地下的蛇精，源自印度的古蛇崇拜，可能可以追溯到印度河流域文明的初期（大約公元前2500年）。在印度的《往世書》[45]時期的傳說中，龍衆是毗那達[46]之姐卡德魯[47]的後代。卡德魯生下了金翅鳥。迦葉佛[48]是龍和金翅鳥的父親，但卡德魯的背叛行爲使牠們成了死敵。卡德魯生下了一千條多頭蛇，牠們居住在地下的沃焦石山[49]上。這個地下王國盛產珠寶，有一座美麗的宮殿，由塞沙[50]、筏蘇枳[51]和德叉迦[52]三大龍王統治著。三大龍王也出現在《往世書》時期的幾個傳說中。從歷史角度來看，龍衆是一個古印度部族。除了強烈的蛇崇拜傳統外，該部族鮮爲人知。顯然，蛇崇拜已留存在印度文化之中。

龍崇拜的傳統很早就被吸納進佛教之中。佛教中的龍衆在很大的程度上承繼了古代印度的象徵主義。龍居住在地底和海中，尤其是河流、湖泊、深井和海洋這樣的地下王國裏。在佛教的宇宙體系中，牠們被派到須彌山的最底層，而其夙敵金翅鳥則被安排在上面一層。龍衆是地下寶物和「伏藏」[53]的守護者，能幻現蛇形、半蛇形或人形。公元二世紀偉大的印度佛教大師、哲學家龍樹[54]或許是從龍衆那裏獲得「伏藏」的第一人；他所獲得的伏藏爲《般若波羅蜜多經》[55]。

龍對人的影響各異，可能有益、沒有任何影響或者具有敵意。與中國的龍一樣，龍衆也有控制天氣的義務。一旦遭到冒犯，還能抑制雨水引發旱災。在息怒後，又會放出雨水。污染了牠們的居住環境或有不敬之舉，例如在龍衆居住的水中撒尿或漂洗髒衣物，都能引發疾病或龍衆施加的苦難。天花、癌症和腎病及皮膚病都被認定是與龍衆有關的疾病。

佛教傳說中共有八大龍王[56]，不是被某些怒相神踩在腳下，就是成爲他們的飾物。根據印度的種姓或社會地位，龍可以分爲五個

45.原文：Purana，《往世書》，亦稱《古事記》。古代印度神話傳說的彙集。印度教主要經典之一。約前一世紀至十世紀間成書。

46.梵文：Vinata，毗那達，迦葉佛之妻，疾病魔女之名。

47.梵文：Kadru，卡德魯（音譯），毗那達之姐。

48.梵文：Kashyapa，迦葉佛。古印度摩羯陀國王舍城人，屬婆羅門種姓。釋迦牟尼的四大弟子之一。傳說為佛教第一次結集的召集人。

49.梵文：Patala，沃焦石山，位於海底，可以吸收海水，以避免海水水量的增加或溢出。

50.梵文：Sesha，塞沙，吠陀時期的千頭蛇神。據說在大力羅摩死前從其口中生成。

51.梵文：Vasuki，筏蘇枳，九頭龍王之主。

52.梵文：Takshaka，德叉迦，一位龍王之名。

53.藏文：gTer-ma，伏藏，古代埋藏起來、後世才被人發掘出來的藏文書籍總稱。大多發現在十一至十三世紀前後。著名的伏藏如《瑪尼寶訓》、《五部遺教》等。

54.梵文：Nagarjuna，龍樹，古印度大乘佛教中觀派創始人。弟子有提婆等。著作甚多。

55.梵文：Prajna-paramita-sutra，《般若波羅蜜多經》，佛教典籍。

56.梵文：nagaraja；藏文：Klu'i rgyal-po-brgyad，八大龍王，即：①廣財龍王；②蓮花龍王；③力瀧龍王；④安止龍王；⑤大蓮龍王；⑥護螺龍王；⑦無邊龍王；⑧具種龍王。

(中上)甬道或菩提寶座的冠頂飾物,一頭正在吞蛇的金翅鳥抓住了兩條龍的尾巴。 (中右)戴有七帽狀頭冠的龍王將一塊如意寶捧在胸前; (左下)龍樹戴有七蛇冠的頭部細部; (中下)龍樹是公元二世紀的佛教哲學大師,他從龍王那裏得到《般若波羅蜜多經》。

57.原文:outcaste,無種姓者,即沒有種姓的人或被認為在社會之外的人。

58.梵文:astamahas-masana;藏文:Dur-khrod-chen-po-brgyad,八大屍林,亦稱「八大寒林」,即 1 東方暴虐寒林(藏文:gTum-drag); 2 南方骨鎖寒林(藏文:Keng-rus-can); 3 西方金剛焰寒林(藏文:rDo-rje-vbar-ba); 4 北方密叢寒林(藏文:Tshan-tshing-'khrigs-pa); 5 東南方吉祥寒林(藏文:bSil-ba'i-tshal); 6 西南方幽暗寒林(藏文:Mun-pa-drag-po); 7 西北方啾啾寒林(藏文:Ki-li-ki-li'i-sgra-sgrog-pa); 8 東北方狂笑寒林(藏文:Ha-ha-rgod-pa)。

等級。東方是白色的刹帝利,南方是黃色的吠舍,西方是紅色的婆羅門,北方是綠色的首陀羅,而位於中央的是黑色的無種姓者[57]或「不可接觸者」。顏色配置與藍色不動金剛居中的五佛壇城的傳統方位相符。怒相神一般都佩戴八大龍王或五大種姓的龍作為「八大屍林[58]服飾」之一,也稱作「旋龍飾」。怒相神一般都會佩戴幾對或幾串令人生畏的毒蛇飾物。這些毒蛇上下翻滾、扭動著身軀,發出嘶嘶聲。刹帝利種姓的白色盤蛇裝飾纏圍在怒相神頭冠的半截金剛杵上。一圈吠舍種姓的黃蛇成串地掛在或盤在一起,作為神靈的耳飾。神的項鏈或寶珠是用婆羅門種姓的一圈紅蛇所製成。神用纏繞在一起的首陀羅種姓的綠色長蛇作為飾帶或胸前花環。神靈佩戴用

小黑蛇編成的環形花環，作爲手鐲、臂環和腳鐲，代表著無種姓者或不可接觸者的種姓。

在各自的肖像畫法中，龍眾通常畫成上半身爲人形、腰以下爲纏繞的龍身。最常見的龍眾呈白色，一頭兩手，雙手合十祈求或供奉珠寶。一條、三條、五條或七條的小蛇像雞冠一樣立在龍眾的頭頂。這些小蛇的顏色分別對應到龍眾的五大種姓和八大龍王的顏色。印度龍眾中的多頭蛇頭冠的圖案，可能源自古印度河有七個或九個的河口或出海口。

金翅鳥
（梵文：Garuda；藏文：Khyung, mKha' lding）

金翅鳥是印度教和佛教禽鳥之中的神鳥之王。根據印度《往世書》時期的傳說，金翅鳥是迦葉佛和毗那達的兒子。毗那達用了五百年的時間孵化這顆蛋。一破殼而出，金翅鳥那令人生畏的形象就遮蔽了天日。牠拍打雙翅震撼了大地，甚至眾神也因爲其金身發出讓人難以忍受的刺眼光芒，而錯把牠當成了火神阿耆尼。

毗那達與其姐卡德魯因爲攪拌大海生成的馬的顏色起了爭執。卡德魯是卵生龍眾之母，爲了報復，她擄走了毗那達並將她投入自己的蛇坑監禁。爲了營救母親，金翅鳥在因陀羅天掀起了風暴並偷走甘露作爲贖金。金翅鳥用狡猾的手段救出了自己的母親，但在救母過程中，有幾滴甘露從其喙滴落在拘沙草上。蛇舔了拘沙草，鋒利的草刃把蛇的舌頭刺成叉狀。儘管困難重重，眾神終於設法從金翅鳥喙中奪回一些甘露。但是由於金翅鳥力大無比，在爭鬥中，因陀羅身上巨大的金剛杵都被碰斷了。只有毗濕奴能夠制服金翅鳥。將其制服後，毗濕奴就要牠發誓當他的奴隸並且百依百順。隨後，毗濕奴讓金翅鳥成爲自己的坐騎並答應牠長生不老的請求。在後期的印度神話中，毗濕奴的第八化身黑天[59]把金翅鳥當爲自己的坐騎，以征服大龍神迦梨亞[60]。

金翅鳥一直是蛇或龍眾的夙敵。在眾多神話傳說中，這個介乎於猛禽和蛇類的仇敵十分常見。最初，印度的金翅鳥畫成鷹狀巨

59.梵文：Krsna，黑天，印度教崇拜的大神之一。毗濕奴的第八化身。黑天的業績受到大神濕婆的尊敬，承認他是宇宙大神。黑天的形象在印度民間文學、繪畫、藝術等藝術品中經常出現。

60.梵文：Kaliya，迦梨亞，大龍眾之名。

金翅鳥。

鳥，有「美麗雙翼」[61]、「太陽鳥」[62]、「蛇之怨敵」[63]和「眾鳥之王」[64]等名稱。後來其形狀定爲鳥人，即：半鷹半人，是有臂有手人形的上半身與鳥頭、鳥大腿、鳥小腿、鳥爪和鳥翅的結合。在印度、尼泊爾、斯里蘭卡、緬甸、泰國和東南亞都有金翅鳥超自然的不同化身。在傳統上，這些地區的人們依然召喚金翅鳥來對付蛇、防止蛇咬及化解各種毒物。

在西藏，印度金翅鳥被同化爲苯教的「妙翅鳥」，即：「萬鳥之王」和苯教火鳥。在西藏肖像畫法中，金翅鳥長有人的軀幹、臂膀和雙手。腰下部的強壯大腿長有羽毛，與長有利爪、鴕鳥般的小腿相連。金翅鳥背上長滿羽毛，其尾翼一直拖到足部。其彎喙宛若鷹喙或隼喙。和其雙爪一樣，其喙堅硬宛若隕鐵[65]。一旦遭金翅鳥緊抓不放或啃咬，龍眾難以死裏逃生。金翅鳥的雙翼和雙眼一般呈金黃色，黃褐色的羽毛向上翻捲，眼眉像火一樣炯炯發光，尖利雙角間隆起的肉髻[66]內藏有一塊龍眾寶。這塊隱藏的珠寶和月牙、太陽及滴露[67]狀飾物一起裝飾在冠頂。有傳說講述金翅鳥是如何從須彌山龍眾之王那裏偷走這塊珠寶。牠把珠寶吞下後又噴出來。這個說法可能源自於西藏民間傳說，人們認爲金翅鳥噴出的是治療蛇咬和其他毒物的解毒劑。金翅鳥雙手抓住一條上下翻滾的龍王，並用尖利的喙咬住龍身中段。金翅鳥有時也可能佩戴八大龍王當裝飾。

在甯瑪派大圓滿法[68]和苯教的傳承中，金翅鳥意義重大。在甯瑪派中，牠幻化爲蓮花生大師的某些怒相化身；在伏藏中被尊崇爲護寶神。作爲神靈，金翅鳥與金剛手和馬頭明王關係緊密。修這三位神，對除障、消病極爲有效，特別是與龍眾有關的疾病，如腎病、瘟疫和癌症。在這種獨特的修習中，必須在身體的不同部位觀想金翅鳥的不同化身。

五隻一組的金翅鳥與五佛的顏色、五行、五智和五佛的特質相對應，有：黃色（地）、白色（水）、紅色（火）、黑色（風）和藍色或彩色（空）。色彩斑斕的金翅鳥腰以下爲黃色（地），從髀到臍爲白色（水），從臍到喉是紅色（火），從下頜到前額爲黑色（風），頭部爲藍色或綠色（智慧）。五彩金翅鳥的雙翼是由五種顏

61. 梵文：Suparna，美麗的雙翼。

62. 梵文：Garutman，太陽鳥。

63. 梵文：Sarparati，蛇之怨敵。

64. 梵文：Khageshvara或Pakshiraj，眾鳥之王。

65. 藏文：gNam-lcags，隕鐵，亦稱「天鐵」。是從地下掘出的金剛杵橛等金屬器物製作材料，叩之發音清越，光澤油潤暗黑。功能爲驅邪魔，鎮驚狂。

66. 梵文：ushnisha，肉髻，漢譯作「佛頂」，亦稱「無間頂相」。佛的頭頂骨隆起而成髻狀。佛的三十二相之一。

67. 梵文：nada或bindu；藏文：Thig-le，滴液、滴露。又譯「明點」，密乘所說體內風、脈、明點三者中之明點，是大樂的精髓或種子，以種種精華、精粗的形式存於體內脈道之中。

68. 藏文：rDzogs-pa-chen-po'i-chos，大圓滿法。藏傳佛教甯瑪派主要密修法。人的心體本質上是純潔的，毫無塵垢，使此心自然而爲，隨意而往。大圓滿中有心部、界部、教授部，屬於第九乘無上瑜伽部。

69. 梵文：torana，塔樓牌坊，通常為木料製造，但有時為石料製造，用兩根立柱支撐一至三根橫過梁，上面的雕刻十分精細，作為進入印度佛教廟宇的紀念性甬道。

70. 藏文：bDen-gnyis-chos，二諦，即：**1** 俗諦（梵文：samvritisatya；藏文：Kun-rdzob）；**2** 真諦（梵文：paramarthasatya；藏文：Don-dam-bden-pa）。

71. 梵文：Varuna，水神，天神或海神。

72. 梵文：Ganga，競迦，指恆河。

73. 梵文：Makara-Ketu，長尾摩羯。

74. 梵文：rasi，摩羯宮，十二宮的第十宮。

75. 梵文：Capricorn，摩羯宮。

色的羽毛組成，可以把閃爍的彩虹光芒散發到十方大地，代表「空」。有時，羽毛末端飾有金剛杵頭。金翅鳥長有兩隻或三隻眼睛，一般呈金黃色。

金翅鳥是不空成就如來的坐騎，不空成就如來是北方的綠色佛，也是羯磨部怙主。作為至高無上的金色太陽鳥，金翅鳥形象出現在塔樓牌坊[69]或佛陀菩提寶座的頂部，展開金色雙翅並將兩條龍尾抓在爪中。頭頂上的彎月、太陽和烈焰構成的吉祥冠象徵進入中脈的陰、陽兩氣合一。雙角代表二諦[70]，即：俗諦和真諦。雙翼代表方便和智慧的結合。金翅鳥狂暴的形象象徵著把毒物變成甘露。長滿羽毛的牠從卵中「再生」象徵著覺識的萌生。

摩羯
（梵文：Makara；藏文：Chu-srin）

梵文詞彙「makara」指的是海龍或水怪，通常被看作鱷魚。摩羯是吠陀神話中水神[71]和恆河女河神競迦[72]的坐騎。一些學者認為摩羯就是居住在恆河清水中的河產海豚。摩羯也是吠陀時期欲神的標識，也稱作「長尾摩羯」[73]，是印度十二宮中的第十宮[74]，相當於摩羯宮[75]，即：西方十二宮中的海羊。

作為古印度的神話象徵，摩羯是一種雜交動物，由幾種擁有鱷

（左）帶漩渦卷尾的摩羯；（中）帶魚尾的摩羯；（右）帶摩羯的屋頂水滴；（中上）兩個摩羯頭。

魚特徵的動物結合而成。摩羯長有鱷魚的前爪、大象的拱嘴或鼻幹、野豬的獠牙和耳朵、猴子滴溜亂轉的眼睛、孔雀帶有漩渦飾的尾翼。從古印度到現在的藏式形象的演變過程中，摩羯變成了目前的模樣，即：長有獅前爪、馬鬃、魚鰓和捲鬚及鹿和龍的角。最初簡單的帶毛魚尾上頭，則出現了一個複雜的帶旋圖案，叫作「摩羯彗星」[76]。

鱷魚具有天然的力量和韌性。正如寓言所說，鱷魚至死也不會放棄自己的獵物。許多金剛乘的武器上都畫有摩羯，象徵韌性和力量，其中包括斧子、鐵鉤、鉞刀[77]和金剛杵，而且刃身或尖都從摩羯大嘴[78]中伸出。作為水的象徵，摩羯頭常常裝飾在廟宇屋頂的突出部位當石刻滴水嘴。摩羯頭也出現在水源的源頭，做成石刻出水口。從繪畫和建築的角度來看，在木雕入口的上拱或在佛像或神像菩提寶座後的聖光部分，常有一對對稱的摩羯側伴雙龍，上方另飾有一張戴冠金翅鳥的臉。塔樓牌坊的雕刻形式在尼泊爾尼瓦爾藝術和建築中十分普遍。作為塔樓牌坊的守護者，摩羯像出現在大十字金剛杵彎曲的叉股頭上，大十字金剛杵環圍著平面壇城的四大入口。在立體壇城上，這個十字金剛杵承托著整個壇城宮構架，象徵插有金剛杵的金剛座不可撼動的穩定性。

....

饕餮

「Kirtimukha」一詞的意思是「帝威之臉」、「名望之臉」或「榮光之臉」，一般稱作「鬼臉」或「無名之物」。在中國，稱作「饕餮」，是一種令人生畏之物。據說，牠確實存在。中國餐具上常常飾有饕餮這種「貪婪之獸」，以警告人們不要貪婪和放縱。作為牌樓的守護者，在中國、印度次大陸和東南亞都可以看到這個古代象徵物。

饕餮源自《室健陀往世書》[79]神話故事中的惡魔宿王[80]，在濕婆慧眼[81]發出的火焰中生成。牠力大無比，與自己的養母、濕婆之妻雪山神女有了亂倫的關係。惡魔宿王慫恿他的朋友羅睺[82]去引誘

76.梵文：Makaraketu，摩羯彗星。

77.鉞刀，密宗常用法器之一，亦稱「金剛斧」，原是古印度的一種兵器。其柄端呈金剛杵形，下部是斧狀的刀身和刀口。鉞刀也是斷除貪、瞋、癡、慢、疑、惡見等六種根本煩惱的標誌和象徵，在密宗圖像和塑像中多為佛母（明妃）所持。

78.梵文：makaramukha，摩羯大嘴。

79.梵文：Skhanda Purana，《室健陀往世書》，《往世書》十八部之一。

80.梵文：Jalandhara，惡魔宿王。

81.梵文：urna，慧眼，亦稱「第三隻眼」或「天目」。

82.梵文：Rahu，羅睺，大星宿神。占星的人所說的星名，能支配人間的吉凶禍福，又作羅睺羅（Rahula）。

饕餮臉。

雪山神女與之非法媾和。濕婆得知此陰謀後勃然大怒，從其慧眼中又生成了另一個恐怖凶殘的魔。該魔飛快地吞食羅睺。驚恐萬分的羅睺乞求寬恕，濕婆最終接受了他的懺悔。饑腸轆轆的凶魔失去自己的獵物，只得自食自身直到只剩下頭顱。濕婆對凶魔的力大無比感到歡心，將他的臉命名為「榮光之臉」，命他永遠擔當自己門檻的保護神。

　　饕餮在尼泊爾稱作「切普」[83]，在尼泊爾尼瓦爾工匠的作品中是極為普遍的主題。饕餮吞蛇的雕塑經常裝飾在塔樓牌坊和神龕的拱頂上。根據傳說，阿盧那是金翅鳥的長兄，注定要成為一切天界眾生中最勇敢、最具品德者。由於其母毗那達心太急等不到自然分娩，因此，當他從卵中孵出時，僅有頭和雙手發育完好。另一個傳說講述文殊菩薩是如何勸說隱身的阿盧那展示其神性。當他在雲中展示其上半身時，文殊菩薩祕密地為他畫像，當阿盧那發現文殊菩薩要畫下自己的神祕形象時，立刻再次變為無形，只讓文殊菩薩畫下了頭和雙手。然而，文殊菩薩對其勇敢和德行印象頗深，宣佈從今以後這個吞蛇的臉要出現在神殿大門頂處。於是，阿盧那就成為加德滿都峽谷主要的保護神之一，其威懾一切邪惡之敵和龍眾的能力，與金翅鳥不相上下。

83.梵文：Chepu，切普，尼泊爾人對金翅鳥之長兄阿盧那的稱謂。

在藏族藝術中，饕餮作為一種紋飾出現在鎧甲、頭盔、盾牌和武器上，呈現一張無下頜而凶惡的臉，不僅頭上長角，一雙手緊握插在口中的金色飾杖。上頜通常掛有單顆珠寶、一組珠寶或珠寶簾帳。整個饕餮臉的簾帳構成了一張珠寶網，常常繪於廟宇圍牆的大梁上。裝飾廟宇大柱的柱面幡[84]上方常用拱形的饕餮臉作裝飾。從建築學的角度來看，饕餮臉在門楣、拱道和楣柱上構成了一個相同的主題，反映出牠們已融入了立體壇城宮中。此外饕餮也常做成寺廟大門上的門把或門環，並掛有白色哈達形成的垂花飾。法鈴上半部常裹有一條橫飾帶，上面有八張饕餮臉，其口中銜有珠寶網。

饕餮的變體包括獅頭[85]、金翅鳥頭[86]、羅睺頭[87]（吞噬時間的頭）、海螺頭[88]和摩羯頭[89]（吞噬時間的摩羯）。

84. 藏文：Ka-'pham，柱面幡，用棉麻或絲織縫成、懸掛於柱面的裝飾品。

85. 梵文：simhamukha，獅頭。

86. 梵文：garudamukha，金翅鳥頭。

87. 梵文：kalamukha，羅睺頭。

88. 梵文：shankhamukha，海螺頭。

89. 梵文：kalamakara，摩羯頭。

第七章
星象符號

1.梵文：upaya，方便，為了接引眾生的權宜的方式。

太陽 （梵文：surya；藏文：Nyi-ma） 和月亮 （梵文：chandra；藏文：Zla-ba）

作為我們世界的主要發光體，太陽和月亮是金剛乘佛教中最重要的星相象徵。紅色或金色太陽代表著陰性的智慧，而白色月亮代表著陽性的方法或慈悲。但經文中在描繪某些神靈時，這種象徵主義偶然也會相反。

根據藏醫經文的說法，女孩的青春期大約在十二歲，男孩的青春期在十六歲。從象徵意義上來看，十二歲代表著女孩陽性的「智慧」，因為太陽有十二個月份和十二宮；十六歲代表月食的十六食分或新月和滿月之間十六天的間隔，因此，也代表陰性的男孩「方便」[1]。

太陽和月亮圓盤通常都畫在唐卡畫面上部的天空，在主供神像的左右兩側，把畫面分成「智慧」和「方便」兩部分。神靈的女性伴神大都靠近或擁抱著男神，彷彿她是從其左側跨出來的。但在分別繪製時，女性伴神常常畫在男神的左側，男神有時則畫成「用左臂摟著其伴神的脖子，並撫玩著她的左乳房」的形象。同樣，人們認為，女性胎兒和男性胎兒分別在母

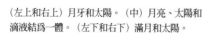

（左上和右上）月牙和太陽。（中）月亮、太陽和滴液結為一體。（左下和右下）滿月和太陽。

親子宮的左、右兩側發育。在多臂神靈的肖像畫法中，可以看到握在「方便」右手中的大部分器物是具有穿透力的「陽性」武器，而握在「智慧」左手的器物主要屬「陰性」或是用於盛裝的器物。

作為光源和光的反射物，太陽和月亮象徵著絕對和相對真理、勝義諦和世俗諦的菩提心露[2]。在更神祕的層面上，紅色太陽和白色月亮分別象徵在體內脈道中流淌的紅、白菩提心露。紅、白菩提心露分別生成於臍部和頭部中央處。從中脈左、右兩側升起的兩條次要脈道被看作是陰、陽兩脈。在印度教軍荼利法[3]瑜伽體系中，這些脈道的位置一般是相反的。端坐或站立神像的太陽和月亮圓盤表明神靈的智慧或方便。作為「智慧」禪墊的紅色或金黃色太陽圓盤，專門是給頗有動感的半怒相神或怒相神使用的，通常出現在花瓣下垂的盛開蓮花之中。作為「方便」禪墊的白色月亮圓盤則給善相神使用，一般出現在花瓣上翻的半開蓮花之中。這些圓盤可以用「火晶」[4]或「水晶」[5]製成。在古印度，火晶是一種具有神力的玻璃，而水晶則是具有凹透能力的散光物。

作為器物，太陽和月亮圓盤可以做成耳飾、頭飾、胸飾或手持器物。燃燒的太陽從吉祥天母[6]這樣的神靈臍部發出光來，象徵要把輪迴大海曬乾和促使圓滿之「芽」成熟。新月的月牙常常畫在某些與濕婆教神靈有關的本尊神頭頂之上，如：轉輪王、覺缽神[7]和時輪金剛[8]。這個月牙象徵著慈悲或白色菩提心露的增長，以及神靈頓悟力的不斷增強。

有時，在太陽和月亮圓盤中也畫上一隻三腿紅鳥和一隻白兔，牠們源自漢地星相象徵體系。其中，「太陽中的三腿紅鳥」代表能發出強光的陽性數字「三」，而「月亮中的白兔」代表微弱、帶有陰影的陰性數字「二」。三腿紅鳥也可畫成烏鴉、小公雞或鳳凰。人們認為牠們會週期性地飛落大地採集靈芝。兔的形象源自在月球海看到形似兔的幻影或是滿月上的「大海」[9]痕

2.梵文：Bodhichitta，菩提心露，亦稱「直心」，指純一無染的心靈。

3.梵文：Kundalini，軍荼利法，密教的修行法，以軍荼明王為本尊，消滅災厄。

4.藏文：Me-shel，火晶。

5.藏文：Chu-shel，水晶。

6.梵文：Shri Devi，吉祥天母，亦稱「功德天」、「寶藏天女」。這是專門授予人福德的女神。本來，這是印度神話中的神祇，其後納入佛教。她普受眾人的信仰，被視為福德圓滿的女神。

7.梵文：Buddhakapala，覺缽神，神名。

8.梵文：Kalachakra；藏文：dPal-dus-kyi-'khor-lo，時輪金剛，藏傳佛教時輪金剛密法之本尊。時輪金剛的形象多種多樣，均為雙尊像，有單首的，有雙臂的，也有多臂的，腳下踏人，表示降妖。

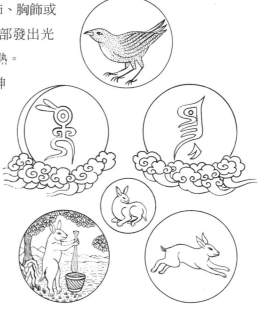

（上）太陽的三腿紅鳥；（二排左和右）月亮兔和太陽鳥的漢文象形字。（左下）正在月亮上搗碎長生不老藥的兔子和（右下和中）月兔。

9.大海：指在月球表面或火星表面上一片相當大的暗區。

10.梵文：Yamari，夜摩天母，女神名。

跡。這是源自漢地的一個傳說，講述一隻兔子如何把長生不老甘露滴灑在月亮上。印度佛教《本生經》中的一個傳說也敘述佛陀在前世托生為兔子，曾慈悲地捨身以餵養其他生靈。為了表示尊敬，因陀羅把這隻兔子的輪廓畫在月亮上，牠會一直待在那裏直至此輪世界的終結。

地、水、火、風、空五大元素

作為純淨的象徵，黃色方塊代表地，白色圓圈代表水，紅色三角形代表火，綠色半圓形或月牙代表風，消溶的藍色滴液代表空。在呈立體狀時，多層的黃色立方體、白色球體、紅色錐狀體、綠色半球體和融溶的飄浮滴狀物分別代表地、水、火、風、空「五大」。在密宗裏，黃色梵文字符「Lam」代表地，白色梵文字符「Vam」代表水，紅色梵文字符「Ram」代表火，綠色梵文字符「Yam」代表風，而藍色梵文字符「Hum」代表空。

太陽、月亮和四大要素作為器物握在藍色十八臂夜摩天母[10]的六隻左手中。此時，金盤代表太陽，白盤代表月亮，四或五層台階式方形建築代表地，台階和階面可能全部塗成黃色，或分別塗成白色、黃色、紅色和綠色，以便與四方的顏色相符。水畫成一個旋轉的藍白色波浪。一團朱紅色火焰代表火，一條火舌為其手柄。一團綠色怒風代表風，巨浪為其手柄。在西藏的星相象徵體系之中，花斑青蛙通常代表地，一根木棍從其肛門穿過。帶綠松石色斑點的金色青蛙，往往代表某地的「年神」；被穿刺的狀態象徵著穩定和大地的束縛。喜金剛八隻左手中的六隻也分別握著太陽、月亮和四大元素，但是此時都化為神的形象。

被穿刺的青蛙象徵著地方「年」神（左），也是地元素（中）和火、氣和水（右）的象徵物。

須彌山
（梵文：meru, sumeru；藏文：Ri-rab）

多層的錐狀須彌山及其周圍的瞻部洲有時也被畫成手持器物。這座偉大的「世界之山」從宇宙中心隆起，其四面顏色分別爲：東方的白色（水晶或銀）、南方的藍色（藍寶石或青金石）、西方的紅色（紅寶石）和北方的金色（黃金）。須彌山四周環圍著七條金色山脈，每座山脈都被淡水湖隔開，其高度隨著向外延伸而依次遞減。在山和湖的外側有一個浩瀚的鹹水湖，由「宇宙之邊」的鐵山環繞著。

在巨湖的四大方位上，有環繞須彌山的四大瞻部洲。東方東勝身洲是白色的，呈半圓形；南方南瞻部洲是藍色的，呈斧頭狀；西方西牛貨洲是紅色的，呈圓形；北方北俱盧洲是金色的，呈方形。四大瞻部洲的兩側都有一對小瞻部洲，每個小瞻部洲的形狀和色彩與四大瞻部洲相同，但大小或面積只達其一半。我們的世界就坐落在南瞻部洲上，南瞻部洲也叫作「蒲桃[11]之島」。南瞻部洲之名源自蒲桃落水發出的「jambu」聲。龍神吃了蒲桃之後，產生的糞便就成了瞻部河裏的黃金。

須彌山的山底處有四個隆起的層面，龍神住在第一層，金翅鳥住在第二層，羅刹[12]和陀羅那[13]住在第三層，護寶的夜叉[14]住在第四層。四方的四大天王住在最高一層每一面的中央處，分別是：白色的東方持國天王、青色的南方增長天王、紅色的西方廣目天王和綠色的北方多聞天王。

· 大神因陀羅的天界[15]坐落在須彌山山頂，因陀羅居於如意樹的天上童龍磨[16]樹叢的宮殿裏。因陀羅天也稱作三十三天[17]，因爲還有三十二尊神與因陀羅同居此地。在吠陀時代，這三十二尊神被分爲三組，每組十一位，分別居住天、地和地下「三界」。在印度教後期中，這些神的數量增至三億三千萬。

四大天王的王國與因陀羅的三十三天構成了「居地神」的前兩個天。在須彌山上方的是「居天神」的四天。這六天（兩個居地神

11.原文：Jambu fruit，蒲桃，屬於幾種熱帶植物中的一種，如番櫻桃。

12.梵文：rakshasa，羅刹，印度神話中的惡魔，數目很多。最早見於《梨俱吠陀》，相傳原爲印度土著名，亞利安人征服印度後，成爲惡人的代名詞，使羅刹演變成惡鬼。後爲佛教吸收，仍爲惡鬼。

13.梵文：danava，陀羅那，惡魔名。

14.梵文：yakshas，夜叉，印度神話中一種半神的小神靈。佛教中作爲北天王毗沙門的眷屬，列爲天龍八部之一。

15.梵文：svarga，天界。

16.梵文：Chitraratha，童龍磨，樹名，亦稱「花如」或「班如」。

17.梵文：trayastrimsha，三十三天，意譯「忉利天」。佛教用語。六欲天之一。謂在須彌山頂中央爲帝釋天，四方各有八天，共三十三天。

（左上和下）根據《對法俱舍》繪製的須彌山宇宙結構及（右上）時輪體系。

18.梵文：Gauri，嬌吠哩，七大神母
之一。

天和四個居天神天）統稱爲「欲界天」。欲界天的上面是神的十七
天或十八天。這些神具有極強的欲望，居於「色界天」。在他們之
上是最後四個「無色界天」。須彌山山頂上方徐徐上升的雲岸即代
表這些等級不同的神界，但在傳統上，只畫出二十一或二十二個雲
岸，因爲四個最大的神界是「無色的」。

女神嬌吠哩[18]手持須彌山，左、右兩手分別握著四大瞻部洲。

在「惡魔攻擊」的畫作中，魔王眾魔中的一個魔將整個須彌山宇宙拋向了佛陀。

壇城供
（梵文：mandala；藏文：dKhyil 'khor）

在佛教傳統中，盛載全宇宙財富的壇城供是表示供奉的最高禮儀。在藏傳佛教的「加行」[19]中，壇城供構成了金剛乘道四大修持之一。四大修持爲：■叩拜；■金剛咒；■壇城供；■瑜伽上師祈禱文。每種修持都需進行一萬次。叩拜可以淨化身上的污垢；修金剛咒可以淨化「語」和「意」的污染；壇城供可以積下六度[20]陰德；瑜伽大師可以傳遞世襲大師的護佑。

在修壇城供時，要在圓形底面之上不斷堆起三十七個穀物堆，做成一個「穀物壇城」。直徑約十二英寸的木盤或金屬盤可以作最簡單的底面，用來盛放三十七個穀粒堆或稻粒堆，但有時也使用更爲精緻的「壇城架」。壇城架上有一個光滑的黃銅或貴重金屬底座、三個依次變小、帶有斷口的護圈，還有一個插在中央蓮花座上的法輪。根據傳統，金屬底座上凸起的圓盤飾有鑿花圖案，上有環繞須彌山的四大贍部洲和八小贍部洲，還有七圈金山山脈、浩瀚的鹹海、外圍的鐵山和「四財」（參閱下段內容）。最大扣環的邊緣飾有轉輪王七政寶和八瑞相之一金寶瓶的圖案。第二圈飾有八大供養天女像。第三圈，也是最小的一圈飾有太陽、月亮、寶傘和勝利幢的象徵物。在修持時，三十七個穀粒堆陸續隆起。這些扣環依次疊在壇城底座上，形成逐漸隆起的四個穀物層，代表須彌山的四大層。最後，將法輪擺放在最高層的中央處，代表佛陀證果至高無上的榮光。

三十七顆猩紅色穀粒具體的堆擺順序如下：■用手把第一堆穀粒撒在基座中央，代表須彌山；■把第2至第5個穀粒堆分別擺放在東、南、西、北方

（左）須彌山的多層結構及（右）三十七堆穀物壇城。

19.藏文：sNgon-gro，加行，預備階段，預備工作。佛書譯為「先行」、「前行」。

20.梵文：satparamita；藏文：Phar-phyin-drug，六度，大乘佛教所說從生死此岸到達涅槃彼岸的六種方法和途徑，包括：■佈施；■戒；■忍；■精進；■禪；■慧。

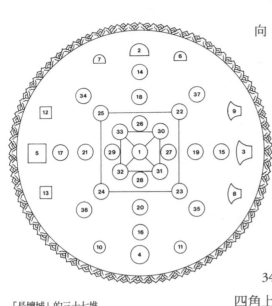

「長壇城」的三十七堆
穀物的數字順序。

向，代表四大瞻部洲；**3** 把第6至第13個穀粒堆擺放在四大瞻部洲旁邊，代表八小瞻部洲；**4** 把第14至第17個穀粒堆擺放在四大瞻部洲裏面，代表四大瞻部洲的四財，即：**1**珠寶山（東方）；**2**如意樹（南方）；**3**如意母牛（西方）；**4**大豐收（北方）；**5** 把第18至第25個穀粒堆擺放在四大方位和四大方位之間的方位上，代表轉輪王七政寶和金寶瓶；**6** 把第26至第33個穀粒堆也按順序擺放在四大瞻部洲裏，代表八大供養天女；**7** 把第34至第37個穀粒擺放在外層四大基本方位之間的四角上，代表太陽、月亮、寶傘和勝利幢。

珠寶、貝殼或其他穀類也可以用作供物的替代品。不同的教派也有二十五或二十三個穀粒堆做成的壇城，和七個或六個穀粒堆做成的小壇城。七個穀粒堆做成的壇城必須做到：**1**將須彌山置於中央；**2**四大瞻部洲置於四大方位上（第2至第5個穀粒堆）；**3**太陽在東北方（第6個穀粒堆）；**4**月亮在西南方（第7個穀粒堆）。六個穀粒堆製成的壇城是敬獻給：**1**大師；**2**本尊神；**3**護法神；**4**佛；**5**法；**6**僧。

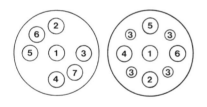

（左）七堆穀物壇城與（右）六堆
穀物壇城的數字順序。

第八章
主要禮儀和密宗器具

1.梵文：vajra，金剛杵，音譯「伐折羅」，佛教法器。「金剛」意為金中最剛之意，用於譬喻牢固、銳利、能摧毀一切的意思。

2.藏文：rDo-rje，多吉，金剛杵，「rDo」為石頭，「rje」為主人之意。

3.藏：Pha-lam，金剛石，金剛鑽。

4.梵文：vritras，龍。

5.梵文：rishi，大賢哲，聖賢，聖者。

6.梵文：Dadhichi，陀提吉，聖賢名。

7.原文：Teuton，條頓，可能是古代日耳曼人或克爾特人的成員。

8.原文：Thor，雷神，神名。

9.原文：Zeus，宙斯，希臘宗教的主神，位居奧林匹斯諸神之首。有時亦稱作「天王」，但不是天地的創始者。被認為是維持自然秩序者，尤為主宰雷電之神。

10.原文：Jupiter，朱庇特，羅馬宗教的主神。原為意大利半島雷、電、雨之神和「葡萄之靈」，後傳予羅馬人，又與希臘宗教中的宙斯相混。

金剛杵
（梵文：vajra；藏文：rDo-rje）

金剛杵是金剛乘堅不可摧之道的典型象徵。「金剛」二字既是金剛杵的名稱，也是一群以金剛冠名的神靈、器物和性質的稱號或前綴詞。梵文「vajra」[1]意為「堅固」或「力大無比」。而藏文的對應詞「多吉」[2]則是「石王」之意，表明它和金剛石[3]一樣具有堅不可摧的硬度和璀璨之光。這種堅硬無比的石頭不易切割也不會破損。從根本上來講，佛教的金剛杵象徵著絕對現實的難以捉摸、不會毀滅、不可撼動、不可改變、無形和堅固的狀態，即佛性的圓滿。

在印度吠陀時期，金剛杵最初是大天神因陀羅的主要武器或「霹靂閃電」。因陀羅神運用神力控制季雨期的電閃雷鳴並殺死了八百一十條龍[4]。據說，因陀羅神的金剛杵是用大賢哲[5]陀提吉[6]堅硬的顱骨製成的。這支金剛杵常畫成中間有洞的圓盤，上面有一對交叉的渦桿或一根帶槽的金屬棒，棒上有一百顆或一千顆尖釘。作為霹靂閃電，金剛杵可能相當於條頓[7]民族雷神[8]的流星斧、希臘天神宙斯[9]的霹靂王杖和羅馬朱庇特[10]神的三道霹靂閃電。作為一件投擲武器，因陀羅神堅不可摧的霹靂閃電宛如火球般的流星劃過天界，在雷暴的大漩渦中發出閃電和火光。在早期印度和中亞藝術

（左）股叉併攏的兩支平和金剛杵；（右）股叉打開的兩支忿怒金剛杵。

中，金剛杵通常會畫成短而堅硬的棍棒，兩端各有一個尖利的三股叉，或許最能表現出這種武器令人生畏之處。據說，佛陀從因陀羅神手中接過這支武器，將股叉往內折，變成了一根和平王杖。

在佛教藝術中，象徵王杖的金剛杵與作為令人生畏的武器的金剛杵，之間的區別極為明顯。善相神右手中持有金色金剛杵，其五股股叉併攏，象徵著神靈的方法或「方便」。怒相神右手所持的金剛杵可能是由天鐵製成，經常畫成鐵的深藍色，其股叉像一對對稱的三股叉那樣張開。這種金剛杵的股叉有時也畫成噴焰或叉形閃電的形狀。儘管是神靈非同尋常的「方便」象徵物，但也象徵著神明獨具、毀滅一切愚癡和虛妄、不可摧毀的金剛力量。在佛教藝術中，五股金剛杵和九股金剛杵也有畫法上的差異。在畫這兩種金剛杵時，兩端只能畫出三個股叉。在畫五股金剛杵時，股叉併攏，而在畫九股金剛杵時，股叉打開。

天鐵是鍛造金剛杵或其他鐵製武器的最佳材質，因為天鐵在掠過天際時已被神靈錘擊過。隕石的完美隱喻著色與空的不可分割性。隕石在虛空中燃燒，變成一顆流星或一團火球，在地球表面爆

股叉併攏和打開的各種金剛杵。

炸成爲熔融鐵碎片。西藏高原海拔高、空氣稀薄、地域遼闊，有大量的隕石掉落。西藏的金剛杵常常用天鐵鍛造而成。由於具有感應作用，天鐵有時會返回原本掉落的地點。馬來西亞和印度尼西亞的蛇形劍[11]也有同樣的傳說，同樣是由天鐵鍛造而成，傳統上會受到一位天上被俘神靈的保護。

據說，金剛杵長度爲十二指[12]，因爲它滅除了因緣鏈條上的十二因緣。其圓形的中心點象徵法爾[13]，代表空性的終極眞諦。在這個扁球形或種子[14]的中心處有字符「Hum」，所發出的三個合音代表一切佛法都是毫無依據的。三個和合音包括：法清淨[15]、推求清淨[16]和化生清淨[17]。

在金剛杵中心點的兩側各有三個斜向上升的圓圈，這三個圓圈環繞著金剛杵兩個對稱的蓮花底座，形成珍珠項圈的樣子。這三個圈象徵著「三門」[18]，即：空解脫門、無相解脫門和無願解脫門。這對稱的三個圈由兩個往外擴張的蓮花底座夾住，象徵在中心處的空性生成，宛若蓮花盛開在反射實物的水面上。每個蓮花底座都由八片蓮瓣組成，上面的八片蓮瓣象徵八大男性菩薩，下面的八片蓮瓣則象徵八大天女或女性菩薩。十六片蓮瓣象徵十六菩薩和大乘佛教經文所列出的十六空[19]。兩個蓮花底座的外圍另有三圈一組的珍珠圈，代表菩薩所修的「六度」，即：佈施、戒、忍、精進、禪和慧。每個蓮花座上面一圈的頂都有一個扁平的月亮圓盤蓋住，在中心點兩側構成了蓮花座或寶座的形狀。這兩個月亮圓盤（作爲月亮和太陽的星相象徵物）代表方便和智慧、相對眞理和絕對眞理的結合及俗諦和眞諦的菩提心露的合一。

11.原文：kris，蛇形劍，亦稱波刃短劍，一種馬來或印度尼西亞人用的短劍，通常具有扇形的雙刃和呈脊狀的蛇形刀身。

12.梵文：angula，指節，古印度的計量單位。

13.藏文：Chos-nyid，法爾，自然，本性，現譯爲「規律」。

14.梵文：bija，種子。在密教，種子是具有象徵意義的文字，是一種梵字，用以標示佛與菩薩各尊，其間亦含有哲學意味。通常是每一梵字表徵某一佛或菩薩的種子。

15.梵文：Hetu，法清淨。

16.梵文：Uha，推求清淨。

17.梵文：M，化生清淨。

單股金剛杵。

　　兩根對稱的金剛杵軸股叉直插在月亮圓
盤上。每根股叉的截面呈方形，長度為四
指，形狀頗像矛或劍刃。中央股叉的叉頭通
常呈削尖的錐體或四面的珠寶，既象徵著把
人體內微觀世界的軸中心比作中脈，也象徵
把須彌山的四面比作宏觀世界宇宙的軸中
心。以這種形式出現的單股金剛杵代表著一
切兩極象徵物的相結合。

　　三股金剛杵有兩根往內彎曲的邊股叉，
與中央股叉相連，只露出錐狀的叉頭。這些
邊股叉叫作金剛舌，是從摩羯的嘴裏伸出來的。摩羯濃妝厚飾的頭
面朝外，從月亮圓盤對立的兩側邊緣伸出來。在金剛杵的圖上，這
些摩羯往往太小無法畫出，所以這些邊叉外面一般都畫有對稱的漩
渦飾或葉飾。三股金剛杵與三股叉十分相像，主要象徵戰勝「三毒」
（嗔、癡、愚）、掌控「三時」（過去、現在、未來）和「三界」（天
界、地界、地下界），也象徵著「三寶」的戰無不勝及「三部怙主」
（參閱附錄二），還象徵著獲得「三身」（參閱附錄三）和三大脈道（參閱
附錄四）。

　　五股金剛杵是金剛乘佛教最常使用的形式，有一個中軸股叉，
在四大基本方位上還有四根彎曲的外股叉。四根外股叉同樣從摩羯
嘴裏伸出，與中央股叉末端連為一體。四個摩羯象徵著「四無
量」、「四解脫門」、戰勝「四魔」[20]、「四業」[21]、「四喜」[22]、
四大基本方位和已淨化的土、水、火、風四大自然力。五根上股叉
代表五佛智的智慧；這些智慧源於已轉化的「五毒」[23]和已淨化的
「五蘊」[24]。四根外股叉向內彎曲，與中心股叉連為一體，象徵著
色、受、想、行「四蘊」是以第五蘊「識」為依據的。五根下股叉
代表著「五佛母」，即：五佛的女性伴偶，象徵已淨化的地、水、
火、風、空五大自然力。五根上股叉和五根下股叉也代表著五妙欲
和五官。總體來說，五股金剛杵的十根股叉代表著十大方位、「十
度」[25]和菩提修行的十地[26]。

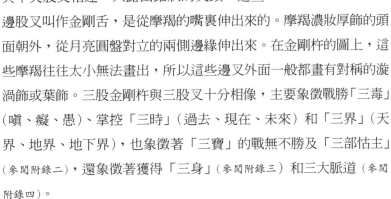

三股或五股金剛杵。

18.三門，亦稱「三三昧」。這是三種禪定的名稱，是通往解脫的三個門戶。這即是空、無相和無願三者。

19.十六空：❶內空；❷外空；❸內外空；❹空空；❺大空；❻勝義空；❼有為空；❽無為空；❾畢竟空；❿無際空；⓫無散空；⓬本性空；⓭一切法空；⓮自相空；⓯無性空；⓰無性自性空。

20.梵文：caturmara；藏文：bDud-bzhi，四魔，使人苦惱的四種魔，即：❶煩惱魔；❷陰魔；❸死魔；❹他化自在天魔。

21.梵文：caturkriya；藏文：'Phrin-las-bzhi，四業，佛教關於人們的四種不同因果報應，即：❶息業；❷增業；❸懷業；❹誅業或伏業。

22.藏文：dGa'-ba-bzhi，四喜：❶喜（梵文：ananda）；❷勝喜（梵文：paramannda）；❸殊喜（梵文：viramananda）；❹俱生喜（梵文：sahajananda）。

23.梵文：panchavisha；藏文：Dug-lnga，五毒：❶癡；❷貪；❸嗔；❹妒；❺慢。

24.梵文：skandha；藏文：Phung-po，蘊。五蘊為五種集合之意，亦可解釋為物質性、感覺、表像、意念與認識作用這五者的和合，即：❶色；❷受；❸想；❹行；❺識。

25.梵文：dasaparamita；藏文：Phar-phyin-bcu，十度，大乘佛教中主張的十種德行，即：**1**佈施；**2**戒；**3**舍；**4**慧；**5**精進；**6**忍；**7**實；**8**願；**9**慈；**10**舍或心氣平和。

26.梵文：bhumi，地。十地，菩薩修行的五十二個階段的第四十一位至第五十位。菩薩在這十地中，負荷眾生的苦痛，支持他們，有如大地支持樹木，古稱「地」，即：**1**難登；**2**結慢；**3**華莊嚴；**4**明輝；**5**心廣；**6**妙相具足；**7**難勝；**8**生誕因緣；**9**王子位；**10**灌頂位。或**1**歡喜地；**2**無垢地；**3**明地；**4**焰地；**5**難勝地；**6**現前地；**7**遠行地；**8**不動地；**9**善慧地；**10**法雲地。

27.梵文：astavijnana；藏文：Shes-pa brgyad：八識，唯識說所立的八種識，即：**1**眼識；**2**耳識；**3**鼻識；**4**舌識；**5**身識；**6**意識；**7**末那識；**8**阿賴耶識。

28.梵文：yana，乘，是車乘，泛指能使人覺悟得度得教法。九乘是：**1**聲聞；**2**獨覺；**3**菩薩；**4**事部；**5**行部；**6**瑜伽部；**7**大瑜伽；**8**隨類瑜伽；**9**最極瑜伽或大圓滿。

　　九股金剛杵有一根中軸股叉和八根彎曲的外股叉，直接插在金剛杵兩端的四大和四小基本方位上。八根外股叉同樣從摩羯嘴伸出，象徵著八識[27]和佛陀引導人們擺脫輪迴之苦的「八正道」。中央股叉和四大方位的上股叉代表著五佛，而四小方位的上股叉則代表「四佛母」，即佔據四方之四佛的女性伴侶。中央股叉和四根下股叉代表「五佛智」，而四小方位的下股叉代表「四無量」。九股金剛杵基本上象徵對甯瑪派九乘[28]的徹悟，也象徵八大菩薩簇擁下的金剛持、佛陀及其「八正道」，以及壇城的主要中心和八大方位。

　　在更神祕的層面上，金剛杵這個象徵物經常是眾多神靈生成時所使用的直觀修持的「前奏」。此時，將第一個種子符號畫成生成於空性，或出現在修持者的面前或心中。隨後，這個種子符號融入光中，以八瓣蓮花的形狀顯現，並在蓮花上生成日月圓盤。另一個種子符號從這個圓盤上升起，然後，變成一支金剛杵，其中心有另

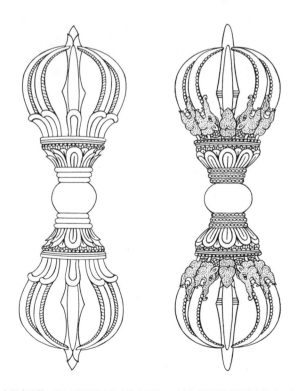

（左）九股金剛杵：股叉從蓮瓣中伸出的金剛杵；（右）股叉從摩羯嘴中伸出的金剛杵。

一個種子符號,變成神的化身。種子符號顯現的三個階段稱作「金剛三昧」[29]。第一階段,種子符號從空性中產生;第二階段,生成修持者的智慧或金剛心生成;第三階段,金剛智度心轉化成神的化身。從象徵意義上來說,八瓣蓮花代表心輪[30];日月圓盤作為方便和智慧代表著紅、白滴露,是相對和絕對菩提心露的結合。金剛

繫有絲帶的金剛杵。

杵中股叉垂直延伸的部分代表著中脈,周圍的八根股叉代表生成心輪的八大脈道。在中心點兩側的三個圈代表能使位於心輪的中脈收縮的三個脈輪結。至於象徵種子符號(神明生成之處)的金剛杵中心點,代表著心中的「金剛滴露」。修持者從這個「金剛滴露」中生成的覺識,成為所觀修之神的「明相」。(參閱附錄四)

同樣,在金剛乘眾多的神靈中,每一位神都出自於五佛部,也都冠以各自佛部獨特的手印。善相神頭頂的頂冠上多半繪有其佛部怙主的小像或種子符號,而怒相神頭頂的頂冠上就較常畫有半截金剛杵,中央點上繪有其佛部怙主的種子符號。

法鈴
(梵文:ghanta;藏文:Dril-bu)

法鈴代表「般若波羅蜜多」[31]的陰性,直接體現空性。據說,每次搖法鈴都在「宣告空性之聲」。該鈴也稱作金剛法鈴[32]。神或修持者的「智慧」左手總是拿著陰性法鈴,通常與握在「方法」右手的陽性金剛杵相配,合在一起象徵智慧或空性(鈴)與方法或方便(金剛杵)的完美結合。鈴代表空,金剛杵代表色。金剛杵的五根股叉代表六度的「陽性」五度,即:佈施、持戒、忍辱、精進、

29.金剛三昧,亦稱「金剛喻定」、「金剛定」。三乘的修行者最後斷除一切煩惱而得究竟果的三昧。

30.原文:heart chakra,心輪。

31.梵文:Prajna-paramita,般若波羅蜜多,「般若」是空之智慧,「波羅蜜多」是完成、完滿。即指最高的空之智慧的完成。六度或六波羅蜜多之一。

32.梵文:vajra-ghabta,藏文:rDo-rje dril-bu,金剛法鈴。

33.銅鐘，青銅合金，通常為三至四份銅與一份錫組成的青銅合金，用於鑄鐘。

34.藏文：ljag，鈴舌。

35.梵文：Dharmodaya，法相，作為現象看的法，現象層面的存在。這是一般意思。但有時法相可作法的特質解，甚至作法性解，後者則不是現象，而是本體的意思了。

36.藏文：Dung-phreng，硨磲念珠，螺殼所製白色數珠。

37.藏文：'od-phreng，光圈。

38.藏文：Me-ri，火山。

39.藏文：rDo-rje ra-ba，金剛欄。

禪定。法鈴的開口部分代表六度中的第六「陰性」度——智慧。

傳統上，藏式法鈴要用青銅或銅鐘[33]以熟練的砂鑄技術鑄成。鑄鈴時要先準備好內、外鑄模。鑄模是以密實的優質砂與紅色汁液或紅糖之類的黏合劑混合而成，必須先使用一塊無飾紋的鈴「胎」，然後將鈴外層精心裝飾的圖案小心地印刻在砂製模具的外層。這要經過一系列金屬壓花工藝，並刻上裝飾鈴外表面的各種圖案方能完成。鈴上半部的一圈蓮花圖案，包括裝飾華麗的蓮瓣和種子符號已經刻在鈴胎的肩部。鈴上部的青銅手柄是用青銅鑄造的脫蠟法另外鑄造而成，之後可以鍍金。最後，用瀝青樹脂把鑄件和手柄黏在一起，再將金屬鈴舌[34]掛在鈴內一個小插件上或鑄件內中心點上一個焊接好的環上。

這套金剛鈴杵主要代表修持者的本尊神及本尊神的壇城。作為神靈的壇城，鈴的比例通常十分完美，不論是高度、底座直徑還是青銅手柄的尺寸都一致。減少鈴的表面積或增加鑄件厚度，都會使鈴聲升高。

空心鑄件或鈴「口」代表著對智慧的直接領悟，而鈴舌則表示「空性之音」。鈴鑄件內層的上端有一個環，鈴舌掛在這個環上，內層刻有「法相」[35]，形狀如六角星（參閱第244頁）。而法相裏面也刻有象徵神之身、語、意的三個符號「Om A Hum」。

將鈴的開口和邊緣稍稍向內錘打可形成一層薄薄的金屬圈，使鈴發出的聲音持續不斷，使「空性之音」產生共鳴。這圈鈴邊代表壇城外層的「宇宙圓盤」。在漸薄的鈴邊上方飾有一圈直立的金剛杵，處於兩排珍珠或硨磲念珠[36]之間。較低的一排珍珠代表壇城「光圈」[37]的外保護圈，或是由三十二堆有四、五種顏色交替的火焰所組成的「火山」[38]。三十二或六十四支直立金剛杵象徵著「金剛欄」[39]，是壇城中不可侵入的保護圈。上面一排珍珠代表著第三層保護圈「蓮花子宮」，由三十二或六十四片形狀各異的蓮瓣組成。這三層保護圈可以使壇城分別免遭大火、地震和洪水的侵襲，象徵性地代表斷滅貪、嗔、癡「三毒」。

在較低的橫裝飾帶上方是一片毫無裝飾的開闊區域，代表壇城

的地圓盤，上有一條八張饕餮臉的橫飾帶。饕餮臉上掛有成串的珍珠，令人生畏的大嘴上掛有珠寶。八張饕餮臉代表大十字金剛杵[40]的八大摩羯頭。大十字金剛杵承托著位於中央的壇城宮，掛著珠寶的珠寶網代表壇城宮宮牆複雜的裝飾性結構。饕餮臉的另一個象徵符號是壇城的八大屍林。在饕餮臉中間或在珠寶圈的拱形處多飾有八大菩薩的象徵物，如：**1**輪（前面，東）；**2**蓮花（東南）；**3**珠寶（南）；**4**輪（西南）；**5**蓮花（西）；**6**金剛杵（西北）；**7**劍（北）；**8**蓮花（東北）。在菩薩象徵物和饕餮臉橫飾帶上方還有兩排珍珠，之間夾有八支或十六支水平放置的金剛杵。這兩排珍珠代表壇城供養女神聖壇和內牆的裝飾。水平放置的一圈金剛杵代表著壇城中隆起的中央台座具有堅不可摧的金剛特質，也象徵著「八空」或「十六空」。

　　在金剛鈴鑄件上肩部有壇城中央台座的八瓣蓮花，每個蓮瓣上

40. 梵文：Vishva-vajra；藏文：rDo-rje rgya-gram，大十字金剛杵。

兩種金剛鈴：（左）環圍著十六個水平金剛杵和三十二個垂直金剛杵的金剛鈴；（右）環圍著八個水平金剛杵和十六個垂直金剛杵的金剛鈴。（右上）帶鈴舌的金剛鈴橫截面。（右下）金剛鈴鈴肩八瓣蓮花上的字符排列方式。

都刻有一個特定的藏文字母。蓮花的八片蓮瓣象徵八大男性菩薩，八個字符象徵八大女性菩薩或八大供養天女。八大菩薩最常見的排序如下：▣地藏菩薩[41]（東，前面）；▣彌勒菩薩（東南）；▣虛空藏菩薩[42]（南）；▣普賢菩薩[43]（西南）；▣觀音菩薩（西）；▣文殊菩薩（西北）；▣金剛手菩薩（北）；▣除蓋障菩薩[44]（東北）。八大供養天女及其字符的排列順序如下：▣華蔓天女[45]（東，字符Tam）；▣供花天女[46]（東南，字符Mam）；▣花蔓天女[47]（南，字符Lam）；▣供香天女[48]（西南，字符Pam）；▣妙音天女[49]（西，字符Mam）；▣燈明天女[50]（西北，字符Tsum）；▣舞蹈天女[51]（西，字符Pam）；▣塗香天女[52]（東北，字符Bhrum）。從金剛鈴上圈形的肩部可以看到這些字符的排列。四大方位上的字符也與四佛母（四方佛的伴偶）相符。度母（Tam）在東蓮瓣上，慧眼佛母[53]（Lam）在南蓮瓣上，金剛母（Mam）在西蓮瓣上，而大白衣觀音[54]（Pam）在北蓮瓣上。

八瓣菩薩蓮花聚集的中心有一個更小的圈，上面有二十四、三十二或四十個向四方散射的小蓮瓣或蓮幅，金剛鈴的鈴桿從中伸出。這個內圈代表壇城中央神的蓮花寶座。如果是金剛鈴，這個神就是大智慧波羅蜜多女神。

金剛鈴的鈴桿通常比鈴肩部高出一指，再與青銅手柄合為一體。青銅手柄的底部有三小圈珍珠飾，和金剛鈴頂部金剛杵上另一組三個小圈組合在一起，象徵六度波羅蜜多。長壽甘露瓶的方形或圓形底座安在這三個較低的圈上。長壽瓶有四個葉狀懸飾，把大智慧波羅蜜多女神體內的甘露比作「圓滿甘露」。大智慧波羅蜜多女神的頭從瓶頂伸出，她戴著珠寶頭冠，頭髮攏在腦後形成髮髻，代表將一切觀點束縛在一個單一、非二元的現實中。其頭冠上的五智寶珠疊列在金剛杵的蓮花基座上，構成金剛鈴的冠狀象徵，代表五佛智。在一些金剛鈴上，開口的圈取代了甘露瓶。手持金剛鈴時，中指和無名指可以穿過圓圈。這個圓圈將大智慧波羅蜜多女神身體的智慧比作純淨的空性。

41.梵文：Kshitigarbha，地藏菩薩，佛教菩薩名。受釋迦牟尼佛囑咐，在釋迦既滅、彌勒未生之前，自誓必盡度六道眾生，拯救諸苦，始願成佛。中國佛教把他視為四大菩薩之一，相傳其顯靈說法的道場在安徽省九華山。

42.梵文：Akashagarba，虛空藏菩薩，顯示如虛空般無限慈悲的菩薩。這菩薩具福、智二藏，功德無量，如大空般廣大無邊。是胎藏界曼荼羅虛空藏院的中尊，坐在蓮花座上，戴五智寶冠，右手持智慧之寶劍，左手持福德蓮與如意寶珠。

43.梵文：Samantabhadra，普賢菩薩，佛教菩薩名。中國佛教四大菩薩之一。相傳其顯靈說法的道場在四川峨嵋山。釋迦牟尼佛的右脅侍，專司「理」德，與專司「智慧」的左脅侍並稱，其塑像多騎白象。

44. 梵文：Sarva-nivarana-vishkambhim，除蓋障菩薩，亦稱「除一切蓋障菩薩」，獲致除一切蓋障三昧的菩薩。

45.梵文：Lasya，華蔓天女，八大供養天女之一。

46.梵文：Pushpa，供花天女，八大供養天女之一。

47.梵文：Mala，花蔓天女，八大供養天女之一。

48.梵文：Dhupa，供香天女，八大供養天女之一。

49.梵文：Gita，妙音天女，八大供養天女之一。

50.梵文：Aloka，燈明天女，八大供養天女之一。

51.梵文：Nritya，舞蹈天女，八大供養天女之一。

52.梵文：Gandha，塗香天女，八大供養天女之一。

53. 梵文：Locana，慧眼佛母，又作盧舍那，神名。

十字金剛杵

（梵文：vishva-vajra；藏文：rDo-rje rgya-gram）

　　十字金剛杵是由四個帶有蓮花座的金剛杵組
成，四支金剛杵的杵頭從中心點向四大方位散
射，象徵著絕對的定力。在須彌山的宇宙體系
中，巨大的十字金剛杵承托整個物質宇宙或橫
於下方。同樣，在壇城之中，巨大的十字金剛杵是
壇城宮不可撼動的支撐物或地基。佛陀釋迦牟尼得道的聖
地菩提伽耶被稱作「金剛座」[55]，而佛陀不動的坐姿及大部
分所繪坐神紋絲不動的姿態也稱作「金剛跏趺」[56]。在傳統
上，德高望重的佛教大師所坐的高隆木製寶座前面都有一
塊方形錦緞，其中央處都有一個彩色十字金剛杵圖，
四角有四個小卐字符。這塊錦緞代表不可撼動
的大地或佛陀圓滿的實現。在眾多有形的觀
修中，特別是長時間的閉關靜修，十字金剛
杵可以畫在或冥想成在修持者禪座的下面。
同樣，十字金剛杵標識也刻在青銅佛像加持後用
來封底的金屬板上。如果垂直十字金剛杵代表可視神靈的
生成，那麼，水平十字金剛杵則代表神靈的壇城宮所在的
金剛地具有不可摧毀的穩定性。

　　十字金剛杵的中心點通常呈深藍色，四大方位的金剛杵頭的
顏色分別為：**1**白色（東）；**2**黃色（南）；**3**紅色（西）；**4**綠色
（北），對應至與五大自然力和五佛的位置和品性。藍色的不動金剛
佛居於中央。十字金剛杵是綠色北方不空成就如來的標識，顯示其
成就一切的智慧是「佛部怙主」的「業」[57]。無上瑜伽密宗的許多
男性本尊神頭冠上都冠有形狀各異的十字金剛杵飾，象徵他們利益
眾生所做的「業」。十字金剛杵的四支杵頭代表密宗的「四
業」：**1**懷業（白色）；**2**增業（黃色）；**3**息業（紅色）；**4**誅業
（藍色）。第五種「一切業」（綠色）有時也在此列。承托壇城宮或

（上）三股或五股十字金剛
杵，總計十二或二十股。
（下）九股金剛杵共有三十
六股。

54. 梵文：Pandara，大白衣觀音，菩
薩名。

55. 梵文：Vajra seat，金剛座，釋迦
成道時的座所。由金剛石製成，在中
印度菩提伽耶的菩提樹下。

56. 梵文：Vajra-paryanka，金剛跏
趺，修定時盤曲雙腿左內右外的一種
坐姿。

57. 梵文：kharma，業，意譯「羯
磨」，行為之意，通常分身、語、意三
方面。由身、語、意三者而來或善或
惡的行為，可召感後來果報。

各種十字金剛杵。

裝飾在壇城宮基面上的巨大十字金剛杵所塗的顏色也要與四大自然力、四業和壇城四方佛的顏色相符。這支金剛杵四組直立的股叉由壇城宮基面的四個方位伸出，所塗的顏色同所屬的方位。在不同壇城中，這些十字金剛杵不是扁平的，只有三根股叉；就是立體的，有五根或九根股叉。這三組十字金剛杵共有十二、二十或三十六根股叉。三股金剛杵的十二根股叉象徵淨化「十二因緣」及環繞須彌山的十二個大、小瞻部洲。五股金剛杵的二十根股叉象徵淨化二十種謬見。九股金剛杵的三十六個股叉及其中心點則象徵「三十七道品」[58]（參閱詞彙解釋）。

卐字符
（梵文：svastika；藏文：gYung-drung）

　　卐字符是最古老、最常見的象徵符號之一，但令人遺憾的是，德國納粹黨選用它作爲第三帝國的象徵，使得這個曾經代表吉祥的卐字符沾上了邪惡的國家主義的色彩。在世界上每一個已知文化中，都可以發現卐字符的形成過程。印度用它作爲象徵符號，可追溯到印度河流域莫亨朱達羅[59]哈拉帕古城（死亡之城）發掘出的人工製品上。卐字符最初被認爲是吠陀神毗濕奴的太陽象徵物火輪或是毗濕奴獨特的髮旋或胸前徽相。在印度藝術中，佛陀是毗濕奴十大化身中的第九大化身，他的胸前常畫有卐字符。在古代中國漢地，卐字符最初是道教永生的象徵，「萬字」代表世間萬事。

　　梵文詞彙「svastika」源自詞根「sv-asti」，意爲「福祉」、「好運」、「成功」或「繁榮」。有關該符號源自印度的說法不一。普遍接受的觀點認爲它最初是太陽的象徵，源於太陽在四方和四季的運行。作爲火的象徵，卐字也可能源於吠陀時期的火棍[60]。人們一起搓火棍，點燃了神聖的護摩之火。另一說法認爲，這個象徵符號源自其詞根「sv-asti」字母所堆疊的圖案。這些字母又以佛教阿育王[61]設計的一種早期字母表的字體寫成，形成了卐字符這個拼合文字。還有一種說法認爲，卐字符是早期佛教巴利文字母「su」和「ti」

58.三十七道品，亦稱「三十七品」、「三十七菩提分法」、「三十七覺分」。指獲得菩提智慧的三十七種實踐修行法，包括：四念處、四正勤、四神足、五根、五力、七覺支、八正道。

59.原文：Mohenjo-Dara，莫亨朱達羅，印度地名。

60.梵文：arani，火棍。

61.梵文：Asoka，阿育王（公元前273－前232年）。印度摩揭陀國孔雀王國創始人旃陀羅芨多之孫。相傳殺兄後即位，征服羯陵伽國，除半島南端，統一全印度。特別扶植佛教，立佛教爲國教。即位第十七年，在華氏城命目犍連子帝須召集主持佛教第三次結集。結集後，派遣傳教師去四方傳佈佛教。

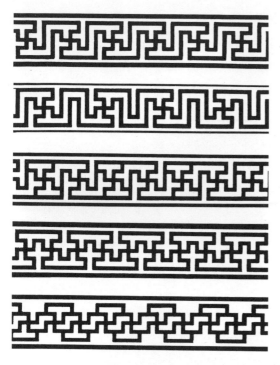

交疊出現的卐字符或花邊。

所合成，而這兩個字母又源自梵文「sv」（意爲「好」）和「asti」（意爲「它是」）。

在西藏苯教中，雍仲卍[62]之意是「永生或不變」，本質上與佛教的金剛相符。與印度金剛杵的象徵物使金剛乘佛教「金剛之道」興起一樣，雍仲卍字符也象徵著雍仲苯教的興起。與印度教、佛教和耆那教順時針旋轉不同，苯教的卍字符是逆時針旋轉的。出於這個原因，苯教修持者在聖殿和聖地以逆時針方向轉經。在印度象徵主義中，右旋[63]或順時針旋轉的卐字符被視爲神的陽性，而左旋[64]或逆時針旋轉的卍字符表明神的陰性。在梵文中，左旋卍字符叫「sauvastika」。在金剛乘佛教中，卐字符基本上象徵著四大要素之一「地」及其不可摧毀的穩定性，在這一方面與十字金剛杵這個象徵物關係密切。

金剛橛
（梵文：kila；藏文：Phur-pa）

三棱金剛橛主要象徵怒相神金剛橛神[65]強力無比的佛性，金剛橛神有效地滅除一切障。梵文詞彙「kila」有「道釘」或「大釘」之意。在吠陀時代，「kila」一詞可能源於拴捆牲畜或祭祀動物的木樁。同樣，藏文對應詞「Phur-pa」指的也是樁子或帳篷樁子。吠陀時期的泥土占卜儀式使用一根木樁定位，並釘住居於地下「地龍」的頭，以便在修建聖壇或火坑前穩固地基。在西藏，寺院、廟宇或佛塔修造之前也要舉行類似的儀式以確定「蛇尾土地神」[66]的精確位置。這個儀式起源於早期的創世神話，在這個神話中，大因陀羅神用其金剛杵杵尖釘住了大龍神[67]的頭。大龍神盤繞著邁達拉山附近的一座小聖山，頭部堵住了「生命之源」。「indrakila」一詞也用來指從塔或大神像中穿過、象徵中脈的木製軸桿。

62.藏文：g.Yung-drung，雍仲，圖形爲「卍」或「卐」，藏語音譯。古時譯爲「吉祥海雲相」，釋迦牟尼三十二相之一。原爲古代的一種符咒、護符或宗教標誌，被認爲是太陽或火的象徵。在西藏，「雍仲」苯是原始苯教理論化後的主要流派。雍仲是表示永恆的吉祥符號。

63.梵文：dakshina，右旋。

64.梵文：vama，左旋。

65.梵文：Vajrakilaya，金剛橛神，神名。

66.藏文：Sa-bdag，蛇尾土地神，神名。

67.梵文：Vritra，大龍神，神名。

最早的木製金剛橛刻成神靈的形象，已在和闐[68]地區出土。在巴基斯坦北部吉爾吉特[69]一座古代佛塔中，最近發現了記載金剛橛儀式最早的貝葉經，年代可以追溯到公元前五世紀。《蓮花生大師傳》記載，他曾到過卡沙卡瑪拉[70]北部地區，該地盛行金剛橛崇拜。後來，在加德滿都峽谷帕爾平[71]阿修羅洞[72]中靜修時，他遭遇惡魔製造的種種障礙。為了應付這些難題，他要求從印度帶去《金剛橛密續》[73]。這些經文一到尼泊爾，人們就開始修持，自此之後，一切障戛然停止。抵達西藏後，蓮花生大師向他的二十五位心傳弟子傳授了《金剛橛密法》。蓮花生大師教授這些經文旨在除障，以在西藏弘傳佛法。甯瑪派最早把金剛橛神當作能夠除障的本尊神修持，而這種修持也被吸納到藏傳佛教各個教派之中。

作為禮器的金剛橛通常是鐵製的，但在某些儀式活動中也使用特殊的木料或骨料。鐵製金剛橛的深藍色象徵陰鐵般無堅不摧的金剛特質。三棱金剛橛的橛棱上畫有熊熊燃燒的烈焰，因為據說金剛橛「在向朝十大方向劈殺時，橛身可以噴焰」。而金剛橛較低的橛身代表著方法或方便，上把柄代表智慧。三棱棱刃象徵斷滅貪、嗔、癡「三毒」。其噴焰的三角形狀及金剛特質把空性的實現比作可以燒掉或斷滅仇恨的金剛怒。橛身從「凶殘毀滅者」摩羯的大嘴中伸出。此時，摩羯頭象徵金剛橛這把堅不可摧武器的凶殘力量和韌度。一對一對的盤龍從三個橛身凹處的摩羯嘴中垂下。這些龍神代表「六度」，金剛橛神的六臂也具有這個象徵意義。地下龍神有時能引發各種痛苦，如：麻風病或與水有關的疾病。這些疾病是金剛橛神凶殘活動的主要目標，因此在大地降服儀式中也要使用金剛橛。金剛橛上金翅鳥的羽翼和龍神飾物同樣代表金剛橛神對龍神的敵意。三片橛身則代表對「三世」和「三界」的控制。

金剛橛的金屬柄常做成一個鱗莖狀，八面橛桿的兩端都有對稱的紐結，但有時候，桿會畫成金剛杵的形狀。該橛桿的結構及兩端紐結有多種象徵意義的解釋。其形狀可能是因為金剛橛被當作木樁使用，或是在修金剛神[74]儀式中，用來在地上釘出一個保護圈，並以彩色的線圈圍。「北藏」[75]的一部甯瑪派經文說：「輪迴和涅槃

68. 原文：Khotan，和闐，在新疆維吾爾自治區。

69. 原文：Gilgit，吉爾吉特，古稱「勃律」，地名。

70. 梵文：Kashakamala，卡沙卡瑪拉，地名。

71. 梵文：Parping，帕爾平，地名。

72. 梵文：Asura Cave，阿修羅洞。

73. 梵文：Vajrakilaya Tantra，《金剛橛密續》，經文名。

74. 梵文：kilana，修金剛神或金剛神修法。

75. 藏文：Byang-gter，北藏，伏藏師仁增果登發掘的四業諸法典。

（從左至右）八面桿金剛橛、金剛桿金剛橛、大摩羯頭金剛橛、金剛杵金剛橛、橛尖插在三角形底座上的馬頭金剛橛的側面。

76.梵文：Mahakanda，大紐結。

77.梵文：Kamadhatu，欲界，三界之一，為欲望所支配的世界。

78.梵文：Rupadhatu，色界，三界之一，亦稱「色界處」，由清淨的物質構成的世界。

79.梵文：Arupadhatu，無色界，亦稱「無色處」。非物質性的世界；精神世界。

被封在手柄任何一端的大紐結[76]裏。手柄的八個面因一切創生而熠熠生輝。」有一種解釋把欲界[77]天神放在較低的紐結上，將那些色界[78]天神放在橛桿的下半部，把無色界[79]天神放在橛桿的上半部，而把佛國放在上部紐結上。對於八面橛桿的「八」這個數字解釋如下：**1**八大方向，紐結指的是天底和天穹；**2**八正道；**3**八識；**4**壇城的八大屍林；**5**八大傳承神，即：金剛橛神的八大侍從。

橛桿兩個對稱的半部通常畫在一個被拉長的八瓣蓮花圖案上，其頂尖部觸到橛桿鱗狀體的中心點。從密宗意義上來說，它們代表紅、白菩提心露的結合，紅、白菩提心露將「覺識」包在心輪的「金剛滴露」裏。八面橛桿及其兩個封印紐結代表發自心輪的八大脈道，由兩個起著壓縮作用的脈輪結叢封死。

金剛橛的頂部通常有三個怒相神頭飾。這些神靈是應召住在金剛橛上的。在繪製其化身時，會畫成白色、藍色和紅色，代表瞋、癡、貪。右邊的白臉通常被視爲怖畏金剛[80]（或降三世明王）的臉，代表「身」和斷滅「瞋」。中央的藍色臉是甘露王的臉，代表「意」和斷滅「癡」。左面的紅臉是馬頭金剛的臉，代表「語」和斷滅「貪」。就身、語、意而言，這三個神靈也代表「三身」[81]。九隻眼睛象徵甯瑪派的「九乘」和五佛及四佛母的九大智慧。三個恐怖的人頭連在一起構成一個骷髏冠，是一圈十二個骷髏頭的冕狀頭飾，代表戰勝十二因緣的十二節鏈環。花環上部中央處有一個髮髻，是用三個金剛神的頭髮攏縮而成，既象徵把一切極端之事和爭執束縛在一個簡單的現實之中，也象徵對密宗的承諾或誓言的約束。頂髻上通常用半截金剛杵作飾頂，有時是無裝飾的扁平頭頂，象徵把金剛橛釘入惡靈的芻像。

作爲手持器物，由於體積相對小巧，金剛橛常以更爲簡潔的形式出現在藏族繪畫作品中。然而，就其立體雕刻形式而言，金剛橛常受到各種肖像表現形式的約束。例如，其手柄可做成兩臂或六臂中央金剛橛神上半身的樣子。此外，金剛橛神的三個上半身也可分刻在三個橛身的任一面上，兩隻主手轉動著一把金剛橛，而四隻向外伸出的手也揮舞著金剛橛。這些神靈可能長有金翅鳥的羽翼，或是金剛橛神的上半身與金翅鳥的下半身合二爲一，另外摩羯頭也可能換成金翅鳥的頭。手柄上的紐結也可以是鏤空的，編成八角形的籃子狀。第三個中心紐結在橛桿中段。代表馬頭金剛的一個或三個馬頭也可作爲某些金剛橛的飾頂。在彩繪木製金剛橛上，「圖騰動物」如金翅鳥、老虎和獅子，武器如金剛杵和法輪，以及護蔽眾神和阿修羅兵眾的堡壘入口，都可以畫在金剛橛紐結或橛桿八角形的桿面上。

金剛橛是許多甯瑪派傳承大師或「伏藏師」[82]常用的器物。他們右手揮舞金剛橛或將其別在腰帶上。手持金剛橛可以刺殺十方障魔。但左手揮舞金剛橛時，右手一般要配有一支金剛杵或金剛錘，表示釘住了障魔。金剛橛神雙手轉動的大金剛橛叫作「須彌山金剛

80. 梵文：Yamantaka，怖畏金剛，亦稱「焰髻得迦」，漢譯「大威德金剛」，藏傳佛教密乘無上瑜伽部本尊，為文殊菩薩化現的忿怒相，表示斷除諸障、降伏怨敵。

81. 梵文：Kayas，三身，指佛的三身：❶化身（Nirmanakaya）；❷應身（Sambhogakaya）；❸法身（Dharmakaya）。

82. 藏文：gTer-ston，伏藏師，發掘出藏文書籍「伏藏」的大師。「伏藏」是古代被人埋藏起來、後世被人發掘出來的藏文書籍的總稱。

83.梵文：Khatvanga，天杖，密教修行者所持的一種杖，其上方結附有頭蓋骨。這本是印度教濕婆天所持的物品。

84.梵文：anga，小床。

85.梵文：Kapalikas，持顱骨者，又叫骷髏派。

86.梵文：sakti，明妃。

87.梵文：Vamamarg，密法道，道法名。

橛」，其帶焰的橛尖將所有敵人碾壓成灰。作爲禮器，金剛橛常畫成垂直狀，橛尖刺向一個三角形木架台或「鐵獄」。

天杖
(梵文：Khatvanga；藏文：Kha-tam-ga, Kha-twam-ga)

天杖[83]的字面含義是「小床[84]的腳或腿」，是金剛乘佛教中具有象徵意義的器物中最複雜的一件。其構造是：一根八面白檀香長木桿（桿底以單股金剛杵或半截金剛杵爲飾，桿頂有以十字金剛杵爲冠）、一個金色寶瓶、一顆血淋淋的人頭、一顆腐爛的人頭、一個乾枯的顱骨、一支直立的金剛杵或噴焰三股叉。從十字金剛杵和寶瓶上垂下一根絲帶和一、兩顆懸珠。絲帶上面有太陽月亮標識、一面三角幡、一個達瑪茹和一個法鈴。

佛教天杖的形狀源自早期印度濕婆教瑜伽師的標誌性手杖。瑜伽師稱作「持顱骨者」[85]，最初是異教徒，因隨意殺死一名婆羅門而被判處十二年徒刑。這些贖罪者住在林中茅屋、人跡罕見的路口、屍林或樹下，靠乞討爲生，並且苦修，穿麻皮圍腰或身披狗皮或驢皮。他們隨身攜帶人顱骨做成的僧缽，把被他們殺死的婆羅門的顱骨插在木棍上當作旗幟。這些印度教持顱骨者的苦修，很快就成爲明妃[86]或女神崇拜中「左手」密法道[87]一個極端的外道派別「骷髏派」。早期密宗佛教的瑜伽師和瑜伽母選用持顱骨者所持的女神或空行母器物。這些器物包括骨飾物、動物皮圍腰、骨灰標識、顱器、達瑪茹、利刃、脛骨號筒及用顱骨作飾頂的天杖。

金剛乘天杖基本象徵著終極的菩提心是大樂和空性的結合，在本尊神及其伴偶的雙修形式上，這種結合體現得最爲完滿。作爲伴偶的象徵，天杖架放在左臂臂彎裏。由男性神手持時，象徵著女性伴偶的智慧「之本」。由女性神手持時，象徵著男性伴偶的方便「之本」。上師、傳承大師、大成就者、空行母、瑜伽師和瑜伽母坐像的左臂彎裏都架有一根天杖。但作爲多臂本尊神的手持器物，可能是握在他們的左手或右手中。不同形態的金剛瑜伽母左肩上都扛有一根天杖。作爲她的手持器物，代表其伴偶轉輪王。天杖上的其

天杖。

88.梵文：Kamavacara，欲神，神名。

89.梵文：Rupavacara，無欲色神，神名。

90.梵文：Arupavacara-deva，無色神，神名。

91.四大淨色，四大元素或自然力地、水、火、風所構成的清淨物質性東西。

他組成部分象徵轉輪王壇城裏的六十二位神靈。天杖也畫成與神靈等高，但作爲多臂神靈或坐像的手持器物，出於美觀，一般畫得更短一些。

在外在的象徵意義上，天杖代表須彌山的有形宇宙，而十字金剛杵、寶瓶、血淋淋的紅色人頭、正在腐爛的綠色人頭和乾枯的白色顱骨，象徵著地、水、火、風、空「五大」圓盤。八面杖桿及桿頂、桿底代表著須彌山的中軸線及十大方向。十字金剛杵代表須彌山較低的地面，而十二根可以看到的股叉代表環繞須彌山的四大瞻部洲和八小瞻部洲。寶瓶代表須彌山本體，垂吊的四個葉狀飾物代表須彌山的四個山面。寶瓶開口代表須彌山山頂的因陀羅宮，山頂中央長著一棵觀想中的如意樹。寶瓶上方那顆血淋淋的紅色人頭，象徵欲神[88]的六天，因爲紅色是欲望之色。正在腐爛的綠色或藍色人頭，象徵無欲色神[89]的十八天，因爲綠色是沉寂之色。白色乾枯的顱骨象徵無色神[90]最高的四層天。而帶有冠飾的金剛杵象徵佛陀獲得圓滿的清淨之界。繫在寶瓶上的飄逸白絲帶，代表須彌山四周的山脈和浩瀚的鹹海。三角幡代表須彌山山頂上的勝利幢。日、月象徵物代表環繞著須彌山山頂的星辰。達瑪茹和法鈴象徵著方法與智慧的結合。

在內在象徵意義上，白色八面杖桿象徵著佛陀「八正道」的純淨。十字金剛杵通常只繪製一半，代表四大淨色[91]、四業、四無量和四解脫門。一只盈滿甘露、玲瓏小巧的金色寶瓶象徵「圓滿甘露」及無須思考的「覺識」，即「般若波羅蜜多」。波浪般翻滾的白絲帶代表佛陀的各種教法已被不同弟子各取所需地吸納。黃、紅、藍三角幡代表著小乘佛教、大乘佛教和金剛乘佛教的結合。高懸的達瑪茹和法鈴則代表詮釋方法和智慧的教義，而月牙和太陽的「吉祥結合」意味方法和智慧的完滿正覺。達瑪茹、法鈴和三角幡的結合也代表頓悟後的心、語、意的純潔。

三個串在一起的人頭主要代表斷滅「三毒」，其中血淋淋的紅色人頭象徵激情或欲望，正在腐爛的綠色人頭象徵冷酷的邪惡或厭惡，而乾枯的白色顱骨象徵毫無生氣的癡愚。同樣，也代表著「三

天杖。

92.三解脫門：■ 空解脫（梵文：shunyata）；■ 無相解脫（梵文：animitta）；■ 無願解脫（梵文：apranihita）。

93.梵文：Candali；藏文 gTum-mo，內火，亦稱「臍輪火」、「猛厲火」、「絕地火」。密乘圓滿次第根本法之一。集中堅守脈、風、明點，以使臍中針影（形如倒豎梵文字母短阿）燃起樂暖。功能猛厲，焚燒一切不淨蘊界，滅盡一切煩惱尋思，迅速生起俱生妙智。

身」：血淋淋的人頭代表化身；正在腐爛的人頭代表應身；幹枯白色的顱骨代表法身。也象徵著「三解脫門」[92]，即：空（紅色人頭）、無相（綠色人頭）和無願（白色顱骨）。此外，也以白、紅和藍相反順序與金色寶瓶及十字金剛杵合在一起，表示佛陀的身、語、意、通用無礙和變化自在五種神通力。此時，乾枯的顱骨代表頭部（身）上的白色字符「Om」；正在腐爛的人頭代表喉部（語）上的紅色字符「A」；血淋淋的人頭代表胸部（意）上的藍色字符「Hum」；金色寶瓶代表臍部（通用無礙）上的字符「Sva」；十字金剛杵代表在「私處」（變化自在）的綠色字符「Ha」。這五大字符「Om A Hum Sva Ha」與五佛的種子符號相符：大日如來（白色字符「Om」）、無量光如來（紅色字符「A」）、不動如來（藍色字符「Hum」）、寶生如來（黃色字符「Sva」）、不空成就如來（綠色字符「Ha」）。天杖底部或頂部上的半截金剛杵或整支金剛杵，象徵著五佛智難以分辨的完美和無上瑜伽派「五身」的統一。當天杖頂部有一個噴焰三股叉時，它就象徵著「三身」、「三寶」、「三世佛」及「殊勝三界」。

在更深的密宗層面上，三股叉代表三大脈道的結合。噴焰的中央杖桿象徵著內火[93]經中脈向上升騰。天杖的白色杖桿象徵中脈裏盈湧著白色菩提心露，頭部（白色顱骨）頂部的露珠融溶形成白色菩提心露。杖桿的八面代表從心輪中發出的八大脈道。十字金剛杵（地）、甘露瓶（水）、紅色人頭（火）、綠色人頭（氣）和白色顱骨（空）代表正在升騰的五大自然元素。顱骨上方有整支或半截金剛杵，代表第六大智。懸掛的月牙和太陽標識代表方法和智慧的結合，其意爲陰陽脈道進入、滯留和融入中脈的統一能量。成對的達瑪茹和法鈴代表方法和智慧，其意爲大樂和空性的結合。飄拂的白絲帶意味白色菩提心露的融溶和傾灑。白色菩提心露使瑜伽師內心充滿大樂之心。

在神祕的層面上，轉輪王的身體和天杖分別代表他的壇城宮和居住在那裏的六十二位神。轉輪王的雙腿呈弓步張開，拱形的風壇城就在其腿間生成。三角形火壇城在其勃起的三角形陰莖和睾丸上

生成，圓形水壇城從其圓形腹部生成，而方形地壇城從其方形胸部
生成，其脊骨代表須彌山。頭上三十二蓮瓣構成了壇城蓮花子宮的
護圈。整個身體和伸出的手臂構成了壇城宮四道對稱的圍牆。四肢
的八塊骨頭構成了宮殿的八大支柱。而其三十二大相和八十小相則
構成壇城宮一百一十二件飾物。

在天杖「中心點」的金色寶瓶代表轉輪王宮的中央祭壇。寶瓶
內的甘露代表轉輪王和金剛瑜伽母的「大樂結合」[94]。十字金剛杵
代表壇城「三昧耶輪」[95]上的八位神靈，生成了八大脈輪，把「氣」
傳送到舌頭、肚臍、性器官、肛門、眉、耳、眼和鼻孔。較低處的
藍色人頭代表壇城「心輪」上的十六位藍色神。中間的紅色人頭代
表壇城「語輪」上的十六位紅色神靈。白色顱骨代表壇城「身輪」
上的十六位白色神靈。天杖冠頂的五股金剛杵代表「大樂輪」上的
四位方位神，將轉輪王和金剛瑜伽母圍在壇城中央。八面白色檀香
木杖桿象徵壇城八大屍林所形成的保護圈，杖桿底部的半截金剛杵
則代表八大屍林四周的金剛帳護法圈。

某些神靈所持的天杖是上述標準天杖的變體。例如，杖桿可能
是由紅色檀香木或「泛紅的白色檀香木」製成；懸掛的飾物和絲帶
不一定要畫出來；整根天杖可以是骨製的，有三顆白色顱骨冠於寶
瓶之上。

達瑪茹
(梵文：Damaru；藏文：Da-ma-ru, rNga-chung)

達瑪茹的起源可以追溯到早期的哈拉帕文明，最初是以象形文
字出現在古代印度河流域的文字中。作爲濕婆教的早期標識，達瑪
茹是以「舞蹈之王」[96]化身示現的濕婆右手所持的一件器物。濕婆
奮力擊鼓，製造雄渾的節奏[97]，支撐柔美的曲調（貪欲[98]），成爲
世界的基礎結構。自遠古以來，遊商和街頭藝人曾使用印度的達瑪
茹或「猴鼓」來「召引」觀眾，其時斷時續的演奏很快把人們聚
集在一起。達瑪茹是做成沙漏狀的小鼓，用木料車製而成，有兩個
對稱的羊皮鼓槌。用繫在兩張鼓皮間的一根Z型長繩將濕婆教達瑪

94.梵文：mahausukha-yugan-ddha，大樂結合。

95.原文：Commitment Wheel，三昧耶輪。

96.梵文：Nataraja，舞蹈之王。

97.梵文：tala，節奏。

98.梵文：raga，貪欲。

茹鼓面繃緊。這樣，透過擠壓鼓腰上的繩格就可以提高其音調。兩支小圓鼓槌或兩個小球固定在達瑪茹鼓腰的兩側。高舉右手前後快速搖動時，鼓槌輪流敲擊鼓面，即可發出頗具特色的「鈴鼓」般音色。西藏藝術作品中有時也有沙漏形狀的濕婆教達瑪茹。

佛教的木製達瑪茹或小鼓是由兩個空心的半圓組成，半圓的拱頂處相連。達瑪茹的尺寸各異，從直徑約四英寸到十六英寸的巨型斷行鼓[99]不等。更小的達瑪茹常常是手工雕刻成圓形、四葉形或根據人的顱骨設計成橢圓形。兩支羊皮鼓槌的皮是從同一張整張羊羔皮上割下來的。先將皮放在水中浸泡，然後黏在兩個木半球的邊緣。這樣，兩張皮乾了之後，能發出相同的音調。羊皮常要經過染色或塗成綠色，也可用蛇皮或魚皮製作小型達瑪茹。

達瑪茹中腰處圍有一塊裝飾用的綢緞、毛皮或金屬箍條，上面掛有布墊手柄或珠寶飾手柄。手柄中心箍條的兩側掛有兩個布墊做成或用鉤針鉤出來的小球，用於擊鼓，通常用兩條搓撚的紅色或黑色絲線與鼓相連，有時小球中心處會打上一個結。在達瑪茹的布墊手柄或珠寶飾手柄上垂掛著絲綢「尾穗」。在傳統上，尾穗上有個布墊手把，形狀宛如三葉「雲紋」。一塊五彩絲綢短帷從上面垂下，其邊緣和上邊、下緣處縫著顏色排列順序類似的絲線穗子。達瑪茹不用時，長長的穗尾纏繞在鼓腰上，放進一個鼓狀、帶有布襯的盒子裏。上下盒蓋的布襯中央一般都有用十字繡法或凸繡法繡成的圓形圖案，中有三色「喜旋」。在彩繪圖中，神靈手持的達瑪茹手柄通常是一條珠寶鏈，末端連著一個三葉雲紋和一個帶穗的三道短帷。

佛教怒相神或半怒相神手持的密教達瑪茹是用信奉婆羅門教的十五、六歲少男少女的顱骨製成，或是將十六歲男童和十二歲女童的顱骨連在一起製成。藏族藝術家常把雙面達瑪茹左側畫得稍小一些來代表青春少女的顱骨。密宗儀禮明確規定使用人骨和其他眞言芥子，因爲其特質能使禮器或「力器」與被安撫之神建立起特殊的親密關係（參閱以下關於脛骨號筒的段落）。達瑪茹的鼓槌和手柄裝飾物都是用人骨製成，令人生畏的手柄是以黑絲絨縫製，黑絲絨上織有

各種武器的圖案。由於敲擊時達瑪茹是兩個少男少女的顱骨「同時發聲」，因此，從性的角度來看，達瑪茹的兩個鼓面就是方法和智慧相對和絕對菩提心露的結合。兩個顱骨的顱縫精準地黏在一起，也是在強調這種結合，顱縫即所謂的「梵孔」[100]。

藏式達瑪茹一度相當的多，是用從屍林或天葬場得到的人的顱骨製成。但現在，這樣的禮器在東方藝術市場上已寥寥無幾，且售價極高。現代「仿造品」多半是印度工廠用「再生骨」製成。工廠把遭意外傷害的無主顱骨和骨頭清洗、漂白後出口。但根據密宗的規定，這種顱骨在儀式中已毫無效力可言。現在還可見到用猴子顱骨製成、小巧玲瓏的達瑪茹。

男、女神靈或密宗修持者的陽性「方法」右手總是手持達瑪茹，功能是召喚一切佛陀、菩薩和空行母，用大樂召喚他們。「陽性」達瑪茹發出「大樂之聲」，與法鈴相配，握在「陰性」的左手中，發出「空性之聲」。空行母的達瑪茹召集並激勵所有空行母發出大樂之聲。大樂源自鄔摩天女[101]或「外道女」[102]劈啪作響的內火，因為在藏族瑜伽修法中，這個噴焰「天女」通過中脈而升騰。

大型的木製達瑪茹用於藏族的「斷行」[103]修法中，能夠發出「無常之聲」，召喚所有空行和空行母共跳「斷我之舞」，並召喚所有精靈共赴「盛宴」，一起吞食修持者的屍體。斷我修持是大成就者帕‧當巴桑傑[104]從印度傳入西藏的，又經其著名的藏族女弟子瑪久拉珍[105]傳承下來。斷我修法是讓人親眼目睹自己被肢解的屍體獻給眾神和心懷不滿的鬼怪來清還業債的方法，以尋求斷滅「二執」[106]和自愛。這種有效的斷執修法在傳統上要在夜間一個與世隔絕或超自然的地方進行，例如鬼怪出沒的十字路口或屍林。斷行鼓的典型尺寸在直徑八至十六英寸之間，鼓邊常飾有蓮花生八大化身或八大屍林的袖珍畫。在蒙貼鼓皮前，達瑪茹內側的那一面必須刻上咒語。

達瑪茹的空心鼓體象徵法身，兩支鼓槌頭象徵相與空的結合。鼓中腰處有一圈裝飾用的箍條，上面可以另外裝飾寶石或子安貝殼[107]，代表應身的三十二大相。兩支鼓槌把報身比作方法與智慧的

100.梵文：brahma-randhra，梵孔。

101.藏文：gTum-mo，鄔摩天女，大自在天之妃，神名。

102.梵文：candali，外道女。

103.藏文：gCod，斷行，斷除一切煩惱之意。

104.英文：Padampa Sangye；藏文：Pha-dam-pa-sangs-rgyas，帕‧當巴桑傑，人名。公元十四世紀抵達西藏的一名印度佛學家。

105.英文：Michik Labdron；藏文：Ma-cig-lab-sgron，瑪久拉珍，西藏一女佛學家名，也是能斷派的創始人。依帕‧當巴桑傑為師，是希傑決魯派教法的主要傳出者。其生卒年雖有不同說法，但多數認為，生於公元1031年，卒於1129年。

106.二執，亦稱「執二邊」：執常、執斷或執有、執無。

107.原文：cowrie shell，子安貝殼，大量海洋腹足類軟體動物一科中的任何一種，廣泛分佈於暖海中，具有美麗有光澤貝殼，多半具發亮的顏色，大量用於裝飾品或作為貨幣。

結合。填充而成的三葉雲紋代表三角形的「法相」（參閱第244頁）。
五色絲綢短帷的五條下擺代表五佛。上半部的手柄有時是用海螺殼
的某一部分製成，代表著「語」。鼓本身代表「身」，絲製短帷尾巴
代表「意」。

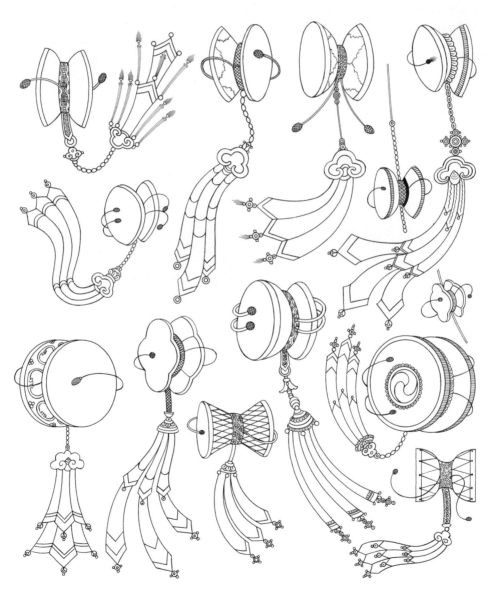

（中上）各種達瑪茹：兩個達瑪茹；（左下和右下）兩隻「斷行鼓」；（中下和右下角）兩個濕婆教的鼓。

脛骨號筒
（藏文：rKang-gling, rKang-dung）

　　藏式脛骨號筒是用人的大腿骨製成的帶孔號筒。據說發出的聲音可以取悅一切怒相神，也能恫嚇一切邪惡精靈和惡魔。瑜伽師、瑜伽母和大成就者，特別是那些與斷行派或與屍林有關之人的「智慧」左手常持有這種器物。在驅魔儀式和呼風喚雨的儀式中，西藏的薩滿[108]或持咒者[109]也使用脛骨號筒。僅有幾個主神，如：持脛骨號筒大紅護法[110]和令人生畏的忿怒女神[111]，把它當作手持器物拿在手中。從斷行修法來看，忿怒女神是屍林的女性保護神。擁有脛骨號筒主要象徵著神對三界的控制。

　　密宗教派認為信奉婆羅門教的十六歲少女的左大腿骨最具效力，可以掌控精靈及其部眾。而信奉婆羅門教的十六歲少男的右大腿骨在功效上略低。而受害者、遭槍殺者或意外亡故者、死於病毒性或傳染性疾病者的大腿骨效力依次降低。人們認為，老年亡故者或自然死亡者的大腿骨的降魔效力微弱。老虎的大腿骨[112]也用來製作脛骨號筒，因為人們認為這能顯示老虎的兇猛威力。

　　大腿骨的球狀關節可精心鋸下，製成單管或雙管號筒。一端較薄的號嘴則用銅絲纏繞或用金屬套套上。大腿骨內的髓管成了樂器天然的中空孔道。由於是寺院樂器，脛骨號筒也可以用青銅模仿人的大腿骨製成。

108.原文：shaman，薩滿，薩滿教巫師。「薩滿」一詞源於滿－通古斯語族語，原意為「因興奮而狂舞的人」，後為薩滿教巫師的通稱。新薩滿必須採用「神選」方式產生。

109.藏文：sNgags-pa，咒師，持咒者。以念誦咒語為人攘災祈福的宗教職業者。

110.藏文：mGon-dmar rkang-gling can，大紅護法，神名。

111.藏文：Khros-ma nag-mo，忿怒女神，神名。

112.藏文：sTag-gling，老虎的大腿骨。

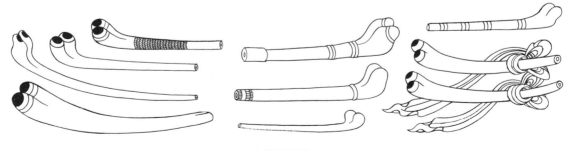

各種脛骨號筒。

113.梵文：rudras，魔。

114.藏文：Nal-thod，私生子的顱骨。

115.藏文：Thun-khrag，真言芥子血。

116.藏文：dPal-ldan dmag-zor rgyal-mo，吉祥退敵大咒王妃，神名。

117.梵文：Rakta-purna；藏文：Thod-khrag，嘎布拉碗中的血。指放在用人顱骨做成的容器中的血。

118.梵文：pitritantra；藏文：Pha-rgyud，《父續》，金剛乘中，主要論述幻身或現分方便生起次第的經典。

119.梵文：mātrtantra；藏文：Ma-rgyud，《母續》，以闡述智慧空分為主的佛教密乘經典。

嘎布拉碗

（梵文：Kapala；藏文：Thod-pa, Ka-pa-la, Ban-dha, Dung-chen）

嘎布拉碗（顱器）是用人橢圓形的顱骨上半部製成，是爲數眾多的金剛乘神靈的供器、飯碗或祭祀用碗。瑜伽師、大成就者、空行母、本尊神和護法神的左手都持有嘎布拉碗。碗內盛有甘露、精液、酒、朵瑪供品、化現爲惡魔和魔[113]的邪惡之敵的鮮血、骨髓、腸子、脂肪、大腦和心肺。製作嘎布拉碗所使用的人骨來源不同，因此其效力與上述脛骨號筒的情形相同。人們認爲婆羅門的顱骨、被謀殺或被處決者的顱骨是修怒相神時最有效力的中介物。青春發育期死去的小孩的顱骨也具有極大的潛力，七、八歲私生子的顱骨[114]亦是如此。用私生子顱骨製成、盈滿眞言芥子血[115]的嘎布拉碗，是以「吉祥退敵大咒王妃」[116]化身顯現的怒相吉祥天女所持有的器物。

「智慧」左手通常將嘎布拉碗捧在神靈胸前。與之相配的「方法」右手持有金剛杵或鉞刀之類的器物。許多怒相護法神和本尊神都握有鉞刀，放在胸前嘎布拉碗的上方，象徵著他們方法與智慧的結合。鉞刀或砍刀作爲「方法」武器，可以斬斷邪惡怨敵的命脈和重要器官。嘎布拉碗是「智慧」皿，內盛收集來供神食用的鮮血和器官。對怒相女神來說，這套兩極象徵有時恰恰相反，鉞刀可以代表斷滅一切概念化的智慧，而嘎布拉碗則把方法比作「保有慈悲」（白色菩提心）。某些教派還堅持，男性神手持的嘎布拉碗必須用舊顱骨或「乾」顱骨製成，而女性神所持的嘎布拉碗則必須使用新鮮顱骨或「濕」顱骨。

嘎布拉碗中的血[117]通常畫成一個「旋轉供物」，呈洶湧或沸騰的液體狀，象徵著紅色菩提心露的「燃燒和滴瀝」。紅色菩提心露從中升騰，形成內火。據說，供物會在怒相神或女神顯現之地沸騰。《父續》[118]強調的是方法的發展，因此在修《父續》時，血順時針旋轉。《母續》[119]則強調智慧的培養，因此修《母續》時，血會逆時針旋轉。從男性頭頂中央生成的白色顱骨把「色」比

作陽性的白色菩提心露，而源自女性臍部溫暖的紅色血液把「空」比作陰性的紅色菩提心露。從密宗上看，盈血嘎布拉碗代表神的心（白色顱骨）內盈大樂（紅色鮮血）。從更深層的意義來看，這代表「幻身」（白色顱骨）生成於「明光」[120]（紅色血液）。

天杖、達瑪茹和嘎布拉碗是印度教嘎布拉派[121]瑜伽母的三大器物。這三大器物為密宗佛教成就大師所吸納，代表神的身、語、意。天杖代表「身」或伴偶（善舉或善業）；達瑪茹代表「語」（動聽的話語）；嘎布拉碗代表「意」（被淨化的思想）。

作為苦行僧的乞討缽或飯碗，嘎布拉碗呈現出最溫婉慈悲的一面，時時提醒人們牢記死亡、無常及造成生死離別的生命的短暫和

120. 藏文：Vod-gsal，明光，亦稱「極光淨」。二禪天之上層。生於此中諸天，所發光明，照耀其他天處。

121. 梵文：Kapalika，嘎布拉派，佩戴頭蓋骨的濕婆教信徒。

（左上和中上）嘎布拉碗和鉞刀；（右上）嘎布拉碗與長壽瓶和金剛杵；（下）盈滿正在旋轉的血和甘露的各種嘎布拉碗，其中三隻放在骷髏三腳架上。

122.藏文：Dung-chen，大海螺或長形海螺。

123.梵文：Avarana，障蔽，使心隱沒的東西。

124.梵文：kleshavarana，惑障；藏文：Nyon-mongs-sgrib，即煩惱障，二障之一。

125.梵文：jneyavarana，智障；藏文：Shes-bya-sgrib，即所知障，二障之一。

稍縱即逝。作爲溫和相或略帶怒相之神的器物，嘎布拉碗也可視爲一個「大海螺」[122]，內盈甘露、水果、藥品、食物、珠寶或盛滿甘露的長壽瓶。在其他怒相神手中，嘎布拉碗上常帶有「金剛標識」。碗中具體的內容物是溫暖的血和腦漿或四魔之血。顱器的裂隙通常畫在中央部位，呈 Y 字形，加上畫在碗兩側的兩條半圓形裂隙。這些裂隙多半是鋸齒狀的紅色線條，把嘎布拉碗分成五片，代表五佛。爲「內供」所畫的嘎布拉碗只有中央一條裂隙，象徵方法和智慧密不可分的結合。人們認爲帶有六條裂隙的顱骨十分異常，只限於在某些神祕儀式上使用。

鉞刀
（梵文：Kartri, Katari；藏文：Gri-gug）

　　帶金剛杵頭的彎形鉞刀稱作「空行母刀」，握在女神的右手。天杖、達瑪茹和嘎布拉碗是密宗男性瑜伽師或大成就者作爲骷髏派的三大標識。而天杖、鉞刀和嘎布拉碗是密宗女性瑜伽母和空行母的三大主要器物。鉞刀帶有尖利、扁平的藍色鐵身，末端有一個彎鉤，因此可以進行砍、刮、勾等砍殺動作。金色葉狀柄托或金色摩羯張開的大嘴，把帶刻面的手柄或八面手柄與鉞刀的上刀身連接起來。手柄有一個半截金剛杵頂飾。

　　空行母「向十大方向揮舞鉞刀」，來恫嚇和戰勝一切惡魔和邪惡力量。鉞刀代表可以斷滅一切情感污穢和精神感知的陰性智慧。鋒利的刀身可以斬斷二大「障蔽」[123]，一是惑障[124]，例如：我慢、嗔恚、嫉妒和欲望；另一個是智障[125]，例如：根本癡愚的謬見。徹底斷滅二大「障蔽」意味獲得圓滿。刀身還可以斬斷六蔽（慳貪、破戒、嗔恚、懈怠、散亂、愚癡），使人進入禪修狀態。因此，空行母的鉞刀把智慧和空性比作斷滅和一切概念化的空性。她的嘎布拉碗把方法比作對大樂的培養。她的天杖象徵著樂與空的緊密結合，就像被空行母（智慧）擁抱的伴偶（結合）。空行母耀武揚威地向上揮舞鉞刀，象徵她在概念上已經成功斬斷了對主、客體的依附。她把鉞刀放在齊胸的位置，置於嘎布拉碗之上，象徵其智

空行母的各種鉞刀及怒相神的月牙形砍刀。

126.梵文：samaya；藏文：Dam-
tshig，誓言，梵音譯作「三昧耶」。不
可逾越的金剛誓言，如所嚴肅應允、
永遠堅持不違的最後誓言。

127.梵文：Mahakala，大黑天神，佛
教密宗護法神之一。藏語稱「瑪哈噶
拉」，為大自在天的化身。據說，大黑
天為戰神，禮祀此神，可增威德，舉
事能勝。

128.藏文：Srog-rtsa，命脈。

慧和慈悲的結合。這種結合能洞察「待出現」的一切觀念，進而深
諳自性的空性。她的鉞刀可以指向下方，象徵她已經徹底斷滅了輪
迴的本源。

　　在男性怒相神手中，這個象徵意義恰恰相反。鉞刀把方法比作
斷滅一切觀念，而嘎布拉碗把智慧比作祭器，用來裝盛想像中的
「鮮血和內臟」。當神靈把鉞刀放在齊胸的位置、於嘎布拉碗之上
時，象徵方法（鉞刀）源自智慧（嘎布拉碗），並盈滿智慧（血）。
同時也象徵著神對誓言[126]的承諾。這樣，通過隱喻形式喝下違背
誓言者的血，可讓他們獲得解脫或是「復生」。梵文詞彙「heruka」
的字面含義就是「飲血金剛」。

　　在西藏的肖像畫法中可以見到男神使用兩種截然不同的鉞刀。
第一種最為常見，是彎曲的帶鉤鉞刀。第二種是極怒相神使用的半
圓形的「金剛斧」，斧身呈月牙形，上面常帶有噴焰。幾種形式的
大黑天神[127]的右手都揮舞著這種鋒利的金剛斧，左手將盈滿鮮血
的嘎布拉碗捧在胸前。這種金剛斧可以斬斷惡魔、魔、違背誓言者
及其他設障精靈等敵人的「命脈」[128]。嘎布拉碗中盈滿溫暖的鮮
血和這些邪惡敵人跳動的心臟。

第九章
兵器

弓（梵文：dhanus, chapa；藏文：gZu）和箭（梵文：sara, bana；藏文：mDa'）

　　木製或竹製的弓很自然地握在「智慧」左手中，通常與握在「方法」右手的箭相配。作為智慧和方法的象徵物，搭配在一起既表示弓的智慧特質可以像箭一樣「投射在」方法或方便上，又表示圓滿的智慧可以「促使」「五行」（佈施、持戒、忍辱、精進、止觀）[1]的完善。當神靈的左手握著尚未拉開的弓箭時，象徵智慧和方法的一致或智慧與止觀的結合。當搭箭於弦拉弓待發時，弓通常象徵神靈殊勝「三界」，而箭則象徵刺穿冥想和迷信等謬見。當箭瞄準怨敵之心臟，代表智慧和旨在實現法身之慈悲的強烈和自主的行動。此時，怨敵代表癡愚，怨敵的心臟代表「意」。在某些神靈身上，弓、箭這兩種對立的象徵也可能對調。弓代表「方便」，可將投射在智慧單頭箭射出或刺穿「覺識」。

　　金剛乘中弓的形狀一般與丘比特慣用的希臘弓形狀相仿，是源自古印度戰爭中使用的「皇室兵器」。在印度史詩的戰爭中，使用兩種形狀各異的弓：「自用弓」（長弓）及較短的「複合弓」（混合弓）。長弓用整根木頭製成，用的箭長五拃[2]，是步兵弓箭手的主要兵器。長弓的標準長度在印度也是一種測量單位，一「弓」[3]等於

1.五行，指佈施、持戒、忍辱、精進、止觀五種修行方法。

2.拃，五隻手掌的長度。

3.梵文：dhanus，弓，指一弓的長度。

148

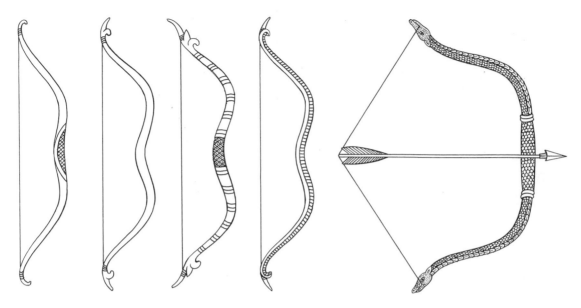

（從左至右）兩張未裝飾的弓；捆有絲綢的弓；複合木角弓；羅睺羅的蛇弓（拉弓瞄準怨敵的心臟）。

4.梵文：hasta，轗，即腕尺（從肘部到中指尖的距離）。

5.蒙古文：Batu，拔都，人名。成吉思汗長子術赤的次子，欽察汗國的創建者。1227年術赤去世，拔都受諸兄推戴，繼承父位，統領術赤兀魯思。

6.蒙古文：Subedei Khan，速不台，人名。蒙古開國功臣。先世為蒙古貴族的世襲奴婢。速不台早年隨成吉思汗，為其軍事侍從，以勇猛善戰聞名。

四轗[4]。一轗指的是從肘部到伸直的中指間的距離。一轗可再分為二十四指寬。四轗相當於人的身高。複合弓是用木料和角料黏合製成，用的箭長四拃，是戰車馭手和步兵弓箭手的主要兵器。

　　蒙古騎手在拔都[5]和速不台[6]的率領下有效地運用了複合弓的獨特特性（用力向後拉弓以克服其自然彎度）。蒙古弓的張力非常大，因此射程達到中世紀十字弓的兩倍，而且射發更迅速、更遠，也能輕而易舉地穿透那些迷惑不解的東歐條頓騎士的鎧甲。在成吉思汗抵達之前，藏人就已掌握了同樣的騎術和箭術。成吉思汗征服中亞和中國內地大部分區域後，被平和而至的佛法所征服，但競技馬術和射箭依然存留下來，成為西藏和不丹的全國體育運動。

　　在藏族藝術中，弓可以畫成多種樣式，從簡單的木製獵用弓到眾神使用的裝飾珠寶的奢華弓不等。弓的兩端通常裝飾著捲葉飾，中央把手一般裹有獸皮、毛氈或皮革。複合弓可以畫成兩個相連的部分，即：下側或「腹部」的竹製部分及外部或「背部」上的犛牛角。複合弓的弓身也可以纏上絲線，中央把手的兩端掛有葉狀紋

飾。怒相大黑魔護法[7]身背一把黑鐵弓，而羅睺神則身背一把雙頭蛇製成的弓，雙頭蛇的兩個蛇頭嘴咬弓弦，把弓弦撐開。

古印度戰爭中使用的箭有許多不同的梵文名稱。「sara」、「ishu」、「bana」和「bhalla」這些詞通常指的是藤製或竹製的「蘆葦箭」。這些古代的箭帶有鐵頭或骨製頭及用蒼鷹、鵝或孔雀毛製成的舵尾羽翼。「naracha」和「nalika」這兩個詞則是指用鐵製成的箭，因爲這種箭比較重，因此只有短箭桿，射程也短。這種

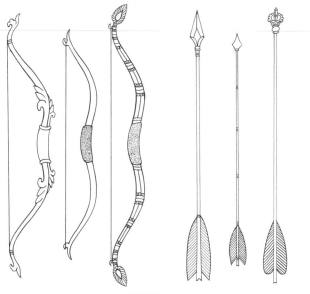

各種弓箭。

鐵箭可能會塗上油以便近距離地捕殺大象。顯然在印度戰爭中，普遍使用塗過油的箭，塗油既可傳導毒粉，又可當成一種潤滑劑，使箭能更深地刺進肉裏。毒頭箭叫作「alakta」、「digdha」和「lipta」。火箭[8]要在瀝青中浸泡，在《四吠陀》中被畫成一種「火器」[9]。「vipattha」是五拃長的一種木製箭，而「vaitastika」是一種非常短小的木製鏢箭或弩箭，長度只達一拃，是用十字弓射發出。

藏式箭也有多個名稱和式樣，例如：竹箭[10]、鐵箭[11]、毒頭箭[12]、長箭[13]、眞言箭[14]、火箭[15]、花蔓箭[16]和強力箭[17]。

在傳統上，藏式箭舵尾的羽翼是從鬍子鷲（或稱髯鷲）[18]的羽翼上剪下來的，將三根或四根對切的扇形羽毛黏在一起，然後用絲線捆在箭桿較低處的凹槽裏。箭桿本身是用一根筆直的細竹子製成，上面的三個節都被磨光。箭頭可以製成如下形狀：帶尖的管狀套箍、三角形鐵刀身、彎曲的矛狀頭或一個倒鉤。箭桿飛行的一端刻有深槽，弓弦可以放在其中。吉祥的五色絲綢常黏綁在箭的末端。

大成就者娑羅訶[19]及其伴偶空行母的傳說或許最能充分展示箭

7.梵文：Eunuch Traksad Maha-kala，大黑魔護法，神名。

8.梵文：agnibana，火箭。

9.梵文：agneya，火器。

10.藏文：Myug-mda'，竹箭。

11.藏文：lCags-mda'，鐵箭。

12.藏文：Dug-mda'，毒頭箭。

13.藏文：mDa'-chen，長箭。

14.藏文：Thun-mda'，眞言箭。

15.藏文：Me'i-mda'，火箭。

16.藏文：Me-tog-gi mda'，花蔓箭。

17.藏文：mDa'-bo che，強力箭。

18.原文：lamergeyer，髯鷲，歐洲最大的猛禽，生活於庇里牛斯山到中國北部山區，體長約3.5英尺，翼展常常接近十英尺，類似雕又類似鷲，亦稱「鬍子鷲」。

19.梵文：Saraha，娑羅訶，人名。

20.藏文：mDa'-mo，箭卦或箭卜。

21.藏文：'Bru-mdzod，糧倉。

22.藏文：Mo'i-me-long，小圓鏡。

23.藏文：Tshe-sgrub mda'-dar，長壽彩箭。

的象徵意義。婆羅訶是一位製箭大師，常畫成正在觀看箭桿以確定其是否光滑和筆直的模樣。此時，箭桿代表中脈，而三個光滑的竹節代表束緊中脈的三大脈結開關。三根舵尾羽翼代表「三身」的結合、身語意的淨化、殊勝「三界」、「三時」和「三毒」。箭桿頂端插箭頭的四個斷口表示佛教中的各種四的組合、「四禪」、「四念」、「四無量」、「四行」、「四喜」和不同層次的密宗經文。箭頭象徵著單一、具有滲透力的「覺識」，五色絲線代表「五佛智」，低槽兩側表示絕對和相對真理的結合。

彩箭
（藏文：mDa'-dar）

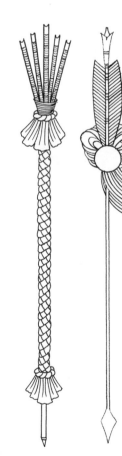

除了作為武器，在眾多佛教儀式中，箭的使用也具有象徵意義。彩箭由一根筆直的箭和箭桿上部所繫的絲帶組成，也用於箭卜[20]和多種多樣的金剛乘儀式中。具有象徵意義的箭一般都是箭頭朝下地直插在一個「糧倉」[21]裏，糧倉是盛放穀物和其他吉祥物的一種容器。作為手持器物，彩箭通常直握在神靈的右手中，箭頭朝下。

箭的舵尾羽翼可能是用一些特定的鳥翼製成；箭桿則是由特定的木料製成，顏色也是特定的；而箭鏃用的是特定的金屬。一條至五條絲帶垂繫在鏢箭下面的箭桿上。如果只有一條彩色絲帶，那麼顏色通常為白色、黃色或紅色。五色彩帶為白、黃、紅、綠和藍色，與五佛的顏色順序相同。彩帶以蝴蝶結綁在一起，結上經常掛著一面占卜用的銀製小圓鏡[22]。占卜圓盤或海螺殼也可以懸掛在鏡子上。箭桿、海螺殼和鏡子分別代表神的身、語、意。

「長壽彩箭」[23]用於阿彌陀佛、吉祥長壽母和蓮花生這些長壽神靈的儀式中。彩箭上有一個鐵箭鏃及一支紅色箭桿。箭桿末端有一支五股鏢箭，每股都裝飾著三根蒼鷹翅膀羽毛製成的舵尾羽翼，

（左）吉祥箭，其桿纏著五彩絲帶，還有纏著五彩絲線的五股飛鏢。（右）占卜箭上有五彩絲帶和鏡子。

而每股末端都繪有或飾有一根絲帶，色彩與五佛的顏色相符。在五支一組的鏢箭下面的箭桿上繫有一面銀製小占卜鏡，箭垂直插在一個木製「糧倉」上。

「吉祥彩箭」[24]由一個鐵箭鏃、一面小鏡子、一個海螺及三色或五色絲帶組成，用於各式各樣的吉祥儀式中。由於是「幸運箭」[25]，在藏式婚姻儀式上使用，具有象徵意義，用來鉤住新娘的衣領，把她從女伴之中拉走。此時，作為男性象徵的箭表示新郎得到了新娘。在婚禮儀式中，人們也用裹在白色絲製哈達中的箭碰觸新娘的前額。用於禮儀時，吉祥彩箭箭桿所塗的顏色要符合被召請之神的顏色，還要用彩色顏料將神的種子符號畫在鏡面上。

24.藏文：g.Yang-sgrub mda'-dar，吉祥彩箭。

25.藏文：g.Yang mda' mda'-dar，幸運箭。

帶有銀質占卜鏡的彩箭。

26.藏文：Nor-sgrub mda'-dar，招財彩箭。

27.藏文：Me-lha 'bod-pa'i mda'-dar，火神彩箭。

28.藏文：rLung-lha'i mda'-dar，風神彩箭。

29.梵文：Vayu；藏文：rLung-lha，風神。

30.藏文：mDos，靈器，供施代替品，藏文音譯「垛」，用彩線繞成或用糌粑捏成日用品、牲畜、房屋等模擬物。用以供神者稱為上供靈器，用以佈施鬼類者成為下施靈器。

31.藏文：gSum-dma'，三個一組的箭。

「招財彩箭」[26]由一個銅箭鏃、一根紅箭桿、三根舵尾羽翼和五色絲帶組成，該箭用在祈求增長和繁榮的儀式。

「火神彩箭」[27]由一個鐵箭鏃、一根紅色箭桿、三根舵尾羽翼、一根紅色絲帶及一面紅色小方旗幡組成，旗幡上帶有火神阿耆尼的種子字符「Ram」。這種箭直插在東南方向的地上，舉行某種儀式或火供儀式，以撫慰居於東南方的火神阿耆尼。

「風神彩箭」[28]與上述火神彩箭的製作方式相同，但箭桿是綠色的，綠色小旗幡上帶有風神的種子字符「Yam」，該箭插在西北方向的地上以撫慰風神[29]。

彩箭的特殊形式也與八大部眾相符，都有特定顏色的箭桿和絲帶。其舵尾羽翼的羽毛取自與八大部眾有關的烏鴉、蒼鷹、鵝、山雞、孔雀、鷹隼和貓頭鷹等。這些「神靈箭」在為降伏精靈所舉行的儀式中，常常垂直插在靈器[30]上。

火箭
（梵文：agnibana，藏文：Me'i-mda）

火箭最初是古印度戰爭中使用的一種帶有燃燒裝置的箭，但後來，這個詞也用來指發射器或火藥推動的鏢槍。早期印度史詩中曾提到過「火器」，在中亞已發現其年代可追溯到公元二世紀的中國火器。火器的助燃劑是油或瀝青，將箭桿上部的一塊圓氈蘸濕。

時輪金剛的眾多右手中有一隻手拿著「火箭」或是「三箭」，畫成一根帶有噴焰箭鏃的箭或是三支一組的箭。一些藏族學者說，這種武器就是火藥推動的火器，有的人說是用火製成的箭，還有人認為它是紅色的，宛如帶有噴焰箭鏃發出的一團火。還有一些人認為那是三支一組的箭[31]，時輪金剛用來刺穿「三界」的「三毒」。但當公元1024年時輪金剛密乘傳入西藏之時，中國人使用火藥的歷史已達一百多年了，因此，時輪金剛的火箭最初可能只是一種用火藥推進的發射器。

儘管火藥的發明常歸功於十三世紀的英國僧人和科學家羅吉

時輪金剛的火箭或三隻一組的箭。

爾·培根[32]，但中國人在十世紀中葉已經會使
用火藥製造煙花和燃燒裝置，並且在十一世紀
中期製造出第一門大炮。蒙古人從漢人那裏
獲得了製造火藥的祕密，在十三世紀入侵俄
國和東歐時，用火藥進行了毀滅性的軍事打
擊。當時，他們射出竹製火箭，把裝有火藥
的泥製手榴彈投向密集的敵軍隊伍中。這些
鮮為人知的武器對其對手的實際傷害微乎其
微，但依然使人畜受到極大的驚嚇。蒙古人
因此而獲得能與惡魔為伍並使用巫術和妖
術的聲名。

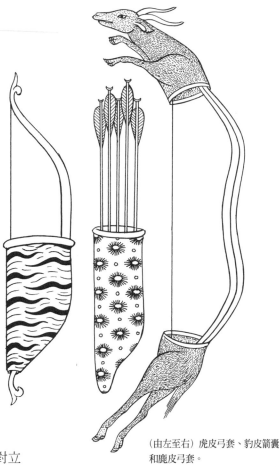

（由左至右）虎皮弓套、豹皮箭囊
和鹿皮弓套。

虎皮弓套 （藏文：sTag-shubs） 和豹皮箭囊
（藏文：gZig-ral）

　　金剛乘中的弓常常插在豹皮或虎皮弓
套中，弓套斜掛在勇士神[33]的肩上或腰間，
常常搭配虎皮或豹皮箭囊。子宮狀或陰道狀
的豹子斑點象徵著陰性的智慧，而生殖器形狀
的老虎條紋則象徵著陽性的方法或方便。作為對立
的象徵物，豹皮和虎皮圍腰分別圍在怒相空行母女神和飲血金剛男
神的腰間。怒相大黑魔護法神的身體右側掛有一個虎皮箭囊[34]，左
側掛有一個豹皮弓套[35]。在大部分勇士神的肖像畫法中，虎皮豹皮
經常顛倒使用，即：弓套用虎皮製作，箭囊用豹皮製作。

花蔓弓 （梵文：pushpadhanus；藏文：Me-tog-gi gzu） 和花蔓箭 （梵文：
pushpasara；藏文：Me-tog-gi mda'）

　　用花製成的弓箭最初是吠陀時期欲神的手持器物。根據印度教
《往世書》中的一個傳說，欲神曾朝著正在苦修的濕婆射去五支
箭，以引誘他對雪山神女萌生愛意。欲神兩支箭中的第一支未能射

32. 原文：Roger Bacon，羅吉爾·培根（約1214年－約1292年），英國思想家、實驗科學的先驅。他批判經院哲學，認為只有實驗科學才能「造福人類」。他進行過許多有價值的科學觀察和實驗，有唯物主義的傾向。主要著作有《論科學的價值和發展》、《新工具》等。

33. 梵文：Begtse，勇士神或護法神。

34. 藏文：sTag-ral，虎皮箭囊。

35. 藏文：gZig-shubs，豹皮弓套。

中目標，第三和第四支箭刺中濕婆的意念，讓他的禪定修行開始動搖，而第五支箭刺進濕婆的心臟，使他失去了密修之主滿盈的慈悲之力。濕婆對這種干擾勃然大怒，從其慧眼射出一股火將欲神燒成灰燼，罰他永生無身軀，成爲不顯現的「愛力」。

欲神的弓用花或甘蔗製成，沾滿蜂蜜的弓弦上佈滿蜜蜂。他的五支愛箭是用白色蓮花、紅色阿育伽樹[36]、芒果樹、白芝麻和藍色夜蓮花製成。欲神擁有眾多梵文稱號，如：「無身軀者」[37]、「和平破壞者」[38]、「蠱惑者」[39]、「惑魔」[40]和「誘魔」[41]。在早期佛教中，最後一個稱號「誘魔」也指佛陀釋迦牟尼在菩提樹下成道之前、襲擊他的誘惑和引誘之魔。在藏文中，欲神稱作「垛拉」[42]。

欲神的花蔓弓箭被吸納進入了金剛乘佛教，成爲作明佛母[43]和紅色度母的主要武器。四臂大紅作明佛母的兩隻主手拿著開弓的花蔓弓和箭，另外兩隻手拿著用盈滿甘露的紅色夜蓮花製成的鉤索。這些器物顯示她用自己的誘惑力進行蠱惑和迷惑的活動，宛如蜜蜂受到花蜜的吸引而陶醉其中。欲神滿身畫有花蔓器物，如：花蔓弓、花蔓鉤、花蔓索和五支箭，被踩在佛教神靈作明佛母和時輪金剛的腳下。

在早期金剛乘佛教中，「五欲」是「五續」[44]的性隱喻。從隱喻上來看，五續也相當於示愛的漸進過程：向所愛之人微笑、握其雙手、相互對視、擁抱、接吻和性交。「五情」[45]可對應到「五毒」

花蔓弓箭。

36.梵文：Ashoka，阿育伽樹，佛陀之母在該樹下生下釋迦牟尼。

37.梵文：Ananga，無身軀者。

38.梵文：Samantaka，和平破壞者。

39.梵文：Muhira，蠱惑者。

40.梵文：Maya，惑魔。

41.梵文：Mara，誘魔。

42.藏文：'Dod-lha，垛拉，欲神。

43.梵文：Kurukulla，藏文：Rig-byed-lha-mo，作明佛母，佛名。

44.五續：❶事部（梵文：Kriya）；❷行部（梵文：Charya）；❸瑜伽部（梵文：Yoga）；❹上瑜伽（梵文：Yogattara）；❺無上瑜伽部（梵文：anuyogayttara）。

45.五情，由眼、耳、鼻、舌、身五根而引起的五種情欲。

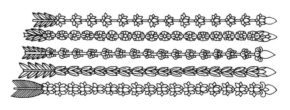

欲神的五支花蔓箭。

（癡愚、欲取、嗔恚、我慢和嫉妒）、「五官」
及其視覺、聽覺、嗅覺、味覺、觸覺的對象及
色、受、想、行、識「五蘊」。

五支箭也與文殊菩薩及其頭頂上的五個肉髻
有關，代表「五佛智」。文殊菩薩的五支智慧箭
射中了五佛精神中心的「五情」。癡愚在頭
部；欲取在喉部；嗔恚在心部；我慢在臍
部；嫉妒在「私部」。

降伏（魔障的）紅度母
帶有蓮花托的花弓箭。

寶劍
（梵文：asi, khadga；藏文：Ral-gri）

寶劍主要是智慧的象徵或斷滅愚癡和障
蔽的覺識。噴焰寶劍是智慧菩薩文殊師利的
兩大標識之一。他用右手高舉寶劍，左手所
持的蓮花上托著《般若波羅蜜多經》與之相
配。噴焰寶劍代表文殊菩薩敏銳精確的覺識，可以斷滅一切誘惑，
揭示空性的眞諦。經書則說明他淵博的學識。在尼泊爾，人們認爲
文殊菩薩用其「愚月劍」[46]斬斷了環繞喬巴峽谷[47]的群山，使溢滿
峽谷的湖水排出，形成了加德滿都峽谷。他也把知識和文化傳到尼
泊爾而享有盛名。據信在中國，文殊菩薩居住在五臺山，五臺山的
五座山峰代表文殊菩薩頭頂的五個智慧肉髻。文殊菩薩的許多人形
化身，如：赤松德贊、薩迦班智達、宗喀巴[48]和隆欽巴[49]，都有蓮
花托著寶劍和經書的標識。

智慧劍[50]也是許多本尊神和怒相神表示勝利的武器，此時，其
作用是斬斷和摧毀一切障魔和怨敵。這些神靈都用右手持劍。某些
無上密宗瑜伽神（如怖畏金剛）所持的寶劍也象徵得到獲得成就所
需的八大神通力。第一是「劍力」[51]，以覺識之箭給人消滅敵人的

46.梵文：Chandrahasa，愚月劍。

47.原文：Chobar Gorge，喬巴峽
谷，地名。

48.藏文：Tsong-kha-pa，宗喀巴，藏
傳佛教格魯派（黃教）創始人。生於
青海湟中。幼時從噶當派名僧達瑪仁
欽出家，學習顯、密教法十年，十六
歲赴西藏深造，先後在前、後藏各地
投師求法，在噶當、薩迦諸大師指導
下研習五論、五明，兼通顯密，造詣
頗深。著有《菩提道次第廣論》、《密
宗道次第廣論》等書，闡明顯、密兩
宗修行次第，提倡不分顯、密都必須
恪守戒律，形成一代宗風。

力量。其他七大神通力分別為：■千里眼[52]；②
飛毛腿[53]；③隱身術[54]；④煉丹術[55]；⑤飛天
[56]；⑥能夠移位，顯現多種化身[57]；⑦具有穿行
各界的能力[58]。

智慧劍是用藍色的鐵製成，寶劍的雙刃上盤
旋著捲旋的火焰，劍尖周圍射出一道智慧之火。
劍柄用黃金製成，頂端有一個半截五股金剛杵球
飾。雙刃劍的劍身象徵相對和絕對真理的統一。
鋒利的劍尖象徵智慧的完美。熊熊燃燒的烈焰象
徵智慧覺識之火向十大方位噴射。在某些勇士神
的身上，特別是中央神與四方神形成一組的情況
下，他們的寶劍常常是用鐵、水晶、銅、金和琉
璃製成的。寶劍（或十字金剛杵）也是羯磨部怙
主北方綠色佛不空成就如來「一切遍」的標識。

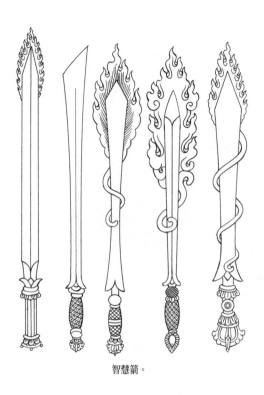

智慧箭。

火箭。

49.藏文：kLong-chen-rab-'byams-
pa，隆欽巴（1308年－1364年），藏
傳佛教甯瑪派大圓滿派開創祖師。隨
從噶瑪巴‧饒迥多傑、薩迦喇嘛丹
巴、甯瑪仁增欽摩等人學習甯瑪派及
其他教派之密法。曾遍遊西藏各著名
寺院以及印度、不丹等佛教聖地，並
於不丹建有一座塔爾巴林寺，傳授甯
瑪派教法。一生曾修訂過許多甯瑪派
之密法，論著頗多，共有二百五十三
篇，其中最著名的《七寶藏論》為甯
瑪派僧人必讀之經典。

50.藏文：Ye-shes ral-gri，智慧劍，八
大神通力之一。

盾牌
（梵文：phalaka, khetara, carma；藏文：Phub）

作為保護性的器物，盾牌常與劍搭配，成為一對防禦和進攻的
武器。陽性的「方法」右手揮舞著利劍，而陰性的「智慧」左手揮
舞著防禦性盾牌。

在藏族藝術中，盾牌被一成不變地畫成圓形，通常飾有一個八
瓣蓮花圖案或一個八輻金輪，或許是為了強調其智慧方面。呈放射
狀的同心圓環也畫在其中心點八輻輪輻的後面，看起來像個藤編或
柳條編製的盾牌（印度和東南亞的鎮暴警察現在依然常常使用這種

（由左至右）時輪金剛左手所持的八幅盾牌；盾牌的正視圖；飾有虎皮的盾牌；裝飾成蓮花狀的盾牌。

盾牌）。在描繪金剛乘神靈時，有時規定盾牌必須是鐵製的，但在繪畫中，盾牌的材質可以是鐵、青銅、黃金、犀牛皮、牛皮、柳條或虎皮。在古印度的戰爭中，犀牛皮是製作盾牌的最佳材質。與木和鐵不同，在重擊之下，犀牛皮不會劈裂或凹陷。對於一般武士而言，牛皮較易於獲得。圓形牛皮以鉚釘釘在盾牌圓形鐵框上，常用四塊中心鐵或青銅飾鈕作爲裝飾。盾牌外側多半使用牛皮，內側則使用虎皮爲襯。這種皮盾牌叫作「carma」，而鐵盾牌一般叫作「phalaka」。

　　由於是成對使用的器物，因此像怖畏金剛、時輪金剛、金剛力士[59]和大紅歡喜天[60]這樣的神靈都佩帶這樣的劍和盾牌。盾牌基本上象徵著保護和戰勝敵人。怖畏金剛的盾牌代表佛陀戰勝魔的攻襲、戰勝一切敵人，以及用他無懈可擊的智慧和成就護佑芸芸眾生。時輪金剛的盾牌代表「身」的軀幹，其劍代表「風」。

天蠍柄劍
（梵文：vrishcika-khadga；藏文：Ral-gri sdig-pa'i-yu-ba-can）

　　天蠍柄劍的劍柄是用蠍子黑色的背部和尾部製成，蠍刺形成一個把手，蠍鉗成爲劍柄，火焰包圍的劍身宛如一個長長的鐵舌從其口中伸出。由

51.梵文：khadga-siddhi，劍力，八大神通力之一。

52.梵文：ananja-siddhi，千里眼，八大神通力之一。

53.梵文：padalepa-siddhi，飛毛腿，八大神通力之一。

54.梵文：antaradhana-siddhi，隱身術，八大神通力之一。

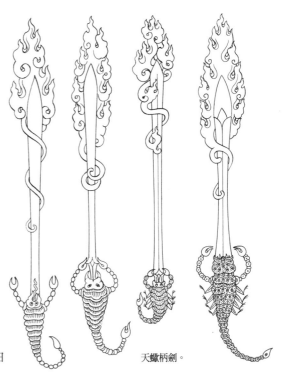

天蠍柄劍。

55.梵文：rasayana-siddhi，煉丹術，
八大神通力之一。

56.梵文：khechara-siddhi，飛天，
八大神通力之一。

57.梵文：bhuchara-siddhi，能夠移
位，顯現多種化身，八大神通力之
一。

58.梵文：patala-siddhi，具有穿行各
界的能力，八大神通力之一。

59.梵文：Vajravega，金剛力士，神
名。

60.梵文：Ganapati，歡喜天，「大
聖歡喜自在天」的略稱，神名，亦稱
「大聖歡喜天」、「聖天」、「天尊」。

61.梵文：Ekajati，獨髻母，女神名。

62.藏文：rGyal-po，王魔，還有「皇
帝」、「國王」、「君主」、「土司」之
意，此處指一種王魔。

於是一件極爲恐怖的武器，因此只有與疫病和天災有關的神靈，如
怒相災禍女神獨髻母[61]的某種化身，才會揮舞天蠍柄劍。護法的勇
士神也揮舞此劍，代表他具有摧毀戰場上疾病和瘟疫的能力。

這種劍的劍身用隕鐵製成，旋轉的團團火焰盤纏在劍身上，表
明其鋒利無比和無堅不摧的金剛特質。蠍子的身體可以畫成有腿或
無腿，身體上佈滿眼睛，張開的大嘴裏常畫有尖利的門齒毒牙。沒
有資格揮舞這種劍的人反而會被刺殺。

天蠍
（梵文：vrishcika；藏文：sDig-pa）

印度黑蠍是毀滅性怨恨的潛在象徵，其身體長滿鱗片，其鉗帶
甲，像鞭子一樣的毒刺針表明牠是自然界最難對付、最令人恐懼的
進犯者之一。在描繪不同等級精怪的繪畫作品中，蠍子代表引發天
災和瘟疫之魔。某些精怪會長有蠍頭和蠍鉗，披著帶褶的黑蠍皮作
爲護甲。其他一些精怪會手持天蠍作爲器物或揮舞一把蠍柄劍。保
護或毀滅的儀式常用蠍子圖降伏精怪。例如：畫出正在
吞食「王魔」[62]的蠍子可以免遭這類王魔的傷害。其他
種受蠍子攻擊的帶鐐精怪模擬像也同樣畫在護身符或林
伽上，用作符咒以抵消這些精怪的怨恨。

《米拉日巴傳》中描述了他在早年生活中是如何求助
黑巫術來懲罰和報復那些心懷叵測的親屬。在三十五位
親屬參加的婚宴舉行過程中，一群有毒的爬蟲和昆蟲突
然出現，一隻「宛如犛牛大小」的巨型蠍拽倒了屋中大
柱，將所有的人趕盡殺絕。與此同時，在隱居洞中，米
拉日巴所召喚的凶相精怪向他獻上了這些親屬的滴血人
頭和心臟。

《蓮花生大師傳》則描述他是如何在印度大屍林拉傑
格里哈[63]從一隻九頭、十八鉗、二十七隻眼的巨蠍那裏
接受了《金剛橛法》的傳承。這隻巨蠍從藏在墓地岩石
下的一個三角形石匣裏挖出了金剛橛經文。當閱讀伏藏

（左上）蠍子索和蠍子鉤；（右上）八腿蠍子；
（下）蠍子長有九頭、十八鉗、二十七隻眼睛，
正在吞噬男精女怪。

經文時，蓮花生能自然領悟。蠍頭、蠍鉗和蠍眼被「解釋」爲不同的「乘」。在拉傑格里哈，蓮花生獲得了「蠍子大師」的稱號。當他以八大化身之一「蓮花王」[64]的化身顯現時，他的左手拿著一隻蠍子。在早期藏傳佛教甯瑪派中，蠍子被視爲金剛橛密法的傳承象徵，其有毒的紅色刺針相當於被血液或毒藥浸泡過的金剛橛橛尖。

與其他有毒生物一樣，蠍子也畫在巫師在密宗毀滅儀式或黑巫術中使用的「咒角」[65]上。從患有瘟疫或受「蠍精」所害者屍體上取下的骨頭，也可以刻成金剛橛，用於滅敵的降伏儀式上。作爲手持器物，黑蠍多畫成六腿或八腿，在握蠍時，蠍頭和蠍鉗朝外。手持的蠍長有九頭、十八鉗和二十七隻眼（每頭長有三隻眼），也可能正在吞食一對赤身裸體的男女精怪。

水波利刃
（梵文：churi, churika；藏文：Chu-gri）

漁夫刀帶有水波紋刃口，在藏文中稱作「水波利刃」。作爲手持器物，某些怒相神的右手持有這種剃刀般尖利的水波利刃，其部眾中的不同精怪也揮舞水波利刃。水波利刃源自印度漁夫的傳統利刃，用它來刮鱗和剔除內臟。在印度的沿海漁村依然可以見到利刃的多種變體。利刃常常插在一個木座上，用雙腳把木座夾住，就可以騰出雙手來處理滑溜的魚。

在藏族藝術中，這種利刃就是中等長度的水波利刃。利刃從摩羯張開大嘴裏的「鱷魚鉗」中伸出，裝飾華麗的短柄末端有一個金剛杵或珠寶飾物。利刃刃口被畫成鐵的深藍色，飾有摩羯的手柄以黃金製成。藏式水波利刃與印度尼西亞的蛇形劍極爲相似。在傳統上，這種蛇形劍用隕鐵製成，劍出鞘時必須帶血。

佛教的利刃象徵著斬斷輪迴，因爲它

63.梵文：Rajgriha，拉傑格里哈，印度一屍林名。

64.梵文：Pad-ma-rgyal-po，蓮花王，蓮花生八大名號之一。

65.藏文：Thun-rwa，咒角，裝真言芥子的牛角。

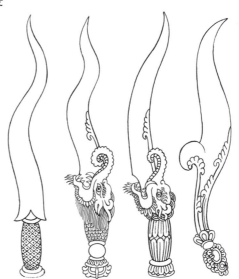

水波利刃。

切斷了芸芸眾生的內臟（固有存在的空性）、鱗（相對境的顯現）、頭（生的輪迴與再生）和尾（業的傾向）。

利刃
（梵文：kshura；藏文：sPu-gri）

剃度的佛教僧人獲准攜帶傳統的印度利刃，是他們少數用來刮鬍修面的物品之一。作為武器，某些怒相神的右手會揮舞著利刃，象徵「滌除」一切污穢之物或因過去疏忽而積下的惡業。鐵製利刃與漁刀的形狀一模一樣，但通常刀身較短、更直。刀身也可以由黃金或磨光的海螺殼製成。

利刃。

飛鏢
（梵文：bhindipala, shakti；藏文：Bhi-dhi pa-la, sak-ti）

三角形的鐵製飛鏢帶有三根孔雀翎，是怖畏金剛的右手器物。這個金剛杵形狀的鏢身有三個面，象徵著斷滅貪、嗔、癡「三毒」，而三根孔雀翎代表怖畏金剛的殊勝三界。飛鏢鏢身和孔雀翎的結合也象徵「主觀性和客觀性」二元概念的淨化。

怒相女神班登拉姆[66]以獨髻天母[67]的化身示現時，右手拿著同樣的武器，是一種叫「sak-ti」、帶有孔雀翎的小型飛鏢。這個器物同樣象徵女神戰勝「三毒」（三個鏢面）和「三界」（三個孔雀翎眼）。

梵文詞彙「bhindipala」指的是一種短鏢或一種帶尖的投擲物。根據一些藏族傳說，怖畏金剛手持的飛鏢就是帶孔雀翎的錐形瓶口花[68]，裝飾在禮器的口部。

66. 藏文：dPal-ldan-lha-mo，班登拉姆，藏傳佛教著名的女護法神。她一身深藍色，生有一面、二手。騎一匹騾子。右手揮舞一根飾有金剛杵的巨大檀木杖。左手放在胸前，持盈滿童血的顱骨（童血是從亂倫所生的孩子身上取出的）。女神穿黑絲衣和粗布製成的圍腰，頭飾為剛剛割下的頭顱串成的花環，繫蛇腰帶，整個身體用焚燒屍體的灰燼塗裹。女神生有三眼，獠牙，頭髮直立，戴孔雀羽毛冠，腰間別有抱鬼牌。

67. 藏文：gTso-mo Re-ma-ti，獨髻天母，神名。

68. 藏文：Kha-rgyan，瓶口花，插在宗教器物寶瓶等口部的吉祥草或孔雀翎裝飾物。

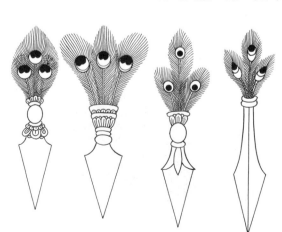

飛鏢。

鐮刀
（藏文：Zor-bo, dGra-zor）

彎形鐮刀作爲一種武器用來肢解敵人的四肢
並砍殺他們。伴隨怒相神部眾的小精怪手中常畫有
鐮刀。鐮刀象徵著斬斷一切惡業。與播種過程中
「顛覆地下世界」的犁地情況相反，在收穫的善業
中，鐮刀是在「顛覆地上世界」。鐮刀有一個鋒
利、帶鉤的藍色鐵製刀身。手柄呈金色，帶有摩羯
和金剛杵飾物。

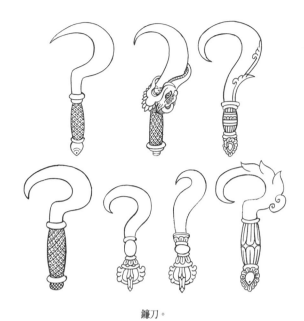

鐮刀。

犁鏵
（梵文：langala, hala；藏文：Thong）

犁鏵象徵神具有摧毀或「顛覆地下世界」、龍眾界和其他地下
生靈的能力。搭配鐮刀一起使用時，這兩件工具象徵播種和收穫
的善業。本尊神閻魔敵[69]眾多左手中的一隻就握有犁鏵，象徵他
對「業」的控制。另外中陰界[70]的幾位飲血金剛神的左手也持有
犁鏵，它象徵性地表明死亡與轉世之間的「中陰狀態」。

三股叉
（梵文：trishula；藏文：rTse-gsum, Tri-shu-la）

三股叉的字面意思是「三齒」，梵文作「trishula」，其意爲「三
個大釘或三個尖」。三股叉是許多古代文化頗爲熟悉的一種象徵
物。作爲漁叉，是希臘和羅馬水上神靈海神波賽頓[71]或尼普頓[72]的
主要器物。在現代星相學中，三股叉象徵著「水上」的海王星。
此外，也與宙斯的雷電和朱庇特神的三個雷電有著肖像畫法上的
密切關聯，這類物品常以三股叉的形式出現。早期基督教採納了
猶太教[73]獻祭用的三股叉，代表聖父、聖子、聖靈的三位一體，
但在中世紀時期，又變成惡魔的象徵，成爲撒旦[74]或惡魔般之人[75]
的「草耙」。

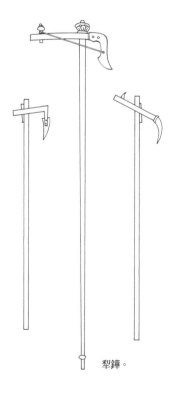

犁鏵。

69.梵文：Yamari，閻魔敵，魔名。

70.藏文：Bardo Thodol，中陰界，中陰指的是前身已棄，後身未得，即死後未投生中間。

71.原文：Poseidon，波賽頓，希臘海神名。

72.原文：Neptune，尼普頓，羅馬海神名。

73.原文：Judaism，猶太教，世界各地猶太人的宗教。奉雅赫維為「唯一真神」。認為猶太人是雅赫維的特選子民，教義、教規係由雅赫維透過摩西傳授而來。

74.原文：Satan，撒旦，謂專事抵擋山地而與山地為敵。在猶太教、基督教《聖經》中為魔鬼之名。

75.原文：Lucifer，形容惡魔般之人。

76.原文：Mesopotamia，美索不達米亞，位於幼發拉底河和底格里斯河之間的兩河流域。

77.梵文：guna，三功德：1 微塵功德；2 黑暗功德；3 精力功德。

78.梵文：triveni，三河之主。

79.梵文：Sarasvati，娑羅室伐底河，印度河名。

80.梵文：Prayag，普拉雅格，地名，現今的阿拉哈巴德（Allaha-bad）。

81.梵文：Kundalini，軍荼利女神，女神名。

82.梵文：Tripitaka，三藏，即經藏、律藏、論藏，為佛經的三種分類。

三股叉的象徵符號最初出現在美索不達米亞[76]和印度河流域古哈拉帕文明的泥印上。在哈拉帕文明中，可能是濕婆的早期象徵物。在吠陀神話中，三股叉被視為因陀羅的金剛杵或「雷電」上的三股叉（他的金剛杵最初畫成雙頭叉狀）。在印度教中，三股叉是濕婆的象徵，代表他的意志力、智力和業力「三力」，也代表其品德超越三功德[77]。這些品德與創生、保護和毀滅之業相符。在印度教中，則被擬人化為印度教的三位一體梵天、毗濕奴和濕婆，以及種子符號「OM」顫動的三個音節「A-U-M」。濕婆的三股叉也象徵殊勝三界和「三時」。

濕婆三股叉上的三根股叉也指濕婆「三河之主」[78]的化身。梵文詞「triveni」指的是古印度的恆河、朱木那河和娑羅室伐底河[79]三大河流在普拉雅格[80]聖地的交匯。在這個交匯處每十二年要舉行一次大寶瓶節。就其密宗意義來看，這個交匯處代表著陰（恆河）、陽（朱木那河）脈道的會合。它們聚合在一起，然後融入中脈中（娑羅室伐底河）。娑羅室伐底河曾經是印度北部的一條大河，現已乾涸，但在印度傳說中，人們依然認為它是一條時隱時現的河流。在印度各地，每一座濕婆教神殿裏都可以見到鐵製三股叉。其桿代表中脈，通過這個脈道，軍荼利女神[81]升騰與在輪冠千瓣蓮花上的主人（濕婆）結合在一起。（參閱附錄四）

在早期印度佛教中，三股叉構成佛陀首批古代標識之一，並以「梵天冠」的標識出現在佛陀的腳印上，象徵著三個一組的「三寶」，以及佛陀有關道德、禪定和智慧教義的「三藏」[82]。在金剛乘肖像畫法中，濕婆教的三股叉被採納，成為一種象徵性的佛教武器，特別是與濕婆有關的神靈，如轉輪王、怖畏金剛和大黑天神的武器。

佛教中的三股叉通常置於紅色檀香桿的頂端，底部用半截金剛杵、珠寶或球飾為飾。藍色鐵製三股叉的三根股叉代表三大脈道。三股叉延長的中間股叉一般被烈焰包圍，象徵從中央脈道升騰而起的「內火」。三股叉的兩根外股叉上掛著鐵環。這些環源自濕婆教的耳環供或手鐲腳鐲供的修法，象徵對濕婆的離棄和婚約。兩個環

三股叉。

代表「二諦」的結合；四個環代表「四無量」；六個環代表「六度」。鐵製三股叉下面常有一個乾枯的骷髏，骷髏下面則懸掛著一條紅色的犛牛尾拂和一個飄動的絲帶或旗幡。從密宗意義上來看，乾枯的白色骷髏代表經過中央脈道的白色菩提心露的下降，紅色犛牛尾拂代表紅色菩提心露的上升。

根據神的化身，三股叉也可以看成是三股叉軍旗[83]、三股矛[84]、三股叉短杖[85]或三股叉天杖[86]。三股叉的桿上常有一個飄動的三角旗（三股矛在後面將有介紹）。三股天杖的形狀宛如插在一根長木桿上的三股叉，可飾以乾枯的骷髏、犛牛尾拂和絲帶。三股天杖可以畫成一個頂部帶有三股叉的骷髏天杖，或是採用更簡單的形式，即插有割下的人頭或骷髏的三股叉。

作爲手持器物，三股叉主要象徵斷滅「三毒」，把原始的愚昧變成中股叉的智慧之火。三根股尖也象徵神靈的「殊勝三界」、「三時」、「三身」及空性或身、語、意的結合。三股叉的藏文詞彙是「rTse-gsum」，有「三個尖」的意思，與代表「三根」或「三脈」[87]的詞彙相近。此處的「三根」指的是大乘佛教中的佛、法、僧三位一體，也指金剛乘中的大師、本尊和空行母的三位一體。

三股矛
（梵文：kunta-trishula；藏文：mDung rtse-gsum）

三股叉常畫成某些呈最怒相神靈的器物，如「拯救靈魂」的大黑摩護法神和藍色四面藍色大黑天神。這種精緻的三股叉頭成爲斧子、矛和鉞刀或鐵鉤刃口的一部分，使劈、刺、砍、鉤的功能大大增加。矛頭中間的飾鈕可能是一顆骷髏頭，從骷髏頭的頭頂伸出一支噴焰矛尖。在中央飾鈕下面，從怨敵血淋淋的骷髏頭大嘴裏伸出矛尖的管狀底部，彷彿這顆人頭是貫穿頸部和嘴裏後插在桿上的。有時，血淋淋人頭的舌頭向上突起，表明該怨敵是個起屍[88]

（左一和左四）帶有割下人頭和旗幡的三股矛；（左二）帶骷髏頂飾的三股矛；（左三）斧刃矛；（右）矛尖戰斧。

鬼。在血淋淋的人頭下面有一面盤繞在一起的三角形長戰旗，戰旗可以用絲、氈和皮製成，或使用從怨敵屍體上剝下的人皮。三股矛的長矛桿通常用紅檀香木製成，其底部用半截金剛杵作鈕飾。

這種三股矛有一面長長的三角形旗幢，其三叉頭是斧、矛、鈎刀的結合。蒙古騎兵用來作軍旗，在大獲全勝後，經常把敵人指揮官的首級挑在棍或矛上。三角旗通常用紅色或黑色絲綢製成，以氈或皮鑲邊。三角形的齒形外沿呈火焰狀或龍背鰭狀。齒狀旨在造成一種波浪漣漪的效果，瑟瑟風聲宛如騎兵呼嘯而來參戰，使旗手信心倍增，也令敵軍聞風喪膽。犛牛尾幢是蒙古戰旗主要的標識之一，成吉思汗把九犛牛尾幢標識作為他的軍旗。犛牛尾一般為紅色或血紅色，表明旗手在戰場上英勇無比，不可戰勝。

天蠍柄矛
（梵文：sarpa-trishula，藏文：sBrul-gyi rtse-gsum）

天蠍柄矛是煉金術神赫密斯[89]的標識，最初出現在古亞述文化[90]、西臺文化[91]和腓尼基文化[92]中，成為用棍支撐的太陽和月亮象徵物。後來，作為赫密斯這個希臘「神的信使」的手杖，天蠍柄矛有了盤繞在一起的蛇和翼形罩圖形，這個圖形作為治療疾病的象徵現已為人熟知。赫密斯運用天蠍柄矛的魔力能使冥王[93]的受害者甦醒和復活。從醫藥學來看，雙蛇代表著毒藥和解毒藥或毒液和血清，符合「以毒攻毒」的順勢醫療原則。從煉金術上來看，雙蛇象徵朱砂和水銀的易變性或經血和精液，其結合或嬗變能生成「長生不老藥」。

83.藏文：Ru-mtshon rtse-gsum，三股矛軍旗。

84.藏文：mDung rtse-gsum，三股矛。

85.藏文：dByu-gu rtse-gsum，三股叉短杖。

86.藏文：Kha-twam-ga rtse-gsum，三股叉天杖。

87.藏文：rTsa-gsum，三脈。

88.梵文：vetala；藏文：Ro-lang，起屍，死屍復起。

89.原文：Hermes或Mercury，煉金術神赫密斯。

90.原文：Assyrian culture，亞述文化。亞述為古代東方奴隸制國家。公元前三千年代末。閃族的一支在底格里斯河中游建立亞述城，是為亞述的起源。公元前二千年代初，形成了奴隸制社會和國家。亞述文化深受蘇美、巴比倫文化的影響。

91.原文：Hittite culture，西臺文化。西臺，小亞細亞中部，裏海南部古國，約公元前十七世紀建成統一的奴隸制國家。公元前八世紀併入亞述版圖。西臺文化多受巴比倫、埃及文化的影響。

92.原文：Phoenician culture, 腓尼基文化。腓尼基，地中海東岸古國。公元前二千年建成若干奴隸制城邦，腓尼基人約在公元前十三世紀，主要依據古埃及文字制訂了歷史上第一批字母文字，成為希臘、羅馬（拉丁）以及後世西方文字的起源。

93.原文：Hades，哈得斯，希臘宗教中的冥王，原意為「隱身者」。

天蠍柄矛。

在早期印度教中，當濕婆以世饒王佛化現時，天蠍柄矛是他的象徵。這個象徵物被納入佛教，成爲觀音菩薩以「獅子吼」化身示現時的標識。獅子吼的天蠍柄矛是從其身體右後側伸出，矛桿呈綠色，桿上盤旋著一條白蛇，血從其口中滴下。濕婆教世饒王佛的天蠍柄矛也可以是綠色或藍色，桿上常對稱地盤纏著雙蛇。兩條蛇分別爲紅色和白色，象徵纏繞中脈的陰、陽脈道。柄桿頂部有一條紅色犛牛尾幡、一顆乾枯的白色骷髏頭和一支噴焰三股叉。紅色旗幡和白色骷髏頭象徵紅色軍荼利女神從中脈升騰與在骷髏頭頂部的白色之主濕婆的結合。頂部的三股叉象徵世自在殊勝三界或「三城」[94]。在印度神話中，用金、銀和鐵修造的三城是梵天、毗濕奴和濕婆分別送給一位名叫巴納[95]的阿修羅的。這三座城市坐落在天上、地上和地下。後來，濕婆以「三城毀滅者」[96]的化身示現，從其慧眼射出熊熊烈焰，將這三座城市燒成灰燼。

矛
（梵文：kunta, shakti, shula；藏文：mDung）

矛是許多怒相神「方法」右手所持的武器，基本象徵著刺向或斬斷各種謬見和偏頗的見解。古印度戰爭中的矛有眾多的梵文名稱。「shakti」一詞有「強力」之意，可能也泛指一切鐵矛。「mahashakti」（長矛）因飾有鈴鐺而享有盛名。「rathashakti」（兵車長矛）得名於帶有旗翼的華麗長刺矛或能從兵車上投擲的簡單標槍。「prasa」矛有一個寬刃矛頭，與劍相仿。「shula」矛有矛頭，矛頭與三股叉中間的股尖十分相似，而「kunta」是最常見、代表矛的梵文詞彙。

作爲手持武器，矛桿通常以紅色或白色檀香木或橡木[97]製成。矛桿下端用一支半截金剛杵、珠寶或小圓飾爲飾物。矛頭用頂端帶烈焰尖的藍色鐵製成，形狀與尖頭劍、金剛叉或箭頭相似。藍色矛頭通常置於帶有裝飾的金黃色中心點上，中心點掛著一小條血紅色犛牛尾幡，尾幡稍稍飄向一側。白色骷髏頭也可以放在犛牛尾幡和金色中心點的下面。某些保護神的矛用金、銀、銅、水晶、琉璃或

珊瑚等珍貴材質製成。怒相保護神持棒大黑天神多半手持一根長矛，該長矛是用羅刹女[98]的脛骨製成。「八部眾」[99]也持有各種利矛：「贊」神[100]持有紅色矛，矛上繫有血紅色三角旗幡；橛尖魔[101]持有白色矛；法王持有飾有珠寶的矛。

矛翼
（梵文：kunta-pataka；藏文：mDung-dar）

矛翼也可以稱作「翼旗」[102]或「軍旗」[103]，是蒙、藏勇士的標識。作為一種標識，常常由蒙、藏的地方勇士神握持。矛翼的形狀與上述三股叉相似，是種繫在矛桿上半部、帶有波紋的三角旗幡。該矛翼一般用絲綢製成，以氈、獸皮或皮革鑲邊，顏色各異。怖畏金剛手持之矛的矛翼是紅色的，而歡喜大黑天神[104]手持矛翼為「罌粟色」。某些神靈手持的矛翼上有一個長方形標識，上頭飾有絲綢流蘇；有時矛翼的樣式卻極為簡單，只繫有一條飄逸的絲帶。

長箭
（梵文：tomara, Kampana, bhindipala；藏文：mDa'-chen）

長箭指的是被拋出或擲出的一種矛，其竹桿短小。與矛一樣，長箭象徵著刺穿或斷滅邪見和邪念，因為它能刺中敵人（癡愚）的心臟（意）。古印度戰場上使用的長箭有各種梵文名稱，如：「shanku」、「kanapa」、「tomara」、「bhindipala」。「kampana」一詞有「搖晃」或「顫抖」之意，顯然是指竹桿長箭在向目標投去時，會像箭一樣抖動。作為手持武器，長箭的形狀就是簡單的矛或一支無法飛行的箭，可以畫成綠色竹竿或紅色檀香木桿。

羈戈
（梵文：kanapa；藏文：Ka-na-ya）

羈戈[105]是一種形狀特殊的矛或長箭，其桿上有一個可以拽回的長繩索，為怖畏金剛右手常見的所持器物。在肖像畫法中，象徵用覺識刺穿愚昧，或是克服身、語、意之誤的智慧。與成對的鐵鉤

98.梵文：rakshasi，羅刹女。羅刹本來是一種惡鬼，其後成為佛教的守護神。羅刹女指女性的羅刹。

99.八部眾：**1** 閻羅王；**2** 非人；**3** 魔；**4** 刹；**5** 鬼；**6** 龍；**7** 夜叉；**8** 凶曜。

100.藏文：bTsan，贊神，妖精、妖怪。迷信所說的一類厲鬼。

101.藏文：dBal，橛尖魔，魔名。

102.藏文：Ru-dar，翼旗。

103.藏文：Ru-mtshon，軍旗。

104.梵文：Ganapati Mahakala，歡喜大黑天神，神名。

105.藏文：Ka-na-ya，羈戈，柄端繫有細繩，拋後可以拽回的短戈。古代兵器之一。

各種矛、矛翼和矛頭：（左二）鏵戈與可以拽動它的繩索畫在一起；（左三）帶有火焰尖的長箭。

和索套象徵物一樣，羂戈鋒利的鐵頭尖代表智慧，可以拽回來的繩索代表「意」或「念」。怖畏金剛的羂戈常畫成矛頭帶焰的矛，矛桿上半部繫有一根長繩。

短橛
（梵文：danda, gada；藏文：dByug-pa, Be-con, Beng）

　　短橛是一種武器，可以粉碎、切斷和壓碎東西，主要象徵著粉碎由「業」而生成的愚昧之障和精神上的污垢。作為右手「方法」的器物，短橛形狀各異，從精緻的錐形桿到裝飾極為華麗的木製或金屬「城堡」狀不等。

　　在古印度戰爭中，沉重的短橛是身體強壯者的首選武器，在訓練摔跤者技巧時，仍可以看到摔跤者用一對木短橛進行氣力訓練。力大無比的猴王哈努曼[106]是印度摔跤者的庇護神，他揮舞的就是短橛。好戰的印度教神靈所用的短橛常畫成被拉成扁平狀的一大塊金屬片，插在木製錐形桿上。在印度史詩中，戰爭中的石製短橛稱作「lakutha」或「lagudha」，鐵製短橛叫作「sthuna」，而沉重的木製短橛則是「danda」、「gada」、「bhusundhi」、「mudgara」或「musala」。

　　金剛乘神靈最常見的短橛有一支錐形長木桿，其細長的底座上有一個小珠寶飾或半截金剛杵飾，桿頂有較大的半截金剛杵飾、珠寶飾或三股叉飾。其桿是用堅硬的金合歡木[107]或紅色檀香木[108]製成。桿的上半部通常飾有一捆絲帶。珠寶鑲頂的短橛是多聞天王幾種化身的器物。多聞天王的器物常被畫成短橛，飾有一個如意寶飾、火焰寶飾或「珠寶花蔓」飾。有金

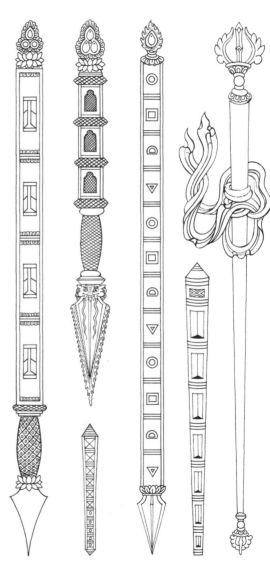

（左）大黑天神帶珠寶飾頂的檀香木短橛，上有三角形鐵尖和四個城堡式孔道。（左二）金剛杵飾頂的檀香木短橛，上有三個城堡式孔道，下有一個檀香木小棒。（左三）短橛裝飾著象徵「四大」和「四業」的象徵物；（左四）帶有三角形飾頂和城堡式孔道的短橛；（右）金剛杵飾頂的檀香木短橛。

剛杵飾頂的橛一般被視爲短橛，是眾多本尊神和護法神手中常持的器物。

　　大黑天神的眾多化身都手持巨形檀香木橛[109]，也均有具體的畫法。持橛大黑天神的一個化身手持一把飾有珠寶的巨型檀香木橛。從橛頂噴出一股烈焰，從橛底噴出一股洪水，與此同時，眾神和阿修羅大軍正在橛的中央處鏖戰。持橛大黑天神的另一個化身手持檀香木橛，橛底有一個三角形鐵金剛橛的橛身、一支滾花手柄、一根鏤空的橛桿，橛頂有一個火焰寶飾或多面珠寶飾。短橛鏤空的檀香木桿呈城堡[110]狀。城堡中的眾神和阿修羅大軍隨時準備被持橛大黑天神放出來參戰。這些「城堡」狀短橛畫成檀香木桿的鏤空結構，呈長方形剖面狀，橛身有幾個稍稍打開的孔道。孔道後面是眾神與阿修羅交戰或準備交戰的場所。該短橛有金剛橛飾頂，橛身的三面代表著斷滅「三毒」，而正在交戰的眾神和阿修羅大軍則代表斷滅另外兩毒「慢」（神）和「嫉」（阿修羅）。

　　大黑天神的另一個三聯神化身叫作「三大具善」[111]，其雙手揮舞著另一種形狀的長橛。這個錐形橛是用紅色檀香木的方剖面製成，頂部四角各有一個錐狀尖。短橛的長度與三大具善神的高度相同。他們以雙手揮舞，表明這些短橛是戰鬥武器而非權杖。在梵文中，「danda」一般指手杖，而「gada」一詞更具體地代表權杖。在藏文中，「dByug-pad」或「dByug-to」一般是指棍棒。更具體地說，「Beng」一詞用來描述大黑天神的短橛，而「Be-con」用來描述多聞天王的短橛。另一種用錐形的紅色檀香木製成的武器，常被錯認爲是短橛，其實是吉祥天女的拘鬼牌（參閱第191頁）。

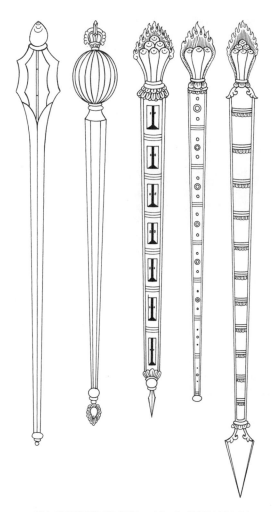

（左）珠寶飾頂的帶刃短橛；（左二）金剛飾頂的短橛；（右）三珠飾頂的短橛。

106.梵文：Hanuman，哈努曼，印度猴王名。

107.梵文：khadira，金合歡木，樹名。

108.梵文：chandan，紅色檀香木，樹名。

橫棒
(梵文：gandi；藏文：Gan-di)

「巫術棒」或「魔力棒」[112]是怒相護法神「寶帳怙主」[113]的獨特器物。由於大黑天神的這個化身被視爲游牧部族的帳篷，因此人們常誤認爲它來自中亞。但寶帳怙主最初是印度最大佛學機構那爛陀寺[114]的保護神，其名源自《金剛怙主密續》[115]。

木橫棒具有寺院鑼的功能，要用小木槌敲擊來召喚僧眾參加宗教課程或其他日常活動。木橫棒用一塊白檀香木或雪松木製成，約長六英尺（84－108指寬），寬六指、厚二指。在儀式上使用時，木橫棒既可以用繩子掛在木框上，也可以扛在肩上敲擊。據說，木橫棒發出的聲音可以恫嚇四魔，甚至早在釋迦牟尼在世時期就有使用的紀錄。

作爲武器，「魔棒」水平握持，橫放在寶帳怙主的兩隻主臂上。寶帳怙主被畫成「身強力壯的侏儒」[116]，呈蹲伏狀。從古印度戰爭中創新的軍事戰術來看，橫桿很可能是侏儒揮舞的武器。由於身體肌肉結實，短腿粗壯，侏儒象徵巨大的力量、穩定性和耐力，被視爲印度的夜叉[117]，即「侏儒精靈」。在早期印度教和佛教建築中，侏儒雕像常被畫成承托廟宇屋頂的橫梁或洞穴頂部。在戰爭中，侏儒勇士揮舞橫梁爲障，抵擋敵人的馬蹄和馬腿。

109.藏文：Tsan-dab-kyi beng-chen，巨形檀香木橛。

110.藏文：rDzong，城堡。

111.藏文：Legs-ldan-mched-gsum，三大具善，大自在天的異名。

112.藏文：'Phurl-gyi gan-di，巫術棒或魔力棒。

113.梵文：Panjara Mahakala；藏文：Gur mGon-po，寶帳怙主，密宗一智尊所現護法神，神名。

114.梵文：Nalanda，那爛陀，古印度摩揭陀國王舍城東的著名寺院，在今印度比哈爾地方，經歷代國王擴建，成爲古印度規模宏大的佛教寺院和佛教最高學府。全寺分八個大院。中國玄奘、義淨等人也曾來此地就學多年。十二世紀被毀。

115.梵文：*Vajra Panjara Tantra*，《金剛怙主密續》，經文名。

116.藏文：Mi'u-thung gel-ba，身強力壯的侏儒。

117.梵文：yaksha，藏文：gNod-sbyin，夜叉，漢譯「捷疾鬼」。佛教八部眾之一，以毗沙門天的眷屬身份守護北方。一說該夜叉與羅刹同爲傷害人畜的惡鬼。

大黑天神的橫棒。

118. 梵文：Yama；藏文：gShin-rje，閻王，亦稱「焰摩天」，密教作閻魔王。十二天之一。其圖像則與閻魔王不同。乘水牛，左手持人頭幢，專修延壽、消災的焰摩天法。

119. 梵文：Citipati，屍陀林主，屍林的看護者。

120. 藏文：Gying-ba thod，骷髏。

寶帳怙主的橫棒畫成一個沉重的方形紅檀香木橫梁，上有幾個城堡門道，把眾神和阿修羅的聯軍遮擋起來。橫梁兩端是兩個對稱的沉重金鈕飾；傳統上，飾鈕形似鑲嵌蓮花的珠寶、金剛杵或漩渦狀的摩羯尾圖案。

骷髏棒
（梵文：kapala-danda, munda-danda；藏文：Thod-dbyug）

骷髏棒是眾多神靈右手「方法」所持器物，象徵終止或業力的「死亡」，以及萬象皆空。作為武器，可恫嚇所有惡魔並降伏「三界」中一切邪惡的精怪。骷髏棒源自有骷髏飾頂的手杖或骷髏派信徒的天杖，其基本形狀為一根細長的錐形紅色檀香木桿或骨桿，桿頂結著一個乾枯的白色骷髏頭。骷髏頭頭頂上裝有一個珠寶飾或半截金剛杵飾。桿底有一個更小的珠寶或半截金剛杵飾。棒子的上半部一般繫有一條飄拂的白絲帶。

骨架棒
（梵文：kindara-danda；藏文：Keng-rus-kyi dbyug-pa）

骨架棒比骷髏棒更可怕、更令人感到淒涼，是骷髏棒的一種。在眾多怒相護法神中，如閻王[118]、怖畏金剛和屍陀林主[119]的右手上都繪有此棒。與骷髏棒一樣，骨架棒源自骷髏派信徒的天杖，最初是把人的骷髏頭插在脛骨或大腿骨上製成。而這又是源自早期濕婆教的天杖，是濕婆所持的一種武器，以床架做成。

骨架的上半部用人的骷髏頭和人骨架的脊椎、肋骨和骨盆製成。較低的手柄是用脊椎骨的尾骨製成，有時用與固定樣式的腿骨製成。「齜牙咧嘴」或「傲慢自大」骷髏[120]的底部常用一塊

骷髏棒。

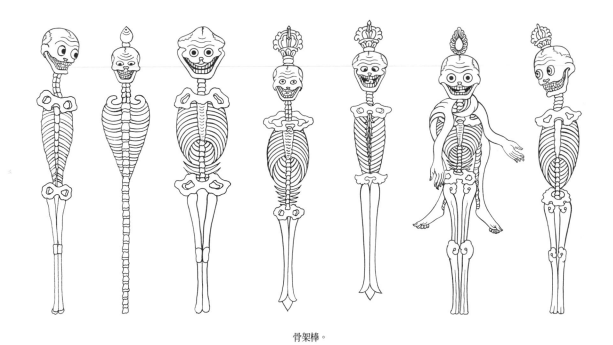

骨架棒。

珠寶或一段半截金剛杵為飾。骨架一定要畫成無臂骨狀。有時，從屍體剝下的皮可以製成披風繫在骨架的頸部。

　　骷髏棒或骨架棒更為簡約的形式是一顆骷髏頭插在一根脊椎桿，其中包括膀骨和脖骨。閻王有時也畫成手持骷髏棒的樣子，骷髏棒由十三根椎骨製成。「十三」這個數字與佛塔的十三個傘輪相符，而佛塔就是須彌山的「脊骨」。骷髏最恐怖的形狀是雙睛吊掛在空空的眼窩上，也可能嘴中噴焰、鼻中噴煙、眼窩噴血。

屍棒
（梵文：shava-danda；藏文：Ro-dbyug, Zhing-dbyug）

　　獨髻母、黑忿怒空行母[121]和化身為「瘟疫女神」的天母這些呈特別怒相之神的右手都揮舞屍棒。她們用這個武器摧毀一切對佛教教義有害之敵的生命，始終完全控制著各類精怪，特別是那些引發瘟疫和疾病的惡魔或妖女[122]。

121.藏文：Thro-ma-nag-mo，黑忿怒空行母，女神名。屬菩薩類，為單身坐像。

122.藏文：Ma-mo，妖女或魔女。

屍棒。

123.藏文：gSal-shing，長木棍。

124.原文：Vlad the Impaler，插棍者。

125.原文：Catholic Inquisition，羅馬天主教教會法庭，尤指中世紀或現代早期的羅馬天主教教會法庭，其主要目的在於揭露、懲辦及放逐異端。

屍棒可以用瀕死狀態的硬直僵屍、木乃伊狀的屍體或剝了皮的風乾屍體製成。某些精靈，如起屍鬼或還魂鬼，可能高舉著一具孩子的屍體或呈朱砂紅色的屍體。將舞動僵直的屍棒當作武器時，可以握住屍體伸開的雙臂、雙腿或頭顱當作手柄。

弗戈
（藏文：gSal-shing dbyug-pa）

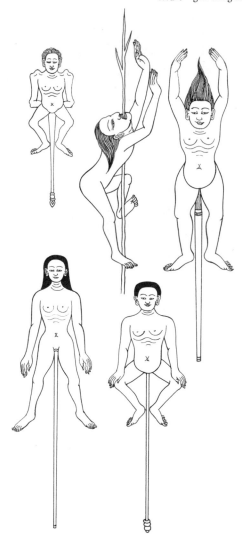

弗戈。

插在長木棍[123]上的人屍是屍棒的另一種形式，木棍貫穿受害者的肛門。這種令人恐怖的殘害通常是戰後勝者羞辱敗者最常見的懲罰形式。「插棍者」[124]或許是歷史上這種殘害形式最著名的受害者。羅馬天主教教會法庭[125]在審問犯有雞姦罪或性行為放縱者時，也使用這種令人毛骨悚然的作法。在中世紀的印度，插桿致死也用於某些人祭儀式中。

作為手持器物，插在棍上的屍體常被視為罪犯的屍體，象徵萬物皆空。怖畏金剛的「智慧」左手之一握著一具插在棍上的屍體。這還有另一層的象徵意義，即：不管修持者的「惑」有多大，修怖畏金剛一定能消除一切惡業，甚至最頑固罪犯的惡業。在內在的層次上，棍貫穿肛門直到頭頂象徵密宗修習的「圓滿次第」[126]。此時，氣[127]進入、停留並融入中脈，使「屍體」的自我得以解脫。

屍體通常被畫成雙腿叉開，棍從肛門穿過。女屍十分罕見。如果是女屍，棍便貫穿陰道。屍體的雙手銬在背後，有時也會看到棍從心臟、口或頭頂穿出。

叉棒
（藏文：lDem-shing）

作為手持器物，叉棒最常出現在苯教神靈的手中。在早期藏傳佛教藝術中是難得一見，但在繪畫中，有時可在敬獻怒相神的「成組供物」[128]中各式各樣的武器行列，見到其蹤跡。

叉棒是一種簡單武器，用削尖或燒硬的硬木枝製成，有時把鹿角插在桿上製成。作為武器，叉棒一般畫成三尖或五尖。藏族土地神[129]的右手握著一支三尖叉棒。藏族藝術家格戈喇嘛[130]把叉棒畫成用乾毒木製成的木叉。傳統上，藏族武僧[131]用叉狀樹控制宗教集會上的群眾。

板斧
（梵文：parashu, kuthara, kulisha；藏文：dGra-sta, sTa-re）

板斧既是砍伐工具，又是戰鬥武器。在古印度戰爭中，鋒利的戰斧是進行劈殺的主要武器之一。沉重的鐵斧斧身可以製成多種形狀，從傳統伐木者扁平、「斧柄帶孔」的板斧，到帶有鋒利烏鴉嘴鎬和插在沉重木棒上的月牙斧不等。

藏文對戰斧的描述說明它是比印度原型更為溫和的武器。月牙形藏式斧的斧身外形與怒相神「鉞刀」或彎刀的刀身相似。斧身同樣用一個摩羯張開的大嘴或一個葉狀金座固定在斧的接點處。斧頭接點的頂部和後背通常有兩個半截金剛杵飾，象徵不可摧毀的「金剛」特質。板斧的錐形手柄以紅檀香木製成，底部有一小塊珠寶飾或半截金剛杵飾，桿的上半部繫有一塊打結的絲帶。

作為右手「方法」所握持的武器，板斧象徵斷滅心中一切的謬見和謬念；斬斷生死，斬斷根幹。藏文「dGra-sta」一詞則有「敵斧」的意思，暗指要用這種武器砍下令人深惡痛絕的惡魔和佛法怨敵的頭顱。

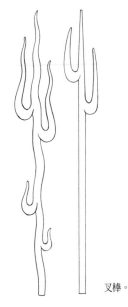

叉棒。

126.藏文：bsKyed-rim，圓滿次第，為求淨治四生習氣，解脫凡庸見、聞、覺之縛，現見本尊、真言、智慧本性而修習之瑜伽。

127.藏文：rLung，氣。

128.藏文：rGyan-thogs，成組供物。

129.藏文：Sa-bdag或Khyim-nang-lha，土地神或家神。

130.原文：Gega Lama，格戈喇嘛（1931年－1996年），出生在西藏東部仁欽嶺的一個小村。八歲時開始師從仲澤喇嘛學習藏族書法。1947年，他師從頗受尊敬的繪畫大師唐拉‧次旺。二十二歲時成名，也是藏族噶爾智畫派大師。

131.藏文：lDab-ldob，武僧。

板斧。

鐵錘

（梵文：mudgara；藏文：Tho-ba）

　　鐵製「金剛錘」是右手「方法」所持的武器，象徵砸碎邪惡本性，尤其是貪、嗔、癡「三毒」。鐵錘可以與金剛杵搭配使用。用鐵錘將金剛杵釘進邪惡精怪的模擬像中，也可以把一組金剛杵釘在地上形成壇城或寺廟建築的保護圈。

　　錘頭一般以鑄鐵或陨鐵製成，但為了某些神靈或出於某種儀禮目的也可能以青銅、銀或金製作。錘頭形狀像金剛鈴，顏色為深黑色，意味以鐵製成。金剛錘接點的形狀可為圓形或方形，其頂部和背部無一例外都有兩個半截金剛杵飾，錐形錘柄用紅檀香木製成。與板斧一樣，其手柄底部有一個小珠寶飾或半截金剛杵飾，斧桿上半部也繫有一條打結的絲帶。

132.梵文：Vajrasadhu；藏文：Dam-chen-rdo-rje-legs-pa，善金剛神，神名。

133.藏文：mGar-ba-nag-po，黑鐵匠。

134.藏文：Dam-can，誓言。

鑄錘 （藏文：Khro-chu'i tho-ba）

風囊 （梵文：bhastra；藏文：Sbud-pa）

　　鑄錘和風囊是善金剛神[132]以「黑鐵匠」[133]化身示現時的特有手持器物。由於是奉行誓言[134]的世間護法，善金剛神的鐵錘表明他將粉碎一切違背誓言者和心靈齷齪之「敵」。他的鐵錘是用堅硬的鑄鐵製成，手柄上還有一個金剛杵飾，但通常畫成金黃色。

　　善金剛神左手揮舞風囊，他用這個「黑色」武器把所有怨敵和惡魔吹入塵埃之中。在傳統上，其皮風囊是用虎皮的上半部製成。這個部分的虎皮帶有兇殘的虎頭，從虎口齜出一個長噴嘴。將兩個半張虎皮固定在兩根捆在一起的木棒條或鐵棒條上，再把兩根棒條互壓就可以把氣從虎皮中吹出，使風囊運作。善金剛的風囊也可以用黑皮製成。

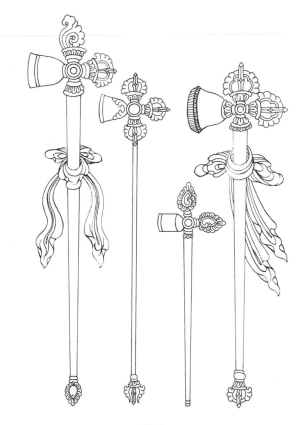

鐵錘。

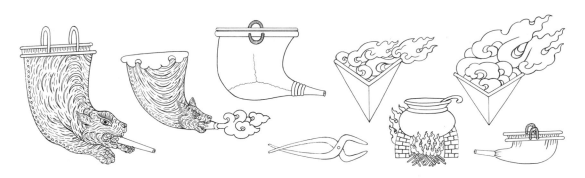

（左）虎皮風囊；（中和右角）皮風囊；（中下）鑄錘；（右）三角形火缽和爐子。

135.原文：mahout，馴象人。

136.梵文：tarjani，期克手印，具有威脅意思的手勢。

鐵鉤
（梵文：ankusha；藏文：lCags-kyu）

　　金剛鉤（或稱鐵象鉤）傳統上與套索搭配使用，是用於降伏的一對器具。金剛鉤源自馴象人[135]用來控制和馴化大象的鉤子。當鉤子刺中大象皮皺褶的敏感點時，大象會按照某種方式行事。人們認爲這些敏感點可能是古代針灸術的起源。作爲器物，鐵鉤是馴服所有「野象」的武器。在佛教中，「野象」被比喻爲未得到馴化的人心。在早期佛教中，大象鉤和套索分別被視爲「智慧」或「正見」、「意」或「念」的象徵物。

　　神靈的「方法」右手常常揮舞鐵鉤，其食指上翹，呈「期克手印」[136]。更可怖的畫法是將鐵鉤刺入怨敵的心臟，套索捆住怨敵

鐵鉤或刺象棒。

的脖頸和四肢。或許在黑色馬頭金剛的化身上，可以看到鐵鉤特性充分發揮的表現形式。在畫中，馬頭金剛揮舞著一個噴焰鐵鉤，食指威脅地往上翹，翹起的指尖上有一隻準備隨時螫人的黑色鐵蠍。上翹和彎曲的食指、蠍刺和鐵鉤這些象徵物，代表期克手印表達的是令人生畏的蓄意害人之意。

鐵鉤的鉤背與空行母的鉞刀刀背形狀相同，但鐵鉤畫得更明顯、更突出。摩羯張開的大嘴或金葉狀底座把鉤背與鉤的接點相連。接點的形狀可為圓形或方形，其頂部或背部通常飾有兩個半截金剛杵或珠寶。鐵鉤的錐形手柄用紅檀香木製成，與鐵斧和鐵錘一樣，其桿的底部有個小珠寶飾或半截金剛杵飾。桿的上半部繫有一段打結的絲帶。這種降伏鉤主要象徵控制或勾住一切惡業，把芸芸眾生推向或趕到解脫、免受輪迴之苦的方向上去。

套索
（梵文：pasha；藏文：Zhags-pa）

繩索通常握在某些神靈的「智慧」左手中，可以與右手握著的鐵鉤搭配使用。拋出套索的手一般呈期克印，其食指上翹，套索在指尖纏繞。套索兩端通常都有小鉤、鐵環、金環為飾，或用半截金剛杵或鉤、環為飾。

作為武器，套索代表捕捉或捆綁行動。和平的意義則是把智慧或覺識束縛在修持者心中。當與鐵鉤搭配使用時，套索代表「念」和「正見」的結合。其更恐怖的意義是捆住「命脈」和一切障魔的靜脈。從比喻上來看，套索先是索住「自我」，然後將其捆住，最後扼殺。這三種降伏活動分別代表佛教的戒、定、慧「三事」。

某些善相神的套索是用金、珠寶、繩、夜蓮花根或花朵製成。某些怒相神的套索則用繩、皮、雜色線、蛇、蠍、腸子、屍體的毛髮、火、電、風、水或太陽光線製成。套索也可染成某色，向外拉成直線或套馬索，也可以盤捲或存放在一個皮盒裏。

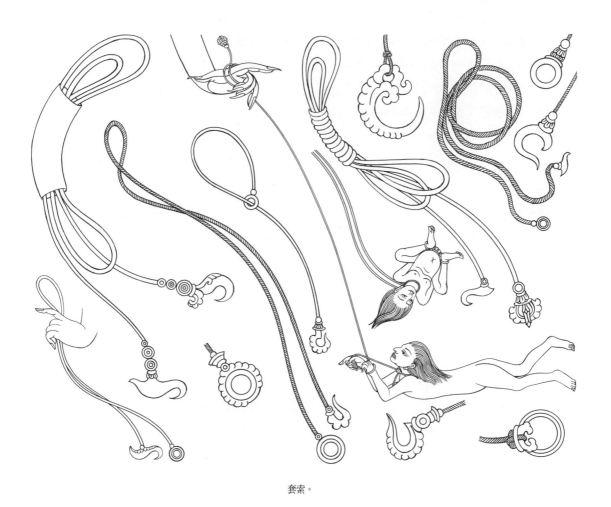

套索。

花蔓鉤（梵文：pushpankusha；藏文：Me-tog kyu）和花蔓索（梵文：pushpapasha；藏文：Me-tog zhags）

　　花蔓鉤和花蔓索是降伏（魔障的）女神紅度母以作明佛母化身示現時手持的器物。她手持一張花蔓弓、一支帶有紅色夜蓮花飾頂的箭、一根花蔓鉤和一朵夜蓮花（其根編成一根套索）。這些器物用白色蓮花、青色蓮花、芒果花、茉莉花和藍色夜蓮花製成，但一般都由小紅花葉組成。

　　人們召喚作明佛母進行降伏、催眠、迷惑和吸引等控制活動。她頗具誘惑力，其五支花蔓箭能引發人的五種激情，使人興奮、發

熱、失去意識、迷惑不清和癱瘓。她的花蔓鉤可觀想成鉤住有魅力的男子的心臟或頗富風韻的女子的陰道。而她的花蔓套可以套住男子的陰莖或女子的心臟。作明佛母的象徵意義十分豐富，有迷戀花蜜的蜜蜂或盈滿香味撲鼻甘露的紅色夜蓮花，也有花狀器物進行套、拉、鉤和刺的動作。

花蔓索和花蔓鉤。

蛇索
（梵文：nagapasha, sarpapasha；藏文：sBrul-zhags）

蛇索是羅睺羅、金翅鳥、吉祥天女和西方紅色廣目天王左手所持的器物。作為武器，蛇索被畫成一條盤捲狀的綠蛇或黑蛇，握在緊握的拳頭中，只有食指上翹，呈具有威脅性的期克手印。羅睺羅左手手持一隻毒蛇，蛇頭被畫成摩羯頭，纏在一個怨敵的身體上。這象徵對主要毒物「癡愚」的束縛。吉祥天女化現為「自在天女」[137]時揮舞著一條黑色蛇索，蛇索長九百九十噚，可以索住所有的怨敵和違背誓言者。有時，構成繩索的蛇被看作是大龍王之一，如：筏蘇枳。

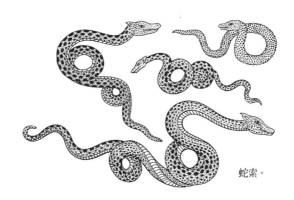

蛇索。

鐵鏈
（梵文：shrinkhala, sphota；藏文：lCags-sgrog）

鐵鏈是一種降伏器物。傳統上與套索、鐵鉤和金剛鈴構成四個一組的器物，用於降伏儀式中。護衛某些壇城（例如：財神度母壇城和手持紅矛、身騎藍馬的多聞天王的壇城）四門的四大怒相女神也揮舞這四件器物。四大女神分別是：◩東門的持鉤天女[138]；◪南門的持索天女[139]；◳西門的持鏈天女[140]；◴北門的持鈴天女[141]。

137. 藏文：Rang-byung rgyal-mo，自在天女，女神名。

138. 梵文：Ankhshi，持鉤天女。

139. 梵文：Pashi，持索天女。

140. 梵文：Sphota，持鏈天女。

141. 梵文：Ghanta，持鈴天女。

作為武器，時輪金剛的「智慧」左手之一揮舞著金剛鐵鏈，象徵他得以從「十二因緣」解脫。吉祥天女的腳踝戴著斷開的鐐銬，象徵她也斷開了「十二因緣」，並且在無拘無束的自由狀態下拋棄了輪迴和涅槃的終極之點。

鐵鏈也畫成一截纏枝鐵鏈或鐵環，兩端通常各有一段半截金剛杵飾，或是一段半截金剛杵與一個鐵鉤飾。鏈上畫有十二個鏈環，代表十二因緣。吉祥天女腳踝斷開的鐐銬有時畫成各有六個鏈環，象徵她已經克服十二因緣中的「因」、「果」順序。知識淵博的藏族大瑜伽師和「鐵橋建造者」[142] 湯東傑布[143] 右手也持有一截鐵鏈。湯東傑布在西藏和不丹各地修造了許多懸空鐵橋。

鐵鏈。

輪盤
（梵文：chakra；藏文：'Khor-lo, Be-rdo）

拋輪盤的作法可以追溯到吠陀時期（公元前1550年），當時稱作「毗濕奴輪盤」[144]。在早期的雕塑作品中，毗濕奴輪盤一般是六輻或八輻輪輻，但在繪畫藝術中，更常畫成發光的光圈，稱作「梵天輪」[145]，環繞在毗濕奴和其他眾多多臂印度教神靈的食指間。在這種情況下，輪盤是鐵環或是帶有尖利鐵邊的扁狀環，以現代飛碟或飛鏢的方式投擲。直到近期，在印度，沉重的鐵盤依然用來當作武器，外表可能與古希臘的奧林匹克鐵餅相差無幾。

「chakra」一詞有「輪」之意，在印度教和佛教中含義頗多，可以指：❶幾何圖形的護符[146]或壇城；❷體內神經叢或「脈輪」；❸戰車或大車的車輪；❹戰鬥隊形；❺一種恐怖的武器；❻佛陀教義的標識法輪；❼轉輪王的標識。「轉輪王」一詞既源自他所統治的廣袤「大地」，也源自毗濕奴掌心和腳底上的輪盤聖記。

作為有八輻輪的一種武器，輪盤被納進入早期印度佛教中，成為法輪，是不殺生[147]的絕對標識。輪與帶有八個金剛輪輻的鐵圈圓組合在一起，成為一種帶刃的武器。不論代表平和佛法的輪盤，

142.藏文：lCags zam-pa，鐵橋建造者。

143.藏文：Thang-stong-gyal-po，湯東傑布（1385年－1464年），西藏藏傳佛教噶舉派僧人，被奉為藏戲和鐵器工匠的鼻祖。

144.梵文：Sudarshana-chakra，毗濕奴輪盤。

145.梵文：brahma-chakra，梵天輪。

146.梵文：yantra，護符，印度教的一種幾何圖形。

147.梵文：ahimsa，不殺生，佛教十善之一。

各種形狀的六角或八角輪盤。

還是作爲武器的恐怖輪盤，所具有的象徵意義在神靈繪畫作品中常常是一模一樣的。兩者在繪畫作品中同樣代表佛陀對八方的統治，代表佛陀教義勝過「八正道」。

在金剛乘藝術中，輪盤一般畫成六角或八角鐵星狀，中心有一孔。與現今「功夫」片中的「擲星」形狀相同。作爲攻擊性的尖利武器，輪盤也可畫成「劍輪」[148]的形狀，有八片以上的劍身。在「惡魔攻擊」圖中畫有幾種劍輪的變體，其中，劍輪插在中軸桿上，呈噴焰輪狀。六角或八角輪盤由交叉的三角形或正方形組成，在降伏精怪或毀滅的恐怖活動中也當作武器使用。此時，輪盤可以當作「鐵獄」，堵住、限制和消滅狂暴的精靈。

148.梵文：khadgachakra；藏文：Ral-gri'i 'khor-lo，劍輪。

木杵

（梵文：musala；藏文：gTun-shing）

作爲器物，木杵最初是訖瑟吒之兄、印度教的巴拉巴瑪神[149]的武器。巴拉巴瑪神也叫「持杵者」[150]，因爲他手持一根杵狀棒。後來，杵變成濕婆教神靈的器物，同樣傳交給信奉濕婆教的金剛乘神靈手中；這些神靈與怖畏金剛、訖瑟吒閻魔女[151]和歡喜天關係密切。作爲右手「方法」所持的器物，怖畏金剛的木杵象徵記憶的恢復和覺識的專注。杵和臼的功能是把各種原料研磨成「一味」[152]。在象徵性意義上，這凸顯了味覺和重新記憶之間的關係，因爲嗅球[153]的鼻神經直通腦幹區，而腦幹區控制著無意識的直覺記憶和性欲。

在肖像畫法上，杵一般的形狀像一根骨頭，兩端各有一個圓形磨砂面，或是在錐形短手柄的底部有一個磨砂球，上端裝有一個半截金剛杵。在恐怖儀式上，生殖器形狀的杵具有極強的性象徵，此時，將一個噴焰金剛杵「敲」進臼的臼口，將一切惡敵碾碎並燒掉。

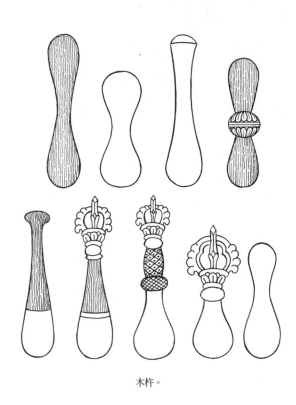

木杵。

火鉢

（梵文：agni-kunda；藏文：Me-thab）

在傳統上，泥製、石製或鐵製火鉢都畫成三角形的容器，用來盛放智慧火的火焰。除了倒三角形狀，也可以畫成插在有金剛杵飾頂的金屬桿上。有時，在其兩側各畫有一個小送料門。火鉢的三角形狀要符合可怕的護摩儀式中所用灶坑的強大火力。這種火供灶坑是用來毀滅「障」或精神障礙的。火鉢是太陽神派[154]二

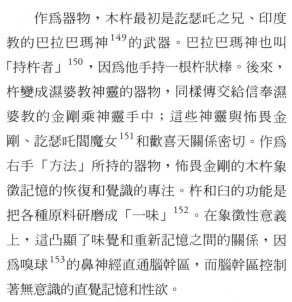

火鉢。

十一度母之一「斷苦」度母的器物。她把三角形火缽捧在胸前，象徵她有能力燒掉苦因。

怖畏金剛的「智慧」左手拿著一個三角形火缽，象徵萬象之本是「明光」。明光是最細微的覺識，在無上瑜伽密續圓滿次第階段才能實現。作為「萬象之本」，明光階段代表無論往火供灶坑中投入什麼，燃燒時的火焰都一樣，灰燼也完全相同。怖畏金剛較低的一隻左手拿著一截人腸，和火缽分別象徵「幻身」和「明光」的實現。

149.梵文：Balarama，巴拉巴瑪，神名。

150.梵文：Musali，持杵者。

151.梵文：Krishna-Yamari，訖瑟吒閻魔女，女魔名。

152.梵文：ekarasa，一味。如來教法的理趣，平等一味，一如海水具有同一的鹽味。

153.嗅球，嗅葉前的球狀突出部分，嗅神經終止於此。

火團
（藏文：Me-dpung）

手持或從掌心發出、燃燒的智慧火團[155]標識象徵最終斷滅癡、欲、嗔、慢、嫉「五毒」。火可以從神靈「智慧」左手的掌心發出，也可以纏繞在呈威脅性的期克手印上翹的食指間。像金剛橛神和馬頭金剛這些呈最怒相的神靈都會噴出帶焰「軍隊」[156]，象徵他們能摧毀「五障」。

火團。

火輪 （藏文：Me-'khor） 和風輪 （藏文：rLung-'khor）

噴焰火輪或旋轉風輪可從金剛杵或三股叉這樣恐怖的武器尖頂卸下作為器物，可以燒掉「五毒」障魔或把它們吹進灰燼當中。紅色摩羯閣羅[157]用這種摧毀方式，從其左手射出噴焰風輪，滅除了五種精神污穢的毒物。在摧毀怨敵城堡的象徵性儀式中，要使用七大神通輪[158]，即：石鏢輪、船輪、火輪、劍輪、風輪、金剛杵輪和箭輪。

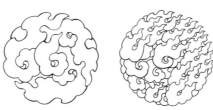

（左）風輪；（右）火輪。

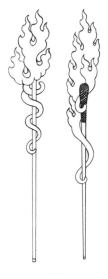

火把。

火把

（梵文：agnidanda, jvaladanda；藏文：Me-mgal）

伴隨某些怒相神的各類精怪中，有一些精怪也手持噴焰火把。火把形狀宛如正在燃燒的松柏枝或棕櫚枝狀，或是一根正在燃燒、尖端沾了焦油的棍或一根熾熱的熱鐵棒。火把象徵著毀滅行動和神聖火供的供火。在吠陀時期的印度，火供灶坑裏的聖火便是用兩根取自菩提樹[159]的木棍[160]摩擦生火點燃的。

在金剛乘的懷柔護摩儀式中，火把應該在一位大德或一位婆羅門的灶坑中點燃。在增長護摩儀式中，則應到貴族或寺院的廚房中取火。在息滅護摩儀式中，就必須到臭名昭著的妓女家中取火。在誅滅護摩儀式中，應到寡婦家的灶或鐵匠爐中點燃火把。

天網

（梵文：jala；藏文：Dra-ba）

天網是天神因陀羅的武器之一，用來套住或捆住敵人。在佛教中，「因陀羅網」[161]被畫成夜空的星辰，作用是比喻相互依存。怒相女神金剛獨髻母[162]將九「眼」網[163]披在背上。

惡魔軍隊的兵器

在藏族「佛陀十二業績」的系列唐卡中，第九業績描述佛陀釋迦牟尼如何降伏惡魔。這些惡魔被魔王招來以阻礙佛陀獲得圓滿。此時，佛陀在菩提樹下蒲團上結跏趺坐，右手向下呈觸地印，旨在召喚地神母[164]前來見證他的苦修。佛陀被惡魔大軍團團圍住，他們用許多恐怖武器恫嚇他。當武器向佛陀拋去、刺去和射去時，恐怖的武器神奇地變成了花朵，使佛陀閃閃發光的光輪更加美麗，熠熠生輝。

根據傳統，至少要畫出十幾個正在攻擊佛陀的凶殘惡魔。有些惡魔有身形有臉，有些惡魔則長有公牛頭、龍頭、獅頭、金翅鳥頭和摩羯頭。一個惡魔從臉上撕下面皮，露出醜陋的骷髏。還有一些

154. 梵文：Suryagupta，太陽神派，奉太陽為神的一個宗教派別。

155. 藏文：Ye-shes me-dpung，智慧火團。

156. 藏文：dPung，軍隊、大軍。

157. 梵文：Karma Yama，摩羯閻羅，閻羅名。

158. 藏文：'Phrul-'khor，神通輪。

159. 梵文：ashvatta 或 pippala，菩提樹。學名：Ficus religiosa。

160. 梵文：arani，木棍。

161. 梵文：indrajala，因陀羅網。

162. 梵文：Vajra-Remati，金剛獨髻母，女神名。

163. 藏文：Dra-ba mig-dgu，九眼網。

164. 梵文：Sthavara，地神母，女神名。

惡魔的腹部顯露出恐怖、浮腫的臉。其中幾個惡魔揮舞著劍、矛和弓箭等常規武器，而另一個惡魔揮舞著一根叉棒。一個惡魔把一塊巨石投向佛陀，另一個惡魔擲出太陽和月牙，還有一個投出須彌山。金翅鳥面的惡魔騎著一條龍，龍嘴裏噴出一股流星雨。另一個金翅鳥面的惡魔從口中吐出一群毒蛇，並揮舞一個有金剛杵頂飾、帶有噴焰劍的火輪。獅面惡魔將一盤滾燙的油倒在佛陀身上，其他幾個惡魔向佛陀拋去各種器械。惡魔準備將其中一個宛如噴焰鐵車的器械拋向佛陀。另一個器械形似火輪，上面有幾個正在旋轉的輪身，車底架上的滑輪驅動著輪身，而輪身轉動還可以從車上的水箱中抽出燃燒的焦油。「惡魔攻擊」圖的多種變體中，還有多種革新後的武器，如：疾病種子袋、咒語芥子包、熔鉛或正在燃燒的煤塊及戰鼓、號和鐃鈸。

《時輪金剛密續》詳細描述了與「野蠻人」交戰時使用的大型車輛和武器。根據預言，這場大戰將在公元2327年爆發。戰車、炮樓、金剛帳、石弩、火箭和劈刀、劍、羂戈等「砍殺器械」和風及大炮都在描述之列。許多戰爭機器與達文西[165]設計的機器驚人地相似。他所繪製的機械草圖比1027年《時輪金剛密續》傳入西藏要晚了四百多年。

165.原文：Leonardo da Vinci，達文西（1452年－1519年），意大利文藝復興時期的畫家、自然科學家、工程師。作為繪畫大師，他的代表作《最後晚餐》和《蒙娜麗莎》使當時繪畫的表現水平發展到一個新階段。他在軍事、水利、土木、機械工程等方面也有許多重要的設想和發現。

火輪圍攻器。

第十章
吉祥天母的五種神器

　　吉祥天母有五種「神器」，這些武器也是伴隨吉祥天母的許多小神靈和精怪眷屬的器物，神器中的前四個分別是疾病種子袋、紅咒語包、黑白骰子和魔線球，分別掛在吉祥天母騾鞍上裝飾的小毒蛇身上。第五種神器是拘鬼牌，別在其腰部的蛇皮帶上。

疾病種子袋
（藏文：Nad-kyi rkyal-pa）

疾病種子袋。

　　疾病種子袋是印度早期細菌戰中使用的一種武器。在當時，人們可以把一皮口袋傳染病病菌投入一座圍城的城池或用來污染水源。公元1346年，蒙古人在圍攻黑海沿岸的卡法[1]城時曾運用過這一戰術，讓整座城市淪為廢墟。當可怕的瘟疫造成圍攻的蒙古人大量死亡之時，蒙古指揮官命令將屍體扔進城牆內。疾病在城內開始蔓延，熱那亞[2]商船於是逃到歐洲南部的地中海港口。在後來的四年裏，這場瘟疫蔓延到整個西歐，成為眾人皆知的「黑熱病」，

至少有四分之一的歐洲人死於這場腺鼠疫。這是蒙古人贈送的臨別禮物，更是歐洲史上最大的一次劫難。

作為吉祥天母的第一件神器，疾病種子袋由一個人胃、一張剛剛剝下的肉色人皮或一具乾癟的綠色人屍組成。疾病種子袋裏，塞有人體組織和人體器官；這些人都是死於鼠疫、水腫、麻風、天花、肝炎、霍亂、痢疾、血液和腦部疾病這些毒性最強的傳染性疾病。在傳統上，疾病種子袋畫成一小張膨脹的人皮，脖頸上纏有無骨架的四肢，並在頸後及背後打成結。一條蛇纏繞在屍體的脖頸上，蛇身上還掛有一對骰子。吉祥天母用這個神器向佛法的邪惡怨敵傳播瘟疫。

根據傳說，吉祥天母是從其母那裏獲得疾病種子袋和拘鬼牌，來降伏龍眾和眾神。其他幾個施疾鬼女[3]則拿著瘟疫和細菌種子皮袋。這些疾病種子袋盈滿染病的血液、麻風病菌或閃電和冰雹。

紅咒語包
（藏文：Byad-dmar-gyi khres-po）

吉祥天母身背紅咒語包，發出的咒語具有束縛力，還向佛法之敵發出致命的咒語。她的第二種神器通常畫成長方形的藏經狀，經文紙邊染成紅色，夾在兩塊紅色經板之間。紅咒語包要用一塊紅布包好，並用紅帶子捆紮。紅咒語包也可畫成一組紅色卷軸。

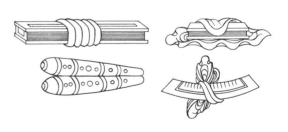

成捆的紅咒語包。

黑白骰子
（藏文：Sho-rde'u dkar-nag）

吉祥天女鞍具前面的蛇形轡具上掛著一對用線串起的占卜骰子，一般與疾病種子袋和成捆的紅咒語包成組出現。骰子呈黑白兩色，白色骰子上有黑點，放在上面，黑色骰子上有白點，放在下面。根據傳說，吉祥天母有眾多化身。她以其中一個化身從她會擲

3.藏文：Ma-mo，施疾鬼女，惡魔名。

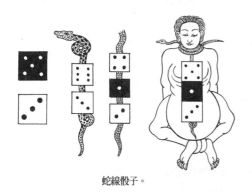

蛇線骰子。

骰子的人類伴偶那裏獲得了這些骰子。吉祥天母用這個「神器」或占卜骰子能決定任何情況下業報的結局。白色骰子正面最大的數點是「6」，而黑色骰子上最小的數點為「1」，代表她對業報的判斷和懲罰的範圍之廣。

在藏族骰子卜筮[4]的各種體系中，一般要用三枚骰子。三枚骰子就可以給出數字3至數字18之間一系列的數字組合。有時，在吉祥天母肖像畫中也繪有這三枚骰子。

吉祥天女的黑白骰子與《舊約全書》[5]所述的所羅門神廟大祭司金色胸飾上的黑白占卜石，或許存在著令人頗感興趣的相似性。這兩塊石頭分別叫作「土明」[6]和「烏陵」[7]，源自巴比倫，是向世人詮釋上帝意志的唯一神示中介物。所羅門神廟大祭司鏡狀的金色胸飾與西藏降神師佩戴在胸部的占卜鏡，或許也十分相似。

4.藏文：Mo，卜筮，用以占卜吉凶禍福的迷信工具及其活動。

5.原文：*Old Testament*，《舊約全書》，基督教《聖經》的第一部分。是《舊約聖經》裝訂成冊時在中國所使用的名稱。

6.原文：Thummin，土明，源自巴比倫的一塊卜石。

7.原文：Urim，烏陵，源自巴比倫的一塊卜石。

8.梵文：rakshabandha，驅鬼線。

9.梵文：Guru Purnima，滿月大師。

10.梵文：purnima，滿月。

魔線球
（藏文：mTshon-gyi gru-gu）

多色線球是用五色彩線編成或纏成的，掛在吉祥天母鞍具後面的蛇形帶上。繪製這個魔線球象徵著一切恐怖武器、神力或咒語的本源。有了這件武器，吉祥天母可以用降伏和毀滅的咒語束縛所有邪惡之敵。

在印度教的傳統中，某些宗教節日上也要使用彩線，稱作「驅鬼線」[8]。其中最盛行的一個節日要在雨季開始前舉行。此時，姐妹們要將護身線繫在其兄弟的手腕上，以換得一小筆的錢財作為禮物。另一個重要的節日是滿月大師節[9]，在雨季的第一個滿月[10]時舉行。在此期間，大師受到尊敬，人們會給大師的弟子們護身線。傳統上，可以給白線、紅線、黃線或黑線，這四種顏色最初是對應到印度教的四大種

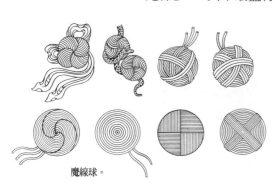

魔線球。

姓。另一組陰曆節日稱作「第五節」[11]，其意為在某月陰曆五日舉行的節日。春季的「第五節」稱作「武器供奉節」[12]，在節日期間，法器、武器和工具都是供奉的對象。傳統上，舉行「第五節」的儀式時，要使用五色彩線球確保邪惡精靈無法得到這些武器。在印度教中，數字「5」[13]對濕婆和天母神們尤為神聖。而梵文「raksha」一詞有「保護」之意，特別是避免受到邪惡精靈的侵襲，通常用作免受惡魔侵襲的梵文護符和咒語。例如：牛糞燃燒後的聖灰「vibhuti」源自五頭不同顏色的母牛；「護身聖灰」「raksha-vibhuti」源自雜色牛的糞便，在抵禦邪惡精靈方面尤為靈驗。現代印度的雜色線球是用很長的棉繩紡成，棉繩按白、黃、紅、綠、藍順序染成，間隔為一拃。

藏族的護身線戴在脖子或胳膊上，最常用紅線製成，並在中間打個簡單的吉祥結。五彩線常常出於具體護身的目的而編在一起，或是纏在星相護身符上，以保護佩戴者免受心懷叵測之星界精怪的傷害。五彩線用在某些金剛乘的加持儀式上。在召喚五佛部的智慧神時，要將線纏繞在主持儀式大師的金剛杵鈴上。在製作複雜的靈器時也會使用彩色線。靈器是神靈的暫居地或是對付心懷叵測的精靈的陷阱。（參閱第249頁）

吉祥天母的魔線球可以用多種方式繪製，其中有用混雜色線織成的球、四瓣色球，還有「喜旋」狀的同心弧形球，上面有三個或四個旋轉部分。

拘鬼牌
（藏文：bDud-kyi khram-bam）

吉祥天女的第五種武器是拘鬼牌，是別在她蛇形腰帶上的一根紅檀香木長杖。這個「鱗文板」[14]上刻有幾個十字格或方格，用來乞靈和抵擋誹謗或咒語。從其詞源就可以看出這件武器的複雜性，藏文「Khram」一詞有多層含義，其中之一是「說謊者」、「違背誓願者」、「罪犯」或「陰險狡猾之人」。另外還指用於巫術或降神術中的神祕圖形、十字線或刻在木頭上的刻痕及方格。藏文

11. 梵文：panchami，第五節。

12. 梵文：ayudhapuja，武器供奉節。

13. 梵文：panch，數字5。

14. 藏文：Khram-shing，鱗文板，宗教儀式中拘召鬼神的木牌，面上刻有格子花紋。

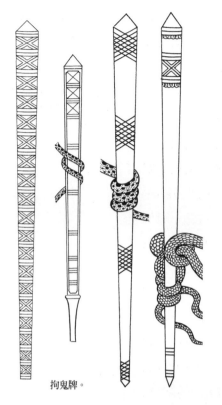

拘鬼牌。

「Khram-shing」一詞則是指把將要遭到鞭撻的罪犯鎖銬住的木板。藏文「bam」一詞也有很多含義，其字面意思是「集在一起形成系列」，因此藏文「Khram-bam」一詞指的是符木[15]。另外，「bam」一詞也意味著「腐爛」或「正在腐爛」，由此藏文「Bam-ril」指的是一具新鮮、完整的人屍。至於藏文「Bam-ro」一詞則指遭謀殺致死的佛教怨敵的手捏模擬像。

吉祥天母用這個神奇武器，記錄懲罰那些違背誓言者和與佛法不共戴天之敵的次數。她對這些敵人發出懲戒性的咒語，並破除巫師施加在其信徒身上的邪惡咒語。懲罰這些人時，她將拘鬼牌投向敢於冒犯她的惡魔，擊碎惡魔的頭蓋骨，可怕的咒語立即生效。

內貝斯基－沃傑科維茨在其著作《西藏的鬼怪神靈》中指出，在西藏，符木是用來記錄交易協定細節的工具，出現在利於文字記載的藏文字母傳入之前。在許多古代文化中，也可以看到協議雙方之間類似交易抵押的東西，其中使用「以石為記」、「誓約所限」、「即買即賣」等字眼。他還提到符木兩個重要的變體，一為黑色，一為黃色，上面都有七個、九個或十三個紅方格。各種精靈和一些小神，如「死主」[16]、羅剎鬼[17]、鬼女和「贊」神[18]，構成了最怒相神的隨從，揮舞著這些神器。當用鱗文板砍殺敵人之時，方格的數量應與受害者的年齡相符。

吉祥天母邪惡的拘鬼牌通常畫成一根紅色檀香木杖，飾有錐形或方形結頂，頂部呈金字塔狀。木杆上面的方格圖案則畫成金黃、深紅或黑色的十字或方格圖案，有時也畫成用幾何圖線或交叉線構成的神祕標識。

15.符木，通常為方木條或木棍，上面刻以表示數的標記。

16.藏文：gShin-rje，死主，一切死的統稱。佛書譯為「閻羅王」。

17.藏文：Srin-po，羅剎鬼，鬼名。

18.藏文：bTsan，厲鬼、妖精，藏文音譯「贊」。

第十一章
恐怖的替代物和供物

1.梵文：Shatarupa，娑塔如巴，濕婆之女。

2.梵文：Bhairava，羅縛。

3.梵文：chatur-mukha，四面神。

4.梵文：asta-karna，八耳神。

5.梵文：Vedas，《四吠陀》，婆羅門教的根本經典。指《梨俱吠陀》(*Rig-veda*)、《夜柔吠陀》(*Yajur-veda*)、《娑摩吠陀》(*Sama-veda*)、《阿闥婆吠陀》(*Atharva-veda*)。

6.梵文：yugas，四劫，這個世界要經過成、住、壞、空四種變遷的相狀。佛教把一劫分為四個階段：**1**成劫；**2**住劫；**3**壞劫；**4**空劫。

梵天頭
(梵文：brahmashiras, brahmamukha；藏文：Tshangs-pa'i mgo-bo)

　　印度創生之神梵天被砍下的四面人頭最初是濕婆的器物，後來進入了金剛乘肖像畫法中，成為與濕婆有關之神靈，如：轉輪王、怖畏金剛和時輪金剛的器物。梵天最初長有五頭，其中四顆朝四個方向，第五顆仰天朝上。梵天在貪戀濕婆之女娑塔如巴[1]時長出了這些頭。娑塔如巴在梵天的四周和頭頂上方躲避，以避開他誘惑的目光。一天，梵天犯下了侮辱濕婆的大錯，在盛怒中，濕婆幻現成可怕的羅縛[2]，並用左拇指的指甲割下了梵天朝上的那顆頭顱，由此，梵天有時也稱作「四面神」[3]或「八耳神」[4]。另一個傳說講述濕婆後來如何砍下梵天餘下的四顆頭以懲罰他對自己的親生女兒的不斷勾引。作為濕婆的手持器物，這顆紅色或黃色的四面梵天頭象徵著《四吠陀》[5]、四劫[6]、印度的四大種姓和四大方位。

　　作為佛教神靈「智慧」左手所持的

四面梵天頭：（左）長有鬍鬚的四面梵天頭；（右）長有菩薩冠的四面梵天頭。

器物，四面梵天頭既象徵斷滅一切概念化的行動，也象徵通過慈、悲、喜、舍「四無量心」求得利他主義。「四無量心」也稱作「梵天聖廟」[7]，該詞可能源自專門供奉濕婆的印度四大古廟[8]。現在，印度僅存一座梵天聖廟，坐落在拉賈斯坦[9]普沙喀爾[10]的聖湖邊。

在金剛乘肖像畫法中，本尊神的「智慧」左手通常都握有梵天頭，用手揪著梵天頭高高攏起的盤髮，就可以使之來回搖擺。他的四張黃臉上畫有灰色鬍鬚，其髮際間飾有花朵，但在某些藏族仿造品上，梵天頭上沒有鬍鬚，頭戴菩薩像裝飾的珠寶天冠。

砍下的人頭
（梵文：chinnamunda, shiras；藏文：mGo-bo）

某些怒相神手持血淋淋的人頭作爲器物，象徵斷滅一切抽象和有形的概念。割下的人頭也可以當作惡魔頭[11]，象徵砍死魔敵或斷滅誘惑。時輪金剛的恐怖化身金剛力士，用左、右兩隻「輔手」拿著一顆惡魔頭和一只盈滿惡魔血的嘎布拉碗。

割下的人頭爲男性人頭，因爲獻祭者多爲男性。雖然人頭畫成滴著鮮血的樣子，在藏族藝術中很少畫有鮮血。在印度密宗藝術中，鮮血卻是清晰可見，尤其在時母[12]、度母、遮文荼[13]和突迦[14]這樣的怒相大無明[15]母神[16]身上。此時，祭祀人頭代表獻祭者自我的消亡。作爲器物，這些女神佩戴用新近割下的八顆人頭編織的花環，代表斷滅利、衰、毀、譽、稱、譏、苦、樂「世間八法」[17]。

人頭花環和骷髏花環
（梵文：mundamala, kapalamala；藏文：dbu-bcad-ma 'phreng-ba）

眾多半怒相和怒相本尊神及護法神，都戴有用五十或五十一顆割下的人頭或骷髏頭編織而成的長花環。人頭項鏈或花環主要代表「色」的陽性，骷髏項鏈[18]代表「空」的陰性。儘管沒有明確的規定限制神和女神各自應戴什麼器物，但人頭花環主要用於男神，而骷髏花環則用於女神。而某些神靈是既戴人頭花環又戴乾枯的骷髏花環。

7. 梵文：brahmavihara，梵天聖廟。

8. 梵文：vihara，古廟。

9. 梵文：Rajasthan，拉賈斯坦，地名。

10. 梵文：Pushkar，普沙喀爾，地名。

11. 藏文：bDud-kyi-mgo-bo，惡魔頭。

12. 梵文：Kali，時母，音譯「迦利」，意為「黑色女神」。印度教女神。雪山神女十大化身之一，濕婆的妻子。相對獨立的女神──殘殺和毀滅女神。

13. 梵文：Chamunda，遮文荼，邪惡精靈，經常召喚死者來砍殺敵人。

14. 梵文：Durga，突迦，濕婆的妻子。

15. 梵文：mahavidya，大無明。無明亦稱「癡」、「愚癡」。佛教名詞，「十二因緣」之一；「三毒之一」；「根本煩惱之一」，泛指無智、愚昧，特指不懂佛教道理的世俗認知。

16. 梵文：matrika，母神。

17. 藏文：Chos-brgyad，世間八法，亦稱「世間八風」：1 利；2 衰；3 毀；4 譽；5 稱；6 譏；7 苦；8 樂。

18. 梵文：kapalamala；藏文：Mi-mgo skam-po'i phreng-ba，骷髏項鏈。

割下人頭製成的人頭花環和骷髏花環，串在腸子上的人頭和串在屍體頭髮上的骷髏。左花環裏面，有一串花蔓花環及怒相男神的虎皮圍腰。右花環裏面，有一串蛇形花環及怒相女神的豹皮圍腰。

19.藏文：Shi-skra，屍體。

　　新割的人頭花環一般用盤繞的人腸串成，人頭代表「色」，腸子代表萬象的虛幻本質。人頭都是男性獻祭者的頭，滴著鮮血。骷髏花環一般是用屍體[19]上纏結的頭髮所串成。骷髏代表空性，屍體的頭髮代表「無我」或概念化行動的「滅失」。骷髏可以畫成乾、濕和滴血三種，但是在藝術表現形式上，這三類骷髏並沒有視覺上的差異。

　　五十一顆人頭串成的花環或骷髏頭花環代表「語」的淨化，因為花環掛在神靈的喉輪之上。而花環中的五十顆人頭或骷髏則代表梵文中的十六個元音和三十四個輔音。神靈冠輪上的五骷髏寶冠同樣代表神的「身」，象徵曬乾或斷滅人的「五蘊」。神靈心部的八輻骨輪象徵「八識」和發自心輪的八大脈道，代表神靈的「意」。

　　十六個「白色元音」和三十四個「紅色輔音」構成了代表「語」的念珠，在梵文中分別稱作「ali」和「kali」。在許多觀修儀式中，這些元音和輔音分別按順時針和逆時針的方向排成圈，以淨化「語」。在內修瑜伽時，這些字母應對應至融入體內脈道並在脈道中流動的紅、白菩提心露。在這個方面，作爲神靈最精妙的化身，它們代表咒語。

當神被畫成戴有用五十顆人頭或骷髏頭串成的花環時，這象徵「五十一心所」[20]的淨化。「五十一心所」是五十一種方法，其中「覺識」就是所見的現象，在佛教早期的《阿毗達磨藏》[21]經文中已列了出來並有所描述。「五十一心所」與無著[22]早期的唯識派[23]相符，而其弟世親[24]在瑜伽行派[25]中僅列出了四十六心所。

斷臂 (藏文：Lag-pa) 與斷腿 (藏文：rKang-pa)

在繪製屍陀林主的畫上常繪有被肢解的軀體，如：人體器官、感官器官、腸子和砍下的四肢。這些被肢解的部位都有不同層面的象徵意義。在描述某些特別的怒相神壇城的周邊環境時，這些被肢解的東西都派上了用場。如：一堆顫抖的肉代表「癡」，泛有微光的血海代表「貪」，而一堆閃亮的骨頭代表「嗔」。

在勇士神、閻魔和大黑天神等怒相神的隨從中，許多精怪都持有人體的不同部分。怖畏金剛的三隻左手握有兩根斷臂和一條斷腿。其中一隻胳膊畫有右前臂和手，四根手指伸出。這象徵修懷業、增業、息業、誅業密宗「四業」時，其右手的靈活性。怖畏金剛手握的第二隻手是一隻左前臂。在手臂上，手的食指上翹，呈恫嚇的期克手印，象徵他的憤怒及恫嚇所有「邪惡」（左手的）魔敵。砍下的小腿和腳象徵他能迅速地率領芸芸眾生踏上頓悟之路，也象徵他允許修持者進入佛門。

砍斷的腿和手臂，右圖手臂上有兩隻手，結期克手印。

小腸
(梵文：antra；藏文：rGyu-ma)

伴隨怒相神一個常見的圖案是纏捲的幾截小腸，在屍林裏被肢解的屍體及恐怖供物[26]上垂懸的皮圍帳，都可以看到，同時也是將怒相神頸上人頭花環串起的細繩。腸子代表萬象固有存在的無實相的實現。在象徵意義上，這與腸子能消化各種美味佳肴並將其變成

20.梵文：chaitasika；藏文：Sems-byung，五十一心所，自力能見各自對境事物特殊屬性之性所生法。

21.梵文：abhidharma，《阿毗達磨藏》，佛教經、律、論「三藏」中的「論藏」。

22.梵文：Asanga，無著（約公元四、五世紀）。古印度大乘佛教瑜伽行派創始人之一。據稱從彌勒菩薩受大乘空觀，研習《瑜伽師地論》，盡領解其義。著作很多，主要有《攝大乘論》、《金剛般若盡論》等。

23.梵文：Chittamatra，唯識派。此派承認萬法皆為識變，只有內識而無外境，執識是勝義實有。

24.梵文：Vasubhandu，世親（約公元四、五世紀），古印度大乘佛教瑜伽行牌創始人之一。無著之弟。據稱他遍通小乘十八部教義。後廣著大乘論書，解釋《華嚴經》、《法華經》、《般若經》等大乘經。

25.梵文：Vaibhashika，瑜伽行派，大乘佛教重要的唯心學派。此派抨擊上座部佛教的徹底現實論和大乘佛教中觀學派的務實假設現實論。

26.藏文：rGyan-tshogs，恐怖供物。

成卷的腸子。

糞便的能力一致。當內臟放在盈滿鮮血的嘎布拉碗裏時，腸子可能代表著相對和絕對真理的結合，或在更深層的密宗意義上，代表著幻身（內臟）生成於明光（血）的狀態。作為手持器物，怖畏金剛和大紅馬頭金剛這樣的怒相神手中握有纏捲成套索的腸子，展示了萬象的無實相性。

心臟
（藏文：sNying-po）

27.藏文：Mi-snying，人的心臟。

28.藏文：dGra-snying，敵人的心臟。

29.藏文：bDud-snying，惡魔的心臟。

30.藏文：gLo-snying，心肺。

　　人的心臟[27]、怨敵的心臟[28]和惡魔的心臟[29]或人的心肺[30]都可能作為器物握在許多怒相神的手中。撕碎的心臟通常緊握在神靈的「智慧」左手裏，也可能正投入神靈口中，還可示勝般高高地揮舞，捧舉在神靈胸前，或作為盈滿神靈鮮血的嘎布拉碗中的一件示眾之物。勇士神和大黑魔護法神的幾個化身被畫成「把冒著熱氣的怨敵心臟和人體器官塞入口中」的樣子。黑蛇閻魔手持一顆血淋淋

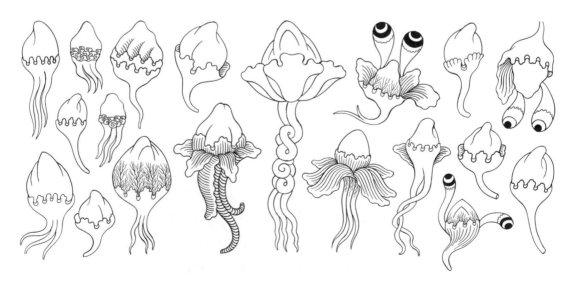

帶有一條、二條和三條脈道的各種心臟。右邊的三顆心臟上有挖出的眼睛，象徵著「覺識」（心臟）與「色」（視覺）的結合。

的怨敵心臟，兩條毒蛇正在吸啜之。被吞噬的心臟和命脈象徵斷滅欲望和吞噬一切魔敵。被鉞刀砍碎劈開的心臟象徵著斷滅五鈍使[31]之本，透過分食心臟，可以使「五鈍使」變成「五佛智」。在更深的密宗層面，在生起次第[32]修持階段，神切下心臟、脈道和肺並食之，象徵在圓滿次第[33]階段的明點、脈和氣的活性。

　　摘下的心臟畫成紅色蓮花花苞形狀，花苞頂呈紅色鱗莖狀，下面有一個帶齒邊的白色心血管套和一個較低的肌肉「瓣」套，其下掛有單股、雙股或三股「命脈」。此處，紅色鱗狀體和白色心血管套代表心部中央的金剛滴露；肌肉「瓣」代表從心部發出的八大脈道；懸掛的命脈代表三大主要脈道。

顱骨
（藏文：Thod-tshal）

　　怖畏金剛眾多左手握著呈顱狀的器物，一般畫成常見的嘎布拉碗，但上面有剝下的頭皮和帶有頭皮的頭髮。這個新砍下的或濕漉漉的顱骨[34]盈滿鮮血，意味著怖畏金剛的整個精神（頭皮和頭髮）中溢滿大慈的甘露（鮮血）。「顱骨片」也可以畫成從顱骨上砍下的帶髮天靈蓋，內盛另一塊顱骨。這塊顱骨畫成倒置的惡魔上顱骨狀，有眼窩和外齜的利牙。

帶有頭皮和頭髮的
各種顱骨碎片。

　　顱骨或倒置的上顱骨都帶有剝下的頭皮和頭髮，與盛放敬獻給怒相神之供物的器皿相同。顱骨常常可以分為乾、濕或滴血不同的類型，分別指的是舊的、乾枯的白色顱骨、濕漉漉或正在變乾的黃色顱骨，及滴有鮮血的紅色顱骨。除了新鮮的顱骨帶有剝下的頭皮和頭髮，從藝術表現形式來看，這三類顱骨通常沒有明顯的區別。「顱骨片」一詞也用於怒相神頭冠上的五骷髏飾，是用人骨碎片雕刻而成，上面繪有骷髏。

35.梵文：antaka，殺手。

36.梵文：*Guhyasamaja Tantra*，《密集金剛密續》，經文名。

37.藏文：'Pho-ba，往生，死亡之意，佛書譯為「轉趣」。指念佛修行者往生淨土，依其自身的罪業與修行的不同所分的九個等級。

38.梵文：Marici，摩利支女，女神名。

屍林布
（藏文：Dur-khrod-kyi ras）

怖畏金剛「智慧」左手所持的器物是一塊白色棉布，象徵他戰勝死亡及摧毀癡愚（癡愚視現象為獨立自我的存在）。正如屍林布可以遮蔽無我之「屍」一樣，揭開這層屍林布則表明去除實現空性的障礙。怖畏金剛之名「閻王殺手」[35]表明他戰勝了死亡。棉製屍林布通常畫成一塊折起的長布或一塊飄拂的布，顏色為白色、紅色或綠色。無縫屍林布也象徵斷滅一切虛幻和愛執。猶太人的諺語幽默地說：「裏屍布上沒有錢袋。」

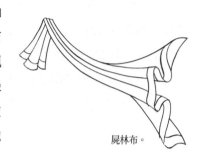

屍林布。

經旗布
（藏文：rLung-ras）

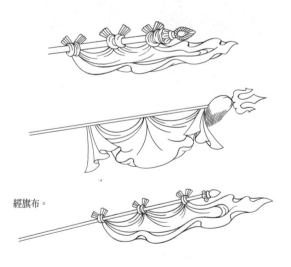

經旗布。

怖畏金剛最低的一隻左手拿著一塊「經旗布」，當扇子使用。可以畫成一塊白色或綠色布，繫在一根竿子上；有時畫成一塊長布，像擔架般固定在兩根平行的竿子上；有時也畫成方形旗或三角旗。用經旗布來扇火，象徵吹走一切「障」，增加智慧之火的灼熱度。經旗布的可變性和波浪形狀象徵萬象的虛空本質。在更神祕的層面上，怖畏金剛的經旗布象徵《密集金剛密續》[36]中的「九品往生」[37]。

針（梵文：suchi；藏文：Khab）和線（梵文：sutra；藏文：sKud-pa）

針和線是摩利支女[38]的器物。在呈雙臂化身時，左、右手握有這些器物，而在呈六臂化身時，則是第二隻右手拿著一根穿著線的

針，象徵其方法和智慧的結合。在觀修摩利支時，她從修持者的右鼻孔射出，瞬間幻變成無數個與她一樣的使者。這些使者將所有的施害者召集在一起，用針線將他們的嘴和眼縫上，然後捆住其四

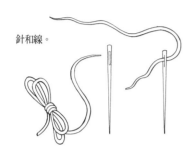

針和線。

肢，最後把他們扔進一個坑裏。隨後，摩利支進入修持者的左鼻孔，自變成另一個雙臂摩利支，坐在四頭黃豬拉的車上。摩利支和這四頭豬最後幻現成無數頭令人生畏的豬，將坑內的施害者殘暴吞噬。

巫師神角
（藏文：Thun-rwa）

不論是毀滅儀式、密宗儀軌或是黑巫術，都要使用藏式神角。用鏤空犛牛角製成的神角是該武器最簡單的形式，裏面裝滿各種「真言芥子」，用一個塞子或蓋子封住。在降神儀式中使用的真言芥子包括：文字咒語、指甲夾和未來受害者的頭髮、各種動物的血和肉、從鐵匠那裏得到的鐵屑、十字路口的塵土、妓女的經血及寡婦或因生產而死的女子頭髮。真言芥子分爲「乾」、「濕」兩類。「乾」真言芥子包括礦物、金屬、骨頭、土、穀物和芥子種子。「濕」真言芥子可以包括血液、體內分泌物、酒類，以及從地下泉水汲取的

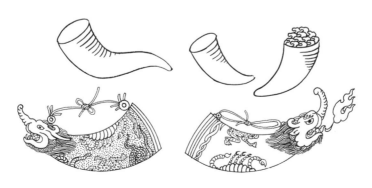

（上）犛牛角。右邊的犛牛角內盈「濕真言芥子」。下面是兩種刻製而成的巫師神角。

39.藏文：Ngan-gtad rwa，惡咒角。

水。舉行密宗儀式時，將神角拋向障魔或鬼怪。舉行砍殺儀式時，「惡咒角」[39]則被祕密地埋在未來受害者的屋內。

　　陽刻在犛牛角或牛角上的巫師神角更爲精緻，上面刻有恐怖武器及有毒昆蟲和爬蟲，其中有蠍子、蜘蛛、蛇和蛙。在傳統上，神角尖被刻成摩羯頭的樣子，其開口末端通常用一個小木塞爲底，底面飾有一個小骷髏和一個直立的結。神角開口的底部一般都有一塊金屬封板，上頭刻了十字金剛杵或法輪。最恐怖的神角以屍體頭髮做成的塞子來封底。在古代西藏，犛牛角很多，經常是盛放酥油、火絨和火藥等世俗物品的天然容器。

第十二章
手持標識和禮儀供物

蓮花
(梵文：padma, kamala, utpala；藏文：Pad-ma, Chu-skyes, Ut-pa-la)

　　蓮花出污泥而不染，是佛教中再生、純潔和免受輪迴之苦的主要象徵。作為手持器物，最常見的蓮花是淺紅色或粉色，帶有八或十六片蓮瓣，蓮瓣上面有具體的禮器或神靈標識。手持蓮花低處的蓮莖常稍有捲曲，呈蓮花根狀。神靈或世系大師的拇指和前三隻指尖中的一隻常放在胸前，呈說法印或施予印，優雅地掐著蓮花低處的莖。蓮莖優雅地向上攀緣，在攀緣到與神靈耳部齊平時，便長出了葉子，象徵佛法像甘露一樣得以傳承，吸引弟子們像蜜蜂一樣撲向口傳或「口耳相傳」之教法發出的絕對純美香氣上。蓮花主莖在攀緣時，一般會抽出三根枝條，主花開在中央，一邊長出莢果，一邊是個含苞欲放的花苞。這開花的三個階段分別代表過去、現在、未來的「三世佛」。

　　蓮花主要是紅色西方佛蓮花部怙主阿彌陀佛的標識，其善識一切的特質代表把慈悲變成具有辨

蓮花。

蓮花。

1.梵文：kumuda；藏文：Kumud，水百合。

2.梵文：pundarika；藏文：Pad-ma dkar-po，白蓮花。

3.梵文：Buddha Shikhin，式佛，過去七佛之一。

4.藏文：Pad-ma ser-po，黃色蓮花。

5.藏文：gSer-gyi pad-ma，金黃色蓮花。

6.學名：Nymphaea caerulea，藍色蓮花。

識能力的智慧。阿彌陀佛的主菩薩是金剛手觀音，即：西藏的慈悲菩薩和護法神，其梵文名「Padmapani」一詞意爲「蓮花手」。他手持一朵八瓣白蓮花，象徵他的純潔無瑕、仁愛和慈悲。作爲觀音菩薩的化身，歷代達賴喇嘛的化身一般都畫成右手持白蓮花，象徵慈悲。白度母是蓮花部中主要的女性菩薩之一。她手持的十六瓣白蓮花象徵其完美的品性，宛如一位十六歲的妙齡少女。據說，水百合[1]只在月光下開放。白蓮花[2]是式佛[3]的具體象徵。在前一世，他坐在這朵精美的小花朵前獲得了圓滿。白蓮花象徵著珍奇和瞬間即逝，因爲這種花獨特的花苞很少開啓，只要一被碰觸，精緻的蓮瓣就會脫落。

蓮花可以開出白色、粉色、紅色、黃色、金黃色、藍色、靛藍色和黑色的花朵。粉色或淡紅色蓮花的梵文詞是「kamala」，也是印度教「蓮花女神」羅乞什密的另一個名字。梵文「kamala」一詞源自詞根「kama」，其意爲愛、渴望、性欲和性交，在密宗中隱喻爲女性的美麗和性感。梵文「padma」和「kamala」這兩個詞都是女性柔軟、粉色、有開口的陰道的同義詞，是男性硬挺、有穿透力的陰莖（「金剛」）的相反象徵物。「金剛」代表「色」，蓮花代表「空」，其結合象徵佛法和智慧的完美「契合」，或是大樂和空性的自然生成。黃色蓮花[4]和金黃色蓮花[5]都是觀音和度母幾種特定化身的手持器物，一般就稱作「padma」。藍色、靛藍色或黑色蓮花在印度佛教梵文經文中用「utpala」（夜蓮花）表示。由於蓮花無法在高海拔的西藏生長，後來藏人就用「ut-pa-la」這個詞表示各種品種和顏色的蓮花。藍色蓮花[6]在古

手持蓮花是文殊菩薩的標識：（左）劍和（右）經書。

代埃及頗受尊崇。當時，人們把蓮瓣浸泡在水和酒中或加以蒸餾，製成精油或是一種返老還童和回春的靈丹妙藥。梵文「utpala」一詞的意思是「盛開」或「無肉的」。而「utpala-naraka」一詞則用來指佛教星相學中的八寒地獄[7]。生活在八寒地獄中的生靈，皮膚因嚴寒而變藍、皸裂，宛如夜蓮花的瓣隙。藍色夜蓮花是綠度母和許多其他金剛乘神靈的器物。梵文中也稱之為「nilabja」、「nilotpala」、「pushkara」和「nilanalina」。

男、女菩薩的手持蓮花上一般都有特殊的標識，放在圓拱形蓮蓬上。八大菩薩的人[8]、神[9]化身手持的蓮花上，托有如下器物：1文殊菩薩，寶劍和經書；2金剛手菩薩，金剛杵或金剛鈴杵；3彌勒菩薩，法輪和淨水瓶；4虛空藏菩薩，寶劍；5地藏菩薩，珠寶；6普賢菩薩，太陽；7除蓋障菩薩，月亮；8觀音菩薩，無飾物的蓮花。白色智慧波羅蜜女神則手持有關《般若波羅蜜多經》的兩部經文，各放在從其左、右手掌掌心生出的紅、白蓮花上。（參閱第25頁）

7.梵文：Astasitanaraka，八寒地獄，佛教所說的八種酷寒地獄，包括：1等活地獄；2黑繩地獄；3眾合地獄；4號叫地獄；5大叫地獄；6炎熱地獄；7大熱地獄；8阿鼻地獄。

8.梵文：nirmanakaya，人。

9.梵文：sambhogakaya，神。

金輪或法輪
（藏文：Chos-kyi 'khor-lo）

金色法輪是眾多佛教神靈的器物，也是白色中央佛如來部怙主（大日如來佛）的器物。金色法輪的八大輪輻代表佛陀的「八正道」。作為手持器物，法輪也可以插在一個小輪柄或蓮花座上。輪輻後面四個代表方位的部分常塗以顏色，代表四大方位、四大要素、四佛，其中東方（底部）為白色；南方（左）為黃色；西方（頂部）為紅色；北方（右）為綠色。（參閱第33頁）

金輪或法輪。

10.梵文：dakshinavarta-sankha；藏文：Dung-dkar g.yas-'khyil，右旋白螺，海洋貝類的一種，是神聖珍貴的藏傳佛教器物，因其螺紋逆時針方向旋轉，極為稀有，被視為珍寶。有大法力，渡江者若供於船頭，便會風平浪靜。

11.梵文：Siddharta，悉達多，佛陀幼年之名。

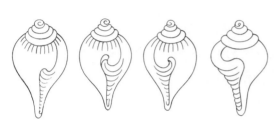

白色海螺。

海螺
（梵文：shankha；藏文：Dung dkar）

右旋白螺是古印度護法神的器物，巨大的海螺號宣告他們戰爭的勝利。早期佛教把吠陀時期的海螺看作是佛陀宣講佛教教義的一種象徵物，象徵他無所畏懼地向十大方向弘傳佛法。作為佛陀「語」之力量的象徵，海螺具有穿透力的聲音欣喜地宣稱佛法的統治、殊勝三界和對一切魔鬼和邪惡精怪的恫嚇力。常見的天然螺殼的殼口為左旋；右旋白螺[10]十分罕見，被視為儀式中的吉祥之物。作為手持器物，海螺一般握於神靈的左手中。（參閱第28、44及53頁）

寶傘
（梵文：chatra；藏文：gDugs）

勝利幢寶傘是表示忠誠和保護的印度傳統象徵物，寶傘下的陰影象徵性地遮蔽炎熱之苦、疾病、「障」及邪惡力量。在古印度，國王的侍從高擎十三把寶傘，而在早期佛教中，也把十三個傘輪安在佛陀菩提塔的塔頂上。空寶座上方所畫的寶傘和菩提樹是佛陀早期的象徵性形式，而置於無鞍馬上方的寶傘象徵悉達多[11]（幼年佛陀）逃離其父王的宮殿。在肖像畫法中，佛陀和菩薩化身的上方有一頂白色絲綢圓頂寶傘，上面飾有華麗的絲綢幔帳、珠寶掛飾、氂牛尾、孔雀翎和絲帶。在金剛乘佛教中，白傘這個器物被神化為大白傘蓋佛母。（參閱第22頁）

寶傘。

勝利幢

（梵文：dhvaja；藏文：rGyal-mtshan）

　　勝利幢最初是印度戰事中使用的軍旗。早期佛教吸納勝利幢
為釋迦牟尼戰勝惡魔大軍的象徵。惡魔的邪惡護法也攜帶勝
利幢作為標識。勝利幢直插在須彌山山頂，象徵佛陀征
服了整個宇宙。作為手持器物，眾多神靈，特別是與財
富和軍事成功有關的神靈，都高擎著勝利幢。在肖像畫
法上，勝利幢多畫成圓柱形，插在一根木桿上。幢頂
通常為白色傘狀的小圓頂，中央插有一塊如意寶，
圓頂邊緣環圍著裝飾華麗的金黃色徽記桿，桿上
則懸掛飄拂的黃色或白色絲哈達。勝利幢的
錐柱上垂直裹著幾層彩色絲綢圍帳並掛有珠寶，
底部有一組飄拂的絲綢群簾和布條。錐柱的上半部常
飾有虎皮圍帳。勝利幢是佛陀戰勝四魔的象徵物，經常裝飾在寺院
或廟宇屋頂的四角，同樣，勝利幢也作脊角狀裝飾畫在壇城的外牆
上。（參閱第31頁）

勝利幢。

摩羯幢

（梵文：makaradhvaja；藏文：Chu-srin-gyi rgyal-mtshan）

　　在古印度戰事中，鱷魚頭和剝下的鱷
魚皮常作為頭飾佩戴，或者插在旗桿上作
旗幢，令敵人膽顫心驚。摩羯幢最初是夜
叉或濕婆及欲神的戰旗。作為魔的印度化
身，欲神在其軍隊攻擊菩提樹下的釋迦牟
尼時，用這個標識作為自己的軍旗。在早
期佛教中，將四支摩羯幢直插在塔基的四
大方向，代表佛陀征服了「四魔」或戰勝
了魔的四兵。

摩羯幢。

12.梵文：minadhvaja，魚幢。

13.梵文：kakadhvaja，烏鴉幢。

14.藏文：Dar-khru，三角形長旗。

15.藏文：Tsi'u mar-po，關羽（？－219年），三國蜀國大將，字雲長。他的事蹟被封建統治者大肆渲染，並加以神化，尊為「關公」、「關帝」。

作為手持器物，大星宿神羅睺羅的上右手揮舞著摩羯幢，象徵他降伏了四魔，斷滅了「五毒」。在肖像畫法上，摩羯幢是由插在木桿上或劍上的摩羯頭和剝下的摩羯皮所組成，有時也畫成帶有摩羯頭的絲綢幔帳。（參閱第104頁）

狼幢（梵文：vrikadhvaja；藏文：sPyang-ki'i rgyal-mtshan）

公牛幢（梵文：vrishadhvaja；藏文：Khyu-mchog-gi rgyal-mtshan）

虎幢（梵文：vyaghradhvaja；藏文：sTag-gi rgyal-mtshan）

（左）狼幢和（右）公牛幢。

在金剛乘神殿中，某些次要神靈和精怪揮舞用不同動物的頭或剝下的皮製成的勝利幢。據說，佛教的勝利幢象徵著斷滅「愚癡」的十一種方法：即：❶戒；❷定；❸慧；❹解脫；❺解脫見慧；❻根寂（六根的寂靜）；❼知足；❽修法；❾知方便；❿分別義；⓫不著利。與這十一種方法相對應的十一種動物幢可能是：❶摩羯幢；❷虎幢；❸狼幢；❹水獺幢；❺鵝幢；❻貓幢；❼孔雀幢；❽蛙幢；❾蛇幢；❿蠍子幢；⓫烏龜幢。但在一些次要的佛教神靈手中，經常繪有羯摩幢、狼幢、公牛幢和老虎幢。公牛幢是獅子座神靈歡喜天的器物。魚幢[12]和烏鴉幢[13]也是幾個印度佛教神靈的器物。

旗幡
（梵文：pataka；藏文：Ba-dan）

旗幡是戰神或護法神的主要標識，作戰時他們揮舞手中的矛或三股叉上的旗子。作為戰事的標識，旗幡通常呈三角形絲綢長旗[14]的形狀，鑲有齒狀氈邊、絲綢邊、棉布邊或犢皮邊。像嶺·格薩爾、勇士神或大紅關羽[15]等許多護法神或「贊」神都戴著飾有小三角旗幡的頭盔。這種旗幡為彩色絲綢三角旗，成對出現，向外飄展，宛如蝴蝶翅膀或船帆。盔旗的外沿常掛有一小簇白色羊毛，象

徵飄浮在空中（成片的幡旗）的雲彩（白色簇團）。戰神的盔頂常飾有小矛尖或寶劍、珠寶、紅色犛牛尾、白色羊毛團、孔雀翎或小勝利幢等標識。蒙、藏武士在戰略上使用這些盔旗，製造佩戴者彷彿比實際更難對付的錯覺。

　　作為和平的標識，旗幡飄揚在整個佛地，成為佛陀教法的標識。在西藏，傳統上要在廟宇、寺院、佛塔、橋梁、山口和其他風水寶地掛上旗幡。旗桿很高，是用松樹、柏樹或杉樹的細樹幹製成，並用釘在地上、掛滿印製經幡的繩索豎起。這些地方，藏文通常稱作「達欽」[16]，意為「大旗」。藏族經幡或「風馬旗」為方形，依照傳統要染成藍、白、黃、紅、綠色，順序與五佛部的順序相符。另外，通常採用木版印刷，並將各種祈禱文、咒語、神像和吉祥符號一塊印製在方形布[17]上，偶爾也印在絲綢[18]上。「風馬旗」的主要圖像和「四大超自然動物」（金翅鳥、龍、獅子和老虎）也常常印在旗幡上，這五種代表中央和四大方位的形象，迅速地將祈福禱文借風傳到凡間的四大角落。旗幡的形狀可為長條棉製印經布，長度與旗桿相同。彩色絲幔把懸掛的方形旗幡隔開。在吉祥的場合裏，如藏曆新年，都要掛上新的旗幡。

16.藏文：Dar-chen，大旗。
17.藏文：rLung-ras，方形布。
18.藏文：rLung-dar，絲綢。

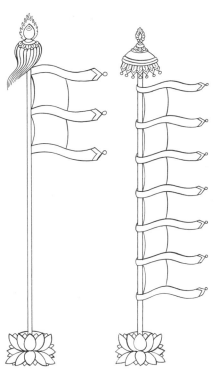

旗幡。

··

絲帶
（藏文：Dar-dpyangs）

　　神靈的服飾上繪有彩色絲綢和白、藍、黃、紅和綠色絲帶，以說明這五種顏色與五佛的關係。白色絲綢用於安撫或撫慰儀式；黃色絲綢用於增長或招財儀式；紅色絲綢用於召神或降伏儀式；藍色絲綢用於強力或恐怖的活動中，而綠色絲綢可以用於所有的目的或一般的活動。五色絲綢常畫成禮器上的飄帶，如占卜用的箭或鏡子。在菩薩穿的「彩虹褲」上也可以看到這五種顏色。彩虹寶褲所

絲帶。

繪的顏色代表「因陀羅弓」[19]的天象或彩虹。

黑絲綢[20]僅在最恐怖的儀式或降神儀式中使用。在這些儀式上，絕對要徹底摧毀障魔或怨敵。某些極為恐怖的怒相神身穿黑絲外罩和長袍。例如：大黑披風金剛[21]就畫成身穿九層黑絲外袍，最外面的一件衣袍上繡有令人生畏的武器圖案。作為手持器物，遍畏[22]和軍荼利女神都拿著一塊黑絲綢。

三層飾

（藏文：Phan-rtse-gsum-pa）

19.梵文：indradhanus，因陀羅弓。

20.藏文：Dar-nag，黑絲綢。

21.藏文：rDo-rje-ber-nag-chen-po，大黑披風金剛，金剛神名。

22.梵文：Samantabhairava，遍畏，夜叉名。

三層飾由三個領帶形狀的絲綢幔帳組成，是寶傘、寶幢、天杖、達瑪茹和三股叉等眾多禮器上的飾物。三層絲綢幔帳的顏色一般排序如下：第一層為黃色或白色；第二層為紅色或橘紅色；第三層為綠色或藍色。總體來說，象徵佛教各類三個一組的物品或象徵，如：「三寶」、「三世佛」、「三乘」、「三身」或身、語、意三方面及殊勝「三界」、「三毒」和「三時」。紅、黃、藍的順序可能代表佛教小乘、大乘和金剛乘「三乘」。白、紅、藍順序可能代表身、語、意這三個方面。

勝利幢裝飾在第一批佛塔上，三層飾可能構成了印度勝利幢最早的式樣之一。三層飾上面繪有「三勝獸」，是由金翅鳥與獅子、魚與水獺和羯摩與海螺六種動物雜交而生（參閱第74頁）。作為吉祥

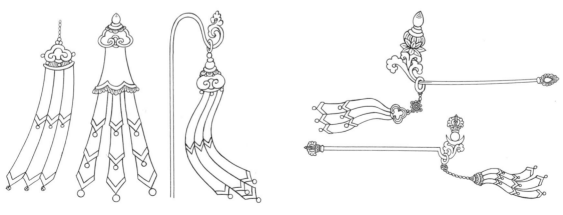

掛在桿上的三層飾。　　　　　　　　　　　　　　三層飾。

旗幡，三層飾插在一根棍上，然後垂直插在金色寶瓶中。在呈幾何狀壇城的外牆上方一般都有這個標識，加上勝利幢、寶傘、金瓶和如意樹。天杖上飾有三個懸掛標識物：達瑪茹、金剛鈴和三層飾，總體象徵著神的身、語、意的純淨。

作為手持器物，怖畏金剛較低的一隻手中握有三層飾，再次象徵著神的身、語、意的統一。怖畏金剛的三層飾通常掛在三股桿上的一根珠寶鏈上，象徵怖畏金剛殊勝「三界」。有時，三層飾和珠寶瓔珞會掛在一根桿上，桿頂飾有長壽瓶或半截金剛杵及連在一起的月牙和太陽飾。三層飾也可作為耳飾掛在「羌姆」[23]服飾上或作為寺院和廟宇建築物的懸掛飾物。

三層飾頂部通常冠有一塊珠寶或一個月牙、太陽及滴露，下面是三睛寶石。作為三寶的象徵物，三睛寶石是漢族藝術中稱作「玦玉」的三葉「雲飾」。（參閱第69頁）

23.藏文：'Chams，羌姆，藏語音譯。原意為「舞」或「舞蹈」，現為寺廟古典舞的專用名詞，即跳神舞。羌姆內容以降魔鎮妖、避難解災、弘揚佛法、普度眾生、因果報應、生死輪迴等佛教教義和佛經故事為主。

鑲珠瓔珞
（梵文：ratnadaman；藏文：Rin-po-che'i chun-po）

鑲珠瓔珞可以畫成鑲珠小三角形帷幔，或是幾根白色犛牛尾懸掛在裝飾華麗的卷軸上或帶有金剛杵飾頂的桿上。用鑲珠瓔珞觸碰弟子的頭，表示為他們祈禱祝福。羅漢或佛陀的天界侍從手中可能也持有鑲珠瓔珞。

鑲珠瓔珞。

犛牛尾拂塵
（梵文：chamara, prakirnaka；藏文：rNga-yab）

白色犛牛尾拂塵在古印度是皇家的標識。在烈日炎炎的夏季，貴冑用它扇風和驅趕蒼蠅、黃蜂和蚊子這類的昆蟲。漂白的犛牛尾是從西藏傳入古印度的，藏文稱拂塵為「rNga-yab」，意為「尾巴之父」。在印度也用白色鹿尾作拂塵，馬尾、羊毛和狐狸尾拂塵在中亞也作類似使用。蒙古武士們以成吉思汗的九犛牛尾為軍旗，而中亞的犛牛尾器物最終也跟三股叉和矛一樣成為金剛乘的象徵性武器。

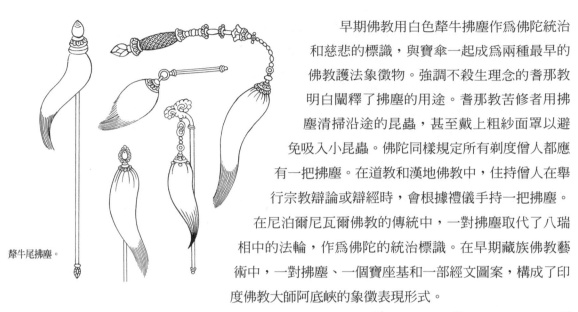

氂牛尾拂塵。

早期佛教用白色氂牛拂塵作爲佛陀統治和慈悲的標識，與寶傘一起成爲兩種最早的佛教護法象徵物。強調不殺生理念的耆那教明白闡釋了拂塵的用途。耆那教苦修者用拂塵清掃沿途的昆蟲，甚至戴上粗紗面罩以避免吸入小昆蟲。佛陀同樣規定所有剃度僧人都應有一把拂塵。在道教和漢地佛教中，住持僧人在舉行宗教辯論或辯經時，會根據禮儀手持一把拂塵。

在尼泊爾尼瓦爾佛教的傳統中，一對拂塵取代了八瑞相中的法輪，作爲佛陀的統治標識。在早期藏族佛教藝術中，一對拂塵、一個寶座基和一部經文圖案，構成了印度佛教大師阿底峽的象徵表現形式。

作爲手持器物，羅漢阿詹伽[24]、伐那婆斯[25]和伐闍羅弗多羅[26]及他們的兩大侍從之一信士[27]達瑪塔拉[28]，都手持白色氂牛拂塵。佛陀的天上侍從及觀音菩薩、金剛手菩薩在側伴頂髻母時，也都持有氂牛拂塵。氂牛拂塵通常插在一根有金色珠寶飾的手柄上，上面掛有一個金色鈴鐺。

孔雀翎
（梵文：mayura-tilaka；藏文：rMa-bya'i mdongs）

在傳統上，印度的孔雀是蛇與蠍這種有毒生靈的天敵。孔雀絢麗的色彩和長尾羽翼代表將這些毒物變成智慧甘露或圓滿。孔雀頸部電光藍色的羽毛也與濕婆的一個傳說密切相關。爲了拯救世界，濕婆喝下了攪拌大海時生成的致命毒藥[29]。毒藥封住了濕婆的喉嚨，使喉嚨變成藍色。從這一點來說，濕婆也稱作「藍喉者」[30]。孔雀在印度教傳說中，是戰神韋馱[31]的坐騎；在佛教中，則是阿彌陀佛這個紅色西方佛的坐騎。他的孔雀寶座曾是印度孔雀王朝[32]及偉大佛教之王阿底峽的象徵。公元1739年，孔雀寶座被人從印度掠走，最終成爲波斯王的象徵。孔雀也與太陽有關，因爲牠憂鬱的叫聲宣告黎明的來臨。牠傲慢地張開長尾羽翼求偶，預告季風季節

24.梵文：Angaja，阿詹伽，羅漢名。

25.梵文：Vanavasin，伐那婆斯，羅漢名。

26.梵文：Vajraputra，伐闍羅弗多羅，羅漢名。

27.梵文：Upasaka，信士，音譯「優婆塞」，居士之意，在俗信者。

28.梵文：Dharmatala，達瑪塔拉，人名。

29.梵文：kalakuta，致命毒藥。

30.梵文：Nilakantha，藍喉者。

31.梵文：Skand或Karttikeya或Kumara，韋馱，佛教天神。為南方增長天王的八大神將之一。其塑像一般穿古武將服，手持金剛杵，被安於天王殿彌勒的後面，面對釋迦牟尼像。

32.梵文：Maurya，孔雀王朝，古印度摩揭陀國的王朝。公元前321年，旃陀羅笈多（月護王）率軍趕走馬其頓侵略者，推翻難陀王朝（Nanda）所建。「孔雀」據說從其母名而建。阿育王在位時國勢強盛，除了半島南端以外，統一印度全境，定佛教為國教。約公元前187年為巽加（Sunga）王國所取代。

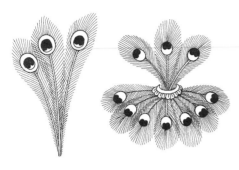

孔雀翎和孔雀翎傘。

即將開始。孔雀造型是光的象徵物，常常做成青銅酥油燈[33]，照亮印度和尼泊爾的廟宇。

作爲手持器物，三根一組的孔雀翎象徵貪、嗔、癡「三毒」的嬗變。五根一組的孔雀翎則象徵貪、嗔、癡、慢、嫉「五毒」嬗變爲五佛智。孔雀翎上的「眼睛」代表智慧，發光的金色羽桿代表佛陀無數的方便和方法。孔雀翎經常裝飾在扇子、鏡子及天神高擎的寶傘上，同時也是插在飛鏢上的羽毛和淨水瓶中的水撣。某些護法神戴有三根或五根一組的孔雀翎作爲盔飾的一部分。藏軍的頭盔上也飾有一圈相同的孔雀翎。大成就者薩巴日巴[34]身著一件孔雀毛製成的圍腰，是無種姓的薩巴拉部族[35]的象徵。這個部族居住在印度東部的溫迪亞[36]古林中以狩獵爲生。金剛乘中的「佛母大孔雀明王」[37]的右手持有孔雀翎。在大圓滿教法中，可用孔雀翎象徵物代表「超越定」[38]。

孔雀翎扇和寶鏡
（藏文：rMa-bya'i bsil-yab）

耆那教僧人行走時，會把孔雀翎當掃把清掃沿途的昆蟲。孔雀翎扇也用來清掃印度廟宇中的聖像，或在炎熱的天氣裏舉行搧風儀式，使神像感到涼爽。傳統的印度扇子一般用象牙或檀香木製成橢圓形扇骨，並在其邊緣插上一排孔雀毛翎，呈扇狀。傳統的中國扇是用蒲草、紙、羽毛或絲綢製成，而常見的竹摺扇和紙摺扇最初是十一世紀從日本傳入中國的。

在佛教藝術中，印度的孔雀翎扇常畫成侍奉佛和菩薩的天神的器物。該扇插在一根紅檀香木做的長桿上，通常呈金色橢圓形或三葉形，裝了一圈向外散射的孔雀

孔雀翎鏡和孔雀翎扇。

33. 梵文：mayura-dipa，青銅酥油燈。

34. 梵文：Sabaripa，薩巴日巴，大成就者名。

35. 梵文：Sabara，薩巴拉部族，無種姓的人，被認爲在社會之外的人。

36. 梵文：Vindhya，溫迪亞，印度地名。

37. 梵文：Mahamayuri，佛母大孔雀明王，女神名，亦稱孔雀明王或孔雀王。其形如菩薩，一面四臂，持著蓮華、俱緣果、吉祥果、孔雀羽，乘坐孔雀。

38. 藏文：Thod-rgal，超越定，亦稱「超入禪」、「超等至」。不是逐步修習，而是直接超越次序而入根本定。

翎。扇子中央的橢圓形或三葉形的扇骨塗成白色，代表被拉長的神絲膜；有時直接裝了一面鏡子，白色的鏡面象徵萬物的反射皆爲空。鏡面上經常畫有聖地、佛或菩薩。例如：在「佛誕圖」中，擎在佛母頭頂上的寶扇和寶鏡上也繪有度母像或觀音像。蓮花座可以確保扇子安穩地立在桿子上，而木桿頂部也多半繫有一條飄拂的絲帶。

孔雀翎華蓋
（梵文：mayura-chatra；藏文：rMa-bya'i gdugs）

孔雀翎華蓋。

孔雀翎製成的華蓋是世俗權威或統治的象徵。在某些宗教隊列中，如達賴喇嘛的出行隊列，也高擎白色或黃色絲綢華蓋，以顯示其宗教權威。孔雀翎製成的橫帶掛飾上，經常飾有置於佛和菩薩頭頂上方的精美華蓋。孔雀翎華蓋被高擎在怒相吉祥天母的頭頂上方，象徵她能竭盡全力護佑芸芸眾生。華蓋代表她的力量、對各界的統治及她具有將一切毒物和惡業變成光輝燦爛之智慧的能力。生成於吉祥天母頭頂的「四季之后」之一「秋女神」[39]，也戴有孔雀翎脖套。

經書
（梵文：pushtaka；藏文：Po-ti, gLegs-bam, dPe-cha）

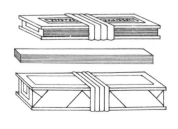

木面和布面佛經。

最早的印度梵文經文是寫在或刻在橫條貝葉上的，可以追溯到公元前三千年的《四吠陀》。貝葉經用於印度佛教的整個歷史中，與古埃及、希臘和羅馬使用的紙莎草經、古代中國使用的竹簡及中亞使用的木楔板經相似。在七世紀初期，中國人發明了木版印刷術，已知最早的漢文木版經文是一卷本的《金剛經》，其年代爲公元868年。可能在十一世紀期間，藏人首次使用木版印刷在紙上印製木刻版經文。這些經文模仿傳統的印度貝葉經，爲長型橫散頁，將散頁夾在扁平的木經板之間或用布包裹加以保護。每張木刻板都是用陰刻法刻製而成，分別著墨，然後將長方形紙張在上面滾壓。紙張是手工製造，紙材選自「紙樹」[40]帶漿的內莖皮。這類紙張從

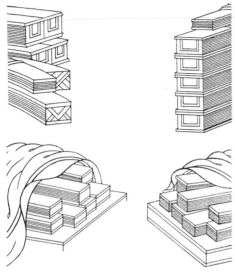

成堆的木面和布面經書。

尼泊爾和不丹大量進口，紙邊常常染成紅色，與西藏甯瑪派、薩迦派和噶舉派的「紅帽」相符；染成黃邊則與改革派格魯派的「黃帽」一致。

許多神靈及印度和西藏歷史上的大師都手持經書，最常見的是左手持有經文，象徵他們獲得圓滿後的智慧品性和知識的傳承。該經文就是《般若波羅蜜多經》，是公元二世紀印度偉大的佛教哲學家龍樹大師從龍王那裏獲得的「伏藏」。這部原版經文的擴充版本共有十萬偈[41]，每偈有三十二個梵文字母。中版有二萬五千偈，短版有八千偈。還有幾個更短的版本，其中最著名的是《心經》和《金剛經》。還有一個版本只有一百偈，用來背誦，甚至還有一個「精華」版，只有一個字符「A」。

這類智慧經文通常畫成印度佛教貝葉經的形狀，白色的短經頁夾在兩塊木經板之間，再用一塊彩色絲帶捆上，由文殊菩薩和般若波羅蜜神這類的神靈手托著。而羅漢、印度的班智達和藏族大師所持的經書，在畫中往往是長度更長、式樣更為隨意的藏式木刻經文。在藏文中，這種經文叫作「白恰」[42]。作為佛法的象徵，經書也代表佛語。

寶篋
（梵文：pitaka；藏文：Za-ma-tog, sDe-snod）

印度信奉佛教初期，貝葉經在傳統上是放在編製的寶篋中，而寶篋一般畫在印度班智達或藏族學者的身邊，代表佛陀教義的「精

（左）寶篋和（右）噶當塔。

神滋養」，統稱「三藏」[43]或「增上三學」[44]。「三藏」代表佛教教義的三個方面：■律藏，涉及剃度僧人的道德規範和誓約；■經藏，包括佛陀有關禪修的口頭教法；■論藏，主要包括智慧的開發。

在肖像畫法上，寶篋畫成橢圓形、圓形或卵形器皿，器皿周邊飾有頗具裝飾性的箍條和圖案。頂部常飾有一個帶蓮花托的珠寶，上面的半圓頂飾有絲帶。

傳統上，在印度大師阿底峽的左、右兩側常畫有裝在寶篋中的經文和一個橢圓形的噶當塔。阿底峽於1042年抵達藏西，並創建了藏傳佛教噶當派[45]。信奉苯教的朗達瑪對佛教短暫的殘酷迫害使佛教經歷了二百年的衰微，此後，開始佛教的再次弘傳[46]。阿底峽與寶篋、噶當塔分別代表著佛陀的身、語、意。噶當塔帶有鐘形塔基，塔基上有一個帶蓮花座的涅槃塔，上有十三個傘輪。阿底峽因為可以使用十三把寶傘而享有盛名，使他在精神地位上與佛陀齊名。在早期藏族藝術中，阿底峽有時被象徵性地畫成一部經書，放在寶座上，兩側有一對拂塵，象徵佛（寶座）、法（經書）、僧（拂塵）。

僧缽
（梵文：patra；藏文：Lhung-bzed）

釋迦牟尼得道後不久，四方的四大天王每人贈他一隻僧缽，其中最漂亮的僧缽是用寶石製成，最樸素的一只是用普通石頭製成。據說，釋迦牟尼挑選了最樸素的石缽，也收下了另外三個僧缽，並且神奇地將它們混成一個單色的僧缽，該僧缽足以滿足普通托缽僧的需要。根據一些佛教傳說，這個石缽是用紫色斑岩或長石做成。

佛教僧人或比丘使用的傳統缽形狀宛如一個倒扣的佛頂肉髻，把佛教的最高果位比作可以直接實現空性的智慧。僧缽一般握在坐姿佛及其弟子僧眾的智慧左手中。這時，左手放在膝蓋上呈禪定印，手中的僧缽表明斷滅，代表手勢修空性。

在藏族藝術中，佛教僧缽畫成烏鴉眼睛般的黑色，形狀宛如雞

43.梵文：tripitaka；藏文：sDe-snod gsum，三藏。經、律、論合稱「三藏」。「藏」是指佛教一切文書、教義的儲藏。佛教的一切聖典都是「藏」。

44.梵文：trishiksha；藏文：Lhag-pa'i bslab-pa gsum，增上三學，三學至上珍寶，勝出凡夫外道之道。增上三學為：■增上戒學；■增上頂學；■增上慧學。

45.藏文：bKa'gdams-pa，噶當派，藏傳佛教後弘期創立的第一個教派。「噶當」，藏語音譯，意為佛所說的一切顯、密教語。公元十五世紀，宗喀巴根據噶當派的教義創立了格魯派，被稱為「新噶當派」，原噶當派寺院逐漸改宗格魯派。

46.關於西藏佛教再次弘傳的開始年代，有不同的說法，實際上應早於公元1042年阿底峽進藏。

僧缽，內盈吉祥物質，如：須彌山、酸奶、訶子和三種水果。

蛋的下半部。傳統上，通常畫成鐵的深藍色，缽沿內彎，以防止比
丘在清晨化緣行走時，缽內的東西潑灑出來。寺院戒律規定，佛教
僧人應該在前半夜進食，因爲化緣得來的食物在印度炎熱的天氣之
中會很快變質。泥缽或鐵缽是爲僧人做的，但上乘的僧缽是用鐵錫
合金製成，經常塗以黑漆。佛陀的僧缽口徑處有時繪有小串珍珠或
金色珠寶飾。阿彌陀佛常畫成手托綠松石僧缽，藥師佛則手捧盈滿
甘露的僧缽，該僧缽是用青金石顏色的琉璃或綠柱石製成的。

在傳統上，僧缽內沿要塗以白色，代表釋迦牟尼得道之前吃過
的四十九口乳糜。這種白色物質也視作酸奶或牛奶，是長壽、生命
力和智慧的「三大甘露」。須彌山可畫在僧缽中間的白色口徑上，
成爲整個宇宙的象徵性供物。代表佛、法、僧的三種水果或三塊珠
寶也可以畫在僧缽上。在佛的僧缽裏可以看到代表他的具體器物。

天杖
（梵文：khakkhara；藏文：'Khar-gsil）

佛教受戒僧人的鐵製天杖一般握在羅漢和佛陀弟子的右手中，
常與左手的僧缽配成一對，象徵斷滅和修空性兩大標識。大杖有三
大功能：**1**走路時當拐杖使用；**2**發出的金屬聲響可以恫嚇托缽僧

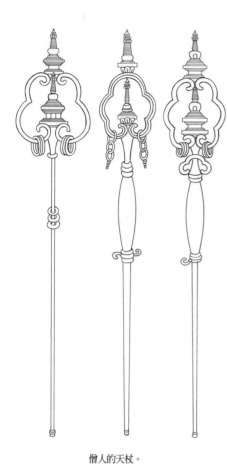

僧人的天杖。

沿途遭遇的蛇和其他小動物；**3** 化緣時托缽僧可來召喚佈施者。由於僧人常要噤聲，而且戒律禁止他們和女性說話和抬眼看她們，因此，僧人天杖發出的嘩嘩聲告訴人們僧人前來化緣。僧人在屋主門檻前要晃動天杖三次。如果無人應答，便繼續晃動五次或七次。若此地依然無人應答，托缽僧會默默地走到第二家。

據說，天杖複雜的形式象徵性地體現了「三十七道品」。長長的柄桿一般用鐵、木或竹子製成，桿的上半部常有一根用氈或皮製成的球狀握把。握把上部和下部有三個或六個薄金屬箍，象徵「三寶」或六度。握把下端有一個鐵鉤或鐵環，在肩扛天杖時可繫上一條皮帶。天杖的上框架爲鐵製，爲三葉形橢圓狀，內包一座佛塔，第二座塔構成天杖的尖頂飾。三葉形的框架一般只有兩個相對稱的部分，但有時在立體天杖圖中會把四個方向都畫上。幾個鐵環掛在框架較低的弧形處，這樣，在晃動天杖時就會發出嘩嘩的聲響。據悉，四環象徵普通比丘[47]或僧人的「四聖諦」；六環象徵菩薩的「六度」；八環象徵羅漢尊奉的「八正道」；十二環象徵佛陀擺脫了十二因緣的因緣鏈。

比丘用品

早期印度的佛教僧人在寺院剃度受戒後才能過上眞正的僧人生活，並獲准擁有極爲有限的生活用品。最早開列的僧人用品只有八件，後來增至十三件以適應印度更加嚴寒的山區氣候條件。最初的八件物品是：**1**～**3** 三件僧袍；**4** 僧缽；**5** 錫杖；**6** 水壺；**7** 細篩子；**8** 毯子或披風。此外，也允許僧人隨身攜帶腰帶、針線、牙籤和修臉剃頭用的剃刀。

比丘的三件僧袍包括：**1** 一件黃色或紅色的百衲外袍[48]；**2** 一件上衣袍[49]；**3** 一件內袍[50]。這三件「顏色偏暗」的衣袍象徵戒、

47. 梵文：Bhiksu，佛教稱謂。指出家後受過具足戒的男僧。

48. 梵文：sanghati；藏文：Nam-sbyar，百衲外袍。

49. 梵文：uttarasangha；藏文：Bla-sos，上衣袍。

50. 梵文：antaravasaka；藏文：mThan-gos，內袍。

定、慧「三事」，並且都有具體的尺寸和數量不同的皺褶。比丘尼[51]可以多穿一件厥修羅衣[52]和一根繫住月經帶的腰帶。後來僧袍用品又增加了兩件內袍、一件白天用的披風[53]、一張晚間用的毯子、一條洗臉用的小毛巾、一條剃頭用的大毛巾和一個坐墊。另外，也允許僧人在炎熱的日子使用扇子，在雨季可以穿雨衣，行走在粗糙地面時可穿拖鞋或無裝飾的鞋子，以免遭到毒蛇、水蛭、荊棘和刺草的傷害。

在古代印度，要用細篩子粗濾飲用水，因為水只能從井、水塘或流淌的河流或溪流中汲取。細篩子可以篩除水中的雜質，也可以挽救無數小昆蟲的生命。早期戒律還宣稱，比丘只能吃細篩濾過的糧食。細篩子是把精紡的紗布或乾酪包布[54]繃在一個帶柄的框架上製成的，底部常有一個小「奶頭」或「過濾用的球狀物」。僧人的水壺[55]一般畫成兩種形狀：一種是帶蓋淨瓶[56]，以防塵土和昆蟲，用於飯後漱口和洗手；第二種是裝飾更為華麗的帶柄茶壺[57]，用來盛放飲水的器皿。在印度，各個教派的托缽僧都隨身攜帶黃銅水壺用來喝水和便後淨手。

（左列）僧人可穿的拖鞋、鞋、靴子及繫帶靴；（左下）僧人不可穿的帶裝飾的鞋。（中）各種篩子；（右上）水壺；（右中）放在三腳架上的篩子；（右下）兩只僧缽。

佛像
（梵文：buddharupa；藏文：Sangs-rgyas-kyi sku-gzugs）

身、語、意指的是行為、語言和思想的純淨，分別畫成佛像或神像、經書和佛塔。在金剛乘儀式或灌頂儀式中，經常向住持喇嘛敬獻這三件物品。住持喇嘛將它們高高舉起，並莊重地用頭觸碰，象徵圓滿後的身、語、意的純淨。身、語、意三位一體也稱作「三門」、「三藏」和「三金剛」，與西方正思（意）、正語（語）和正業（身）的宗教理念相符。「三金剛」也與「三身」相符。「身」

51.梵文：Bhiksuni，比丘尼，亦稱「沙門女」，俗稱「尼姑」。佛教稱謂。指女子出家後受過具足戒者。

52.梵文：kusulaka，厥修羅衣，佛教僧尼衣服，亦稱「下裙」。把長方形布縫在兩邊，成筒形，伸入兩腿，腰繫紐帶。此衣唯比丘尼用。

53.梵文：zen，披風。

54.乾酪包布，一種平紋稀疏末經上漿、很輕的棉織物。

55.梵文：kundika，水壺。

56.藏文：sPyi-blugs，帶蓋淨瓶。

57.藏文：Phud-tib，帶柄茶壺。

佛像。

58.梵文：nirmanakaya，變化身或化身，三身之一。

59.梵文：sambhogakaya，受用身或報身，三身之一

60.梵文：dharmakaya，法身，三身之一。

61.梵文：Ushnishavijaya，長壽頂髻天母，女神名。

62.藏文：'od dpag-med，無量光佛，佛名。

63.梵文：Akasharaja，虛空觀音，觀音名。

64.藏文：Nam-mkha'i-rgyal-po，虛空王。

65.梵文：Abheda，阿氏多，羅漢名。

66.梵文：harmika，佛龕。

67.梵文：parinirvana，圓寂，佛教對於僧尼死亡的一種美稱。

68.梵文：Lumbini，藍毗尼，佛教聖地，相傳為釋迦牟尼的出生地，地處古印度拘利和迦毗羅之間，是善覺王（Suprabuddha）為其夫人藍毗尼建造的一個花園，故名。現屬尼泊爾。

69.梵文：Shravasti，舍衛國，亦稱「室羅伐」。古印度一王國名，在今印度西北部的拉普地河南岸。以崇佛而聞名的波斯匿王曾居住此，城內有給孤獨長者施捨的祇園精舍，遺址至今尚存。

70.梵文：Jetavana，祇園，須達（Sudatta）長者為釋迦及其教團所建的僧坊。在中印度，釋迦曾在此處開示佛法。與王舍城的竹林精舍並稱佛教最早的兩大精舍。

在頭部（化身）[58]；「語」在喉部（受用身）[59]；「意」在心部（法身）[60]。

獲勝的長壽頂髻天母[61]的上右手持有一小尊「無量光佛」[62]像（阿彌陀佛像）。手持這尊佛像，象徵她具有使人長壽並獲得至高無上智慧的權力。虛空觀音[63]在化現為「虛空王」[64]時，十隻主手之一也握著一尊佛像。

佛塔
（藏文：mChod-rten）

佛塔代表佛的「意」（法身），並存有他的靈骨。此外，佛塔也是西方紅色廣目天王、羅漢阿氏多[65]和黑色雙臂怒相多聞天王幾位神靈的手持器物。手持佛塔呈白色或金黃色，常插在蓮花基座上。佛塔有一整套的肖像意義，每個組成部分都代表通往圓滿之路的某個具體面向。塔基為稱作「獅座」的多階方座或勒腳（底座）。「獅座」上有一個半圓形拱頂、一座方形佛龕[66]和帶有十三層「傘輪」的塔尖及蓮花傘狀頂飾、月牙和太陽圓盤及滴焰。

佛陀釋迦牟尼圓寂[67]後不久，人們修造了兩組八大佛塔。一組是「八大聖地如來塔」，記載了釋迦牟尼一生中的八件大事；另一組是「八大勝蹟塔城」，是其火化後骨灰分藏的八個地方。由於佛教傳播到亞洲的不同地區，因此，佛塔也是形狀各異。根據藏族傳統，八大佛塔是為了紀念佛陀一生中的八大事件。

1 聚蓮塔，紀念佛陀降生在藍毗尼[68]，他在此地向四方各走七步，蓮花由此盛開。

2 菩提塔或降魔塔，紀念他征服了惡魔，以及在菩提伽耶的菩提樹下修得正果。

3 多門塔，紀念佛陀在瓦臘納西附近斯里那他鹿野苑的「初轉法輪」。

4 神變塔，紀念佛陀在舍衛國[69]祇園[70]叢林中神奇地擊敗了外道教徒。

1～8：八大佛塔；9：裝飾華麗的菩提塔。

71.梵文：Sankasya，僧佉屍，城名。

72.梵文：Rajagriha，王舍城，亦譯「羅閱祇」，古印度摩揭陀國都城，在今印度比哈爾邦底賴雅（Tilaya）附近，周圍有靈鷲山等五山，是釋迦牟尼的傳教中心之一。

73.梵文：Veluvana，竹林精舍，相傳是釋迦牟尼在王舍城宣說佛法時，皈依佛教的迦蘭陀長者所獻出的竹園。與舍衛城的祇園精舍並稱為佛教最早的兩大精舍。釋迦牟尼成道後曾久居此。

74.梵文：stupa或stuka，髮髻。

75.梵文：navagriha，九曜。

76.梵文：nakshattra，星座或星群。

77.梵文：pranayana，呼氣瑜伽。

5 天降塔，紀念佛陀在夏季靜修期間上升天界，向其母的轉世傳法，並從兜率天降至僧佉屍[71]城。

6 和好塔，紀念佛陀在王舍城[72]竹林精舍[73]調解僧人之間的爭論衝突。

7 尊勝塔，紀念佛陀在吠舍離將自己的生命延長了三個月，此時他已八十歲高齡。

8 涅槃塔，紀念佛陀在拘屍那迦沙羅雙樹下「無悔地」圓寂。

梵文「caitya」一詞的意思是「墓碑」，而梵文「stupa」一詞另外還指髮髻[74]或法冠。小型冠狀塔具有彌勒標識的特徵，因為他頭頂上有一座小菩提塔或大菩提塔。長壽頂髻天母像也可以畫在長壽塔拱頂的邊緣或佛龕上。

念珠
（梵文：mala；藏文：'Phreng-ba）

傳統的佛教念珠是用一〇八顆尺寸劃一的珠粒製成，通常握在神靈或世系大師的右手中，象徵透過背誦咒語、供奉和慈悲覺識，體現出其語的純淨。許多印度和藏族世系大師的左腕或右腕上常畫有一串纏繞的念珠。在印度教、耆那教和佛教中，「一〇八」是一個神聖或「完滿」的數字，也與特定神靈名字的傳統數字相符。由於是十二和九的乘積，數字「一〇八」代表十二宮中的九曜[75]。作為四和二十七的乘積，則代表月亮出現在二十七星座[76]之中每一星座的四種弦月（每週一種）。這些星座將月亮每月經過的黃道分成二十七等分。根據呼氣瑜伽[77]，即「控制呼吸」的瑜伽，人在一天二十四小時內要呼吸二萬一千六百次，也就是在六十個時段的每個時段裡呼吸三百六十次。在十二小時的「日」循環中就相當於呼吸一萬零八百次。

密宗的「四種儀式」規定要用一些特殊的念珠。水晶、珍珠、白蓮籽、白珊瑚、螺殼或象牙念珠都用於懷柔儀式；菩提子、蓮籽、黃金、白銀或青銅念珠用於增財或增長儀式；紅珊瑚、紅珍

（上排從左至右）水晶珠串、蓮花或菩提子珠串、檀香木珠串、訶子珠串和骨珠串；（左）二十七粒珠的手持念珠；（中）典型的佛珠（共有一百零八顆珠粒及兩顆計數珠粒）；（右）大黑天神的骷髏念珠；（左下）簡單的念珠和（右下）大師的珠子。

珠、紅瑪瑙、紅檀香木或發出藏紅花香味的紅木念珠用於召喚、吸引和息滅儀式。訶子[78]、鐵、鉛、人骨或獸骨念珠用在誅滅儀式。念珠的珠數因儀式不同各異。一百零八顆珠粒的念珠用於懷柔和增長儀式；二十五顆珠粒的念珠用於息滅儀式；六十顆珠粒的念珠用於恐怖儀式。某些怒相神，如大黑天神，也手持或佩戴小骷髏頭念珠或刻成骷髏頭形狀的骨片。儘管骷髏頭的具體數字沒有規定，但通常畫成用十二、十六和二十一顆骷髏串成的念珠。十二顆骷髏象徵擺脫十二因緣；十六顆骷髏象徵「十六空」；二十一顆骷髏象徵二十一種純淨智慧。觀音手持一串白水晶或珍珠念珠，珠粒大小相同的念珠象徵他的心境平和。「一〇八」這個數字與這個大慈菩薩的一百零八個化身相符。

　　傳統或用於「一般目的」的念珠共有一百零八顆珠粒，以三股或九股撚線串成，象徵「三寶」、金剛持和八大菩薩。這些串珠也代表佛法解釋一百零八種世間法的連續性。不同顏色的珠粒或半寶石珠粒通常放在第二十七、第五十四和第八十一顆珠粒的珠頂，把念珠分成四等分。彩珠也可以放在第十顆和第二十一顆珠粒的珠頂，用來計算念誦咒語的次數。念珠上面還有兩條帶穗的計數繩，每根小繩上都繫有十個銀、金或青銅製的小環，繩的兩端分別掛有金屬的小金剛鈴杵。這些小計數珠串在代表「方法和智慧」的雙股

78.梵文：Rudraksha，訶子。

79.梵文：navaratna，九珠寶。

80.藏文：Byu-ru，紅珊瑚。

81.梵文：gomeda，石榴石。

82.梵文：lashuniya，貓眼石，一種寶石，作裝飾品時多磨成圓球形，看起來很像貓的眼睛。

83.梵文：rajavarta；原文：lapis lazuli，青金石，一種次級寶石，通常為天藍色。

細繩上，用來計算念珠完整背誦次數的個位數（金剛杵）和十位數（金剛鈴）。第三個計數珠粒用以計算百位數，上面掛有法輪或珠寶的小象徵物，還有一個線圈。這樣，就可以順著念珠來回撥動珠粒，以計算上千次咒語的念誦次數。在念誦一百零八遍咒語之後，要把念珠倒過來，從反方向撥動念珠接著數。念珠的末端有兩顆「大師」珠粒，一顆為圓形，另一顆為錐形，象徵著認知空性的智慧和空性本身。兩顆珠粒的形狀也代表佛陀的菩提塔。當把三顆「大師」珠粒串在念珠末端時，即對應到「三寶」和三個神聖字符「Om A Hum」。

珠寶
（梵文：ratna, mani；藏文：Rin-chen, Rin-po-che, Nor-bu）

　　在古代印度傳說中，九珠寶[79]被視為九曜：**1**珍珠（月曜星）；**2**紅寶石（日曜星）；**3**黃玉或金黃寶石（木曜星）；**4**鑽石（金曜星）；**5**祖母綠（水曜星）；**6**紅珊瑚[80]（火曜星）；**7**藍寶石（土曜星）；**8**石榴石[81]（羅睺星）；**9**貓眼石[82]（計都星）。羅睺星和計都星是兩顆黯淡的「蝕星」，在西方天文學中，與月亮在天空北端和南端的交點一致。這些交點是黃道上的「升」、「降」點。月亮在這些交點處繞行地球的軌道平面，與地球繞行太陽的軌道交叉，因而產生引發日食的行星陰影。

　　藏族傳說中共列出五寶或七寶。金、銀、珊瑚和珍珠構成了前四寶；琉璃、綠松石或寶石排列第五位。在某些列表中，水晶替代珍珠，而寶石被祖母綠取代。在列出七寶時，其排列順序通常如下：金、銀、珊瑚、珍珠、琉璃、鑽石和寶石。琉璃常被視為閃爍藍光的青金石[83]，但實際上是藍石或藍晶。琉

珠寶。

珍珠和珠寶圈鏈。

璃可呈白、黃、紅、綠和藍色，而發出這樣光譜的半寶石只有藍石而已。

在藏族藝術中，描繪寶石的繪畫作品十分豐富。在繪畫作品中，常以供品、飾品和器物的形式出現。在描述神靈和壇城時，用寶石進行比喻十分普遍，如「紅的像紅寶石或珊瑚」。藍、白、黃、紅、綠五大顏色經常等同於珍貴的寶石和金屬。在梵文和藏文中，「珠寶」一詞常用在描述印度大班智達[84]和藏族仁波切[85]身上。「珍寶」和「如意寶」等詞是用來描述佛及其教法，而「三寶」就是佛、法、僧的同義詞。

作為供品，珠寶通常畫成圓形或梨形，顏色從頂部到底部漸深。珠寶一般帶有清晰的頂尖，頂尖上有幾條金色的環線，表示珠寶在閃爍發光。也可根據彩色線條排列，形成金字塔狀。珠寶常畫在「轉輪王七珍寶」等吉祥供物的前面，而珠寶供品和器物也可以畫成多面珠寶。

作為飾物，珠寶可畫成不同形狀，代表善相受用身神或菩薩的「八大寶飾」：■珠寶冠；■耳飾；■短項鏈或箍式項圈；■長垂心部的中長項鏈；■長垂臍部的長項鏈；■手鐲和臂鐲；■踝飾；■鑲珠腰帶。在神靈繪畫作品中，白珍珠[86]和紅珊瑚是最常見的珠寶飾物，象徵月亮和太陽、方法和智慧、紅白菩提心露及男精和女血

87.藏文：Rin-po-cheil car 'bebs-pa，財流手印。

88.梵文：Guhyasamaja，密集金剛，亦稱「集密金剛」或「密聚金剛」，神名。藏傳佛教格魯派所修密宗主尊，常為單身三首坐像。

的結合。善相神所戴頭冠飾有五顆帶有蓮花托的珠寶，顏色與五佛相符，中央的珠寶顏色代表神靈所屬的佛部，其他四顆珠寶按照壇城的方位順序排列。

作爲手持器物，眾多的佛教神靈，特別是與財富和繁茂有關的那些神靈，都手持珠寶。珠寶可以畫成梨狀和帶有噴焰頂的寶石狀，有時可繪成下面描述的多面珠寶。當增祿天母呈「財流」手印[87]時，珠寶如溪流般在其掌心神奇地生成。

如意寶
（梵文：chintamani；藏文：Yid-bzin nor-bu）

據說，如意寶存在於神界和龍界，經常畫成夾在大龍王們合十的手掌間。據說，作爲轉輪王七珍之一，如意寶可以使擁有者實現自己一切利他的願望。如意寶經常畫在轉輪王寶馬的馬鞍上，成爲「風馬」的標識。風馬會把吉祥的祝福傳遞到四面八方。在本質上，如意寶是佛陀及其教法的表現形式。作爲前綴詞，如意寶「Chintamani」一詞也加在觀音和度母這樣的菩薩稱號之前。

如意寶可以畫成紅、橘紅、綠和藍的梨形珠寶，多半置於蓮花托上，四周環圍著冠狀火焰或熾熱的光。如意寶也可畫成八面珠寶的形狀，畫成三個被拉長的莖狀物或棒形莖狀物，上面綴有三塊一組的珠寶。三個主要莖狀物的圓形底座常常插在一個月亮圓盤和蓮花上，用一條絲帶或一個金箍將其錐形的腰部捆住。實際上，只有六個面能畫出彩色珠寶尖，其他兩面則被主要的珠寶串擋住了。

如意寶是密集金剛[88]和度母幾個化身的手持器物。在畫中，度母會採擷如意樹上的珠寶，分贈芸芸眾生。除此之外，如意寶也常冠在某些菩薩和本尊神的髮髻上。

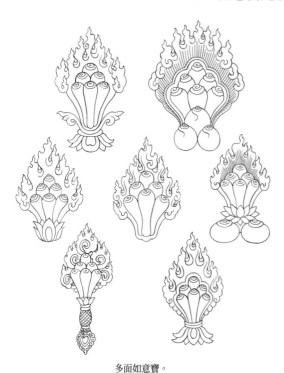

多面如意寶。

如意樹
（梵文：parijata, kalpavriksha；藏文：dPag-bsam-gyi shing）

在攪拌宇宙大海的印度神話中，如意樹從浩瀚的水面露出。據說，它長在因陀羅五大天堂花園最中央的須彌山山頂上。每座花園都有自己的中央如意樹[89]。爲了爭奪如意樹，阿修羅們與天神的戰事不斷，因爲天神隨意採擷如意樹上的神花和神果，生性善嫉的阿修羅居則住在如意樹較低、相對較貧瘠的根幹和樹根處。人們常把如意樹視爲印度珊瑚樹[90]（塵世間的一種對應物），但最常畫成一顆木蘭樹，有著黃金根、白銀樹幹、雜青金石枝條、珊瑚葉、珍珠花、寶石花蕾和鑽石果。在肖像畫法中，如意樹多半畫在彩色風景畫中，樹上飾有花朵、絲綢並掛有珠寶。在無量壽佛和頂髻天母這類長壽神所持的長壽瓶頂部，也繪有小棵如意樹。沙門天女[91]的左手握著一根鑲珠的如意樹枝條。

如意樹。

水晶
（梵文：sphatika；藏文：Shel）

在大圓滿法傳承中，在灌頂時要用水晶[92]象徵性地向弟子闡釋其「意」的完全透徹。南喀‧諾布[93]在著作《水晶和光明之路》[94]中，描述了鏡子、水晶和水晶球是如何用於大圓滿法對精義、本質和精進的闡述。鏡子無條件地反射光芒，水晶無條件地折射光芒，水晶球則在內部成像。作爲禮器，閃爍發光的水晶出現在《五世達賴喇嘛祕觀》經文中所描述的幾幅繪畫作品裏。該篇經文描述，水晶用於灌頂儀式中的第四步驟，以向弟子介紹、闡釋「意」的光明特質。閃閃發光的水晶也出現在拉薩龍王廟[95]裏有關大圓滿法的壁畫上。這些壁畫繪製於六世達賴短暫的在位期（1697－1706年）。在大圓滿法中，水晶和孔雀翎這兩種不同的象徵物也用來代表「觀」[96]和「超越定」這兩項密宗

89. 梵文：harichandana、kalpa、parijata、mandara或santana，如意樹。

90. 學名：*Erythrina indica*，印度珊瑚樹。

91. 梵文：Shramanadevi，沙門天女，女神名。

92. 藏文：Man-shel，水晶。

水晶。

教法的祕密傳承。

作爲寶石或一種珍貴物質，水晶形成須彌山的東坡面。另外，也可用水晶來描繪在東部的方位神和東方精怪的品性和器物。石水晶還可以用來雕刻小型佛塔、佛像和禮器，因爲石水晶的晶瑩剔透象徵它們具有「金剛」的特質。在印度教中，濕婆的林伽和護符在傳統上都是用石水晶刻製而成。如今，這些用其他種半寶石刻製的護符和各式各樣的小型宗教像，在印度和尼泊爾的旅遊市場上能輕易購得。

觀音化現的「虛空王」兩隻右手都持有月亮水晶[97]、水水晶[98]和太陽水晶[99]或火水晶[100]。水水晶具有使液體或陽光變涼的特質，火水晶就像一面聚光鏡，可以聚合陽光以點燃聖火。可以讓人避開八難[101]的觀音的兩個化身也手持這些器物：「避火難觀音」手持一塊冰涼的月亮水晶，「避象難觀音」手持一塊熾熱的太陽水晶。四臂觀音和四臂白色無量壽佛常手持水晶念珠和水晶拂塵器物，而眾多的金剛乘神靈則手持寶瓶。

瑟珠
(藏文：gZi)

縞瑪瑙在藏文中被稱作「瑟」（即所謂天珠），常用作護身符抵禦各種邪惡影響。在古墓附近或新近耕作的農田裏，常可發現瑟珠。據說，瑟珠源於史前時期，有關瑟珠的神話傳說甚多。一種說法認爲，瑟珠是活的生物或蟲子，讓人們看見或觸摸時就石化了。另一種說法認爲，瑟珠是天神拋撒下來的珠寶。每當珠寶破損或變成碎粒時，天神就將它們拋下。還有一種說法認爲，瑟珠是天上如意樹掉下的果實；是傳說中金翅鳥口中掉落的東西；或是傳說中的藏族英雄嶺·格薩爾王從波斯王的寶庫掠取而來的伏藏。

瑟珠一般分爲兩類：一種是圓桶形棕色或黑白條紋相間的縞瑪

93.藏文：Nam-khai Nor-bu，南喀·諾布，1938年生於西藏東部康區的德格，兩歲時被確認爲寧瑪派伏藏師卓堆·帕沃多吉的化身。自1964年以來一直在西方任教，是大圓滿社團的創始人和精神導師。

94.原文：*The Crystal and the Way of Light*，《水晶和光明之路》。

95.藏文：Lu-khang，龍王廟，六世達賴喇嘛在龍王潭島心修建的一座小廟，用以供龍。

96.藏文：Khregs-chod，觀，泛指一切思維觀察活動，特指在佛教「正智」指導下對特定對象或義理的觀察思維活動。

97.梵文：chandra-kanta，月亮水晶。

98.藏文：Chu-shel，水水晶。

99.梵文：surya-kanta，太陽水晶。

100.藏文：Me-shel，火水晶。

101.八難：1 獅難；2 象難；3 火難；4 蛇難；5 賊難；6 鐐難；7 水難；8 非人難。

瑙，上有圓形「睛」或環；另一種是圓形玉髓或光玉髓變體，上有螺旋形赭色、白色或金色條紋。根據形狀，瑟珠還可分為細長的錐狀「母」瑟珠和較厚的桶狀「公」瑟珠。最受尊崇的瑟珠是圓桶狀的棕色或黑色縞瑪瑙，上有九個白「睛」，排列在成角、類似卐字符的圖案之中。九睛瑟珠十分罕見且價格昂貴。在西藏，九睛瑟珠的交易價格相當於一座中等農舍或幾磅重的銀錠。

　　自公元前三世紀以來，在印度河和底格里斯河[102]之間廣闊的區域，可能就已使用了蝕刻玉髓、蝕刻光玉髓和蝕刻不透明瑪瑙的技術。先用蘆葦筆或毛筆蘸著濃烈的蘇打水在圓筒狀石頭上畫出圖案。在烘乾時，將石頭埋在熱灰中烘烤片刻。等石頭冷卻、清洗乾淨後，變得更黑的石頭上就會留下或者滲入帶釉的白色圖案。如果把蘇打水塗在整塊石頭上，烤燒直到石頭變白，就可以得到相反的圖案。隨後，用硝酸銅溶液進行蝕刻，直至出現白底黑色圖案。最早的瑟珠圖案可能帶有條紋或五星。上等的石頭不帶缺角、不透

102.原文：Tigris，底格里斯河，河名。發源於土耳其東南部，向東南流入伊拉克境內，下游在庫爾納，同幼發拉底河匯成阿拉伯河，注入波斯灣。

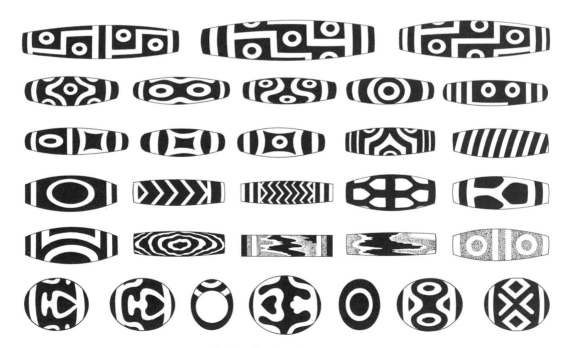

各種蝕刻和天然瑟珠，上排為三個九睛瑟珠。

103.梵文：Kubera；藏文：Lus-nyan，沙毗門天，音譯「俱吠濫」，是印度神話中的財富之神。

104.梵文：Bakula，巴枯拉，羅漢名。

105.原文：ichneumon，獴，北非當地的鼠鼬類動物。牠能吞食鱷魚卵，在古代被視為敬獸。

光，圖案深嵌在石頭中，表面光滑，閃爍著熠熠生輝的光澤。

瑟珠在上個世紀被大量地仿製。目前說來，印度、尼泊爾、中國內地和西藏都仿製出各種瓷瑟珠、塑料瑟珠、樹脂瑟珠、犛牛角瑟珠和玻璃瑟珠。目前最上乘的仿製品產自台灣，採用原始的火蝕刻加工製成。

瑟珠源自西藏本土，因此不具備印度佛教神靈的寶石器物和類似之物的特徵，但在描繪苯教神靈時經常提到瑟珠。

吐寶鼠鼬
(梵文：nakula；藏文：Ne'u-le)

吐寶鼠鼬。

張開大嘴吐出珠寶雨的吐寶鼠鼬，是寶藏神、多聞天王或沙毗門天[103]這類財神左手所持的器物。羅漢巴枯拉[104]的左手也持有鼠鼬。當他用右手撫摸並擠壓鼠鼬時，牠便會吐出一串珠寶。這種對著神靈的左側擠壓，就會吐出珠寶雨或吐寶的鼠鼬象徵物源於中亞的一種習俗。在中亞，人們習慣用鼠鼬皮製作錢包或珠寶袋，直接從鼠鼬口中倒出硬幣、寶石或子安貝殼。傳統上，鼠鼬也是財寶和財富的護寶者龍或蛇的天敵。而印度和中亞的鼠鼬常被錯認為獴[105]。作為手持器物，鼠鼬象徵著慷慨、施欲、財寶和成就。

金鞭
(梵文：suvarna-ashvakasha；藏文：gSer-gyi rta-lcag)

金鞭是嶺‧格薩爾王這類騎馬護法神右手所持的器物。金色鞭桿的底部飾有一塊珠寶或一支半截金剛杵。幾束繩索從桿頂上懸垂下，稍有分叉，宛如飄逸的五彩彩虹發出的光芒。神靈手持金鞭，象徵著力量、控制和降伏。

金耳環 <small>（梵文：kanaka-kundala；藏文：gSer-gyi rna-rgyan）</small>
珠寶冠 <small>（梵文：mukuta；藏文：Cod-pan, dBu-rgyan）</small>

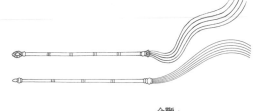

金鞭。

羅漢迦里迦[106]手持的一對金耳環是從眾神那裏得到的，象徵眾神在神域已聆聽到並理解他所傳授的《金法》。耳環象徵忍辱的完美、對口傳教法的理解和斷滅。古代印度貴族佩戴的沉重耳環將他們的耳垂向下拉長了四、五指。身著古代印度王子和公主所穿的「五種絲綢盛裝」、並佩戴「八種珠寶飾」的男女菩薩，長耳垂上都佩戴這種金耳環。佛眾曾摒棄所有的世俗財富和飾物，因此，長耳垂上不畫任何飾物，象徵他們斷滅一切。

羅漢羅睺羅手中握有從眾神那裏得來的珠寶，是他在神域傳授教法而神奇生成的供品。羅睺羅是歷史人物佛陀釋迦牟尼之子，在佛陀得道的那一瞬間降生於世，此前因在母親子宮裏待了六年而名聲大噪。六歲時，他成了獲得圓滿之父的弟子，後被認定爲精通戒學、定學、慧學「三學」的弟子中的佼佼者。珠冠通常戴在最溫和的男女神靈的頭上，上頭的五顆珠寶，代表把「五盛陰苦」[107]和「五濁」[108]變成「五佛智」。

天宮
（梵文：vimana, pura；藏文：gZhal-med khang）

小宮殿、重樓房屋[109]或建築結構精美的房屋[110]也是某些神靈的手持器物。這類建築物既代表須彌山山頂的因陀羅神城[111]，也代表壇城中央某位神靈居住的宮殿。

106.梵文：Kalika，迦里迦，羅漢名。

107.五盛陰苦，即五陰所構成的身體之器，盛載諸衆苦。所謂五陰，是構成衆生生命存在的五種物理與心理要素，即：①色；②受；③想；④行；⑤識。

108.五濁，在惡世、末世中出現的五種污濁，即：①劫濁；②見濁；③煩惱濁；④衆生濁；⑤命濁。

109.梵文：kutagara；藏文：Khang-brtsegs，重樓房屋。

110.藏文：Khang-bzang，建築結構精美的房屋。

111.梵文：svarga，神城。

（左）金耳環和（右）天宮。

香爐。

寶鏡。

香爐

（梵文：dhupadana；藏文：sPos-phor）

香象徵味覺，畫成五妙欲之一。香爐也是焚香天女[112]的器物。柏枝[113]碎末是藏香的主要成分，可畫成把香，也可畫成在香爐中燃燒的粉末。香爐通常是一個裝飾華麗的小金屬缽，下面有三個短足，也可以像基督教乳香香爐一樣懸掛在一條可以晃動的鏈子上。這種形狀的香爐可能源自中亞的聶斯脫利教派[114]。作爲手持器物，香爐是羅漢阿詹伽的標識。

寶鏡

（梵文：darpana；藏文：Me-long）

鏡子是空性和心識的完美象徵。鏡子潔淨、明亮、閃閃發光，可以清晰反映萬物，但完全不受鏡中之物的影響，本質上詮釋了萬象皆空。在肖像畫法上，手持鏡可以畫成白色或銀色圓盤，盤邊鍍金。在鏡子中央和四大方位飾有五個小圈，象徵將萬象變成「五佛智」。某些神靈手持「神鏡」[115]，可以反映出萬物生靈在「三界」和「三時」的「業」。占卜儀式中也使用鏡子，常裝飾著彩箭索結。作爲供物，鏡子既代表視覺，也代表所見之物及可見的「色」。（參閱第38及50頁）

水壺

（梵文：kalasha, kundika, kamandalu；藏文：sPyi-blugs, Ril-ba）

水壺用在淨化儀式和灌頂儀式中，象徵純潔，也藉由點灑水壺中的「長壽水」或「甘露」爲人們賜福。在古代印度，國王登基時要用水壺爲其塗油。在灌頂儀式中，也同樣用這種敷聖油的方法來清潔聖像或禮器。水壺是彌勒的標識，八臂觀音和千臂觀音也捧水壺作爲手持器物。水壺象徵觀音用慈悲撫慰水減輕芸芸眾生的饑渴，洗滌他們身上的污濁，洗刷一切精神障礙和「惡業」。在印度肖像畫法中，水壺一般畫成簡單的圓形陶罐或青銅罐，但在藏族藝術傳統中，則畫成金色細頸淨水瓶，有蓋和壺口，瓶狀體通常都有

112.梵文：Dhupa，焚香天女，女神名。

113.藏文：bSangs，柏枝，藏語稱「桑」。「煨桑」指的是焚燒柏枝的儀式。

114.原文：Nestorian，聶斯脫利派，基督教一個較小教派，信奉君士坦丁堡主教聶斯脫利（Nestorius）所倡導的教義，故名。

115.藏文：'Phrul-gyi me-long，神鏡。

環形籬條，上面飾有蓮瓣圖案。作為獻新器皿[116]，水壺也可以有一個裝飾華麗的手柄。

水壺和淨水瓶。

禮瓶
（梵文：ghata, kalasha；藏文：Bum-pa）

在舉行許多金剛乘儀式時，要使用兩種禮瓶，一種叫作「主瓶」[117]，另一種叫作「羯磨瓶」[118]。這兩種禮瓶外表相似，但從刻在沿口的梵文字符和符號可加以區別。主瓶裝有灌頂水，象徵神靈的觀修壇城，而羯磨瓶則是在儀式的各個階段，實際倒出水進行淨化。

禮瓶（或淨水瓶）是用金屬箔製成的小圓壺，形狀宛若一只僧缽，其瓶基向外逐漸變薄，壺頸長，壺口寬。壺嘴從瓶體垂直向上延伸，從裝飾華麗的羯摩頭或心形座伸出，有時飾有「三寶」標識。主瓶寬大的上口徑刻有五佛的梵文種子字符，而羯磨瓶上刻有五佛的象徵物（法輪、金剛杵、珠寶、蓮花寶劍或十字金剛杵）。上瓶口中央裝有一個可移動的金屬瓶口花。這個錐形管體多半以一把孔雀翎或一根孔雀翎和幾束拘莎草封口，並以一小段織錦綁縛或塞進瓶口固定。孔雀翎灑水撣子的前方可以畫上一塊裝飾華麗的如意寶。禮瓶頸口繫有一條彩色絲帶，既代表五佛部中的一部，也符合所舉行儀式的智慧活動。作一般或多用途時，也會將多色絲圍幛披在淨水瓶的瓶頸上。

禮瓶中的灌頂水或「甘露」是有色的，發出藏紅花的香氣，代表混在一起的二十五種寶瓶藥[119]。寶瓶藥包括五種藥物（身）、五種香料（語）、五種精華（意）、五種穀物（業）和五種珍貴物質（特質）。這二十五種物質由藏醫院或密宗院製成藥丸[120]，再碾碎、溶入藏紅花水中。五種香料一般包括檀香木、蘆薈木、柏木、樟木和溫屍羅根[121]。五種精華是芝麻籽（地之精華）、鹽（水之精華）、乳酪（牲

116.藏文：Phud-tib，獻新器皿。獻新指的是在飲食前用指沾少許向空彈撒敬神。

117.藏文：gTso-bum，主瓶。

118.藏文：Las-kyi bum-pa，羯磨瓶。

119.藏文：Bum-rdzas，寶瓶藥，瓶水溶劑。溶解於宗教徒寶瓶水中的藥物如紅花等。

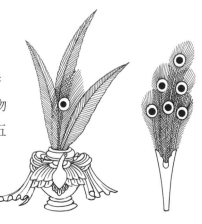

（左）禮瓶和（右）錐形灑水器。

（左）禮瓶和（右）勝利瓶。

120.藏文：Ril-bu，藥丸。

121.梵文：ushira，溫屍羅，須芒草屬植物。

122.梵文：vijaya-kalasha；藏文：rNam-rgyal bum-pa，勝利瓶。

123.藏文：Bum-khebs，瓶罩。

畜之精華）、糖蜜（植物之精華）和蜂蜜（花朵之精華）。五種穀物是芥子籽（懷柔）、稻穀（增長）、豆類（息滅）、青稞（增強）和芝麻（誅滅）。五種珍貴物質是金、珍珠、水晶、珊瑚和綠松石（或琉璃）。灌頂水象徵性地代表佛的「三身」。水要裝滿寶瓶的三分之二。三分之二的水代表「變化身」和「受用身」的結合。而水上三分之一的空間代表法身的無色空性。

禮瓶在傳統上是用青銅箔或銀箔製成，飾有蓮瓣、珍珠、纏枝渦形飾和吉祥符號。主瓶也可以做成勝利瓶[122]的形狀，在加持時作為壇城的主神瓶。勝利瓶沒有瓶嘴，而這個「神瓶」的球狀瓶體一般都飾有一個彩色錦緞瓶罩[123]。

勝利瓶在沙壇城的開光儀式中使用時，代表主神的「寶座」。這些水瓶常飾有奢華的吉祥圖案，如：帶有八張饕餮臉的大橫飾帶，饕餮的下巴掛有成串的珠寶。

作為手持器物，禮瓶有多種變體，可用水晶、銅、金、銀、紅寶石、藍寶石或其他寶石製成，可以用來盛水、甘露、酒、寶物或珠寶，瓶蓋有月亮圓盤、金剛杵、一捧樹葉和水果、「長壽奶頭」、如意樹或蓮花等飾物。根據一份早期儀式活動開列的清單，懷柔儀式要用水晶禮瓶；增長儀式要用銀禮瓶；招財儀式要用金禮瓶；息滅儀式要用銅禮瓶；鐵禮瓶會招致怨恨；泥禮瓶會引起堵塞或麻痺；木禮瓶會使人昏惑，而人骨禮瓶會招來殺戮。

長壽瓶

（梵文：jivana-kalasha；藏文：Tshe-bum）

長壽瓶是無量壽佛的手持器物，也是無量壽佛幾種人神化身的器物。

無量壽佛是紅色無量光佛（阿彌陀佛）的受用身，被派任為西方蓮花部的怙主。無量壽佛、白度母和頂髻佛母構成了長壽三聯神，擔負著使親朋好友或高僧大德延年益壽的使命。

增壽儀式中會使用長壽瓶，象徵性地在瓶內

長壽瓶。

注滿眾神和阿修羅竭力攪拌大海時生成的「甘露」。「甘露」是用被藏紅花染紅的純淨溪水與上述二十五種物質混合而成。在某些長壽灌頂[124]儀式中，長壽瓶也會裝滿青稞酒[125]而不是水。金色長壽瓶的基本形狀與上述無嘴勝利瓶相差無幾，其瓶體呈頂髻狀或僧缽狀，瓶底帶有細長凹槽花紋，瓶頸細長，上瓶口寬，呈錐

（左）長壽瓶和（右）嘎布拉碗中的長壽瓶。

狀。呈球狀的瓶體上，一般畫有珠寶串和珍珠飾帶。瓶底上則飾以蓮花圖案，瓶口邊緣則有盤捲在一起的羯摩尾或珠寶圖案。上沿口頂部的四個方向懸垂著四個葉狀垂飾，形似神珠串、花卉、樹葉和蔓葉的垂飾分別從瓶的邊緣懸垂下來。四種垂飾代表無量光佛四周的四方佛（不動如來佛、寶生如來佛、大日如來佛和不空成就如來佛），無量光佛居於長壽壇城的中央。長壽瓶的瓶頂冠有一尊無量光佛像或無量壽佛像，有時是一顆噴焰紅色珠寶或一塊珠寶背光[126]，背光中間有無量光佛的種子字符「Hrih」。一串新鮮的樹葉和水果如無憂樹[127]和芒果，也可以冠在瓶上，象徵富足和長壽。一棵如意樹也常置於瓶頂，根據傳說，這棵神樹總是枝葉花果繁茂，爲無量光佛所有。蓮花生大師手持的嘎布拉碗裏也有一只長壽瓶，瓶內神奇地溢出藍色甘露，盈滿了嘎布拉碗。長壽瓶也是天杖和金剛鈴的一部分，象徵本尊神或伴神的本質或「甘露」。

124. 藏文：Tshe-dbang，長壽灌頂。

125. 藏文：Chang，青稞酒，用青稞釀成的酒。

126. 原文：aureole，圍繞於聖像頭部或全身的光暈。

127. 梵文：ashoka；學名：*Saraca indica*，無憂樹，此種花顏色鮮紅，能吸引人們的注目，而顯現祥瑞的徵兆。

金色寶瓶
（梵文：nidhana-kumbha；藏文：gTer-gyi bum-pa）

金色寶瓶主要是財富之神的器物，多半用在增長儀式中。帶飾頂的金色寶瓶常放在或埋在風水寶地，如山口、朝聖地、泉水、海洋和溪流。此時，能把富足帶到周邊地區並取悅居於此地的地方神。寶瓶常畫成裝飾華麗的金瓶，珠寶不斷從中噴湧。金色寶瓶的上沿口飾有一顆如意寶珠，有時是三聯珠寶，代表「三

寶瓶。

128.梵文：Mahalakshmi，大羅乞什密，女神名，該神為財富之神和助人之神。

129.藏文：Ye-shes-mtsho-rgyal，益西錯傑，人名。蓮花生的妃子。

130.藏文：gTer-bdag，寶藏主，毗沙門天的異名。

131.藏文：Rig-dzin Karma-gling-pa，仁增‧噶瑪林巴，北藏伏藏師。

132.藏文：dGongs-gter，心間伏藏，甯瑪派所說修行者自然悟到和說出的佛教經文。

133.藏文：Dag-snang，淨相，清淨現分，現見一切情器世間均是淨土，均是佛身佛智之所示現。

134.梵文：Sitavana，錫達瓦那，地名。

135.梵文：*Mahayoga Tantras*，《大瑜伽密續》，經文名。

寶」。某些財神（如：黃色寶藏神、綠色多聞天王和紅色象頭神）的一隻腳下都畫有一只金瓶。黃色增祿天母的一個化身就端坐在從大型寶瓶中升起的蓮花座上。大羅乞什密女神[128]的蓮花座則由九只寶瓶承托著。紅色寶藏神和黃色增祿天母的其他幾個化身也是站在一對橫擺、基座對觸的金瓶之上。

伏藏寶篋
（梵文：nidhana-petaka; 藏文：gTer-sgrom）

伏藏寶篋是「伏藏師」的象徵。伏藏師一般都是甯瑪派大師，往往是蓮花生大師「二十五位心傳弟子」的化身。蓮花生大師及其明妃益西錯傑[129]把大量的「伏藏」藏在喜馬拉雅區域和西藏地區，將來注定要被伏藏師發現。這些寶物埋在或藏在風水寶地，由空行母和寶藏主[130]守護著，直到時機成熟再重見天日。甯瑪派的伏藏傳統列出幾百名十一世紀至今的伏藏師。伏藏通常是禮器或是用古體文寫在藏紙上的經文，其中最著名者可能是《中陰救度經》，該書更為人熟悉的名字是《西藏生死書》，是十四世紀偉大的「北藏伏藏師」仁增‧噶瑪林巴[131]所發現。另外，「心間伏藏」[132]和「淨相」[133]也可闡釋伏藏的教義。

儘管伏藏傳承與藏傳佛教甯瑪派有極強的聯繫，但在印度佛教和漢地佛教中，其成因更為久遠。公元二世紀的印度佛教大師龍樹從龍神那裏直接獲得伏藏《般若波羅蜜多經》。同期，八位早期的印度大師（包括龍樹）都因在菩提伽耶附近的錫達瓦那[134]屍林獲得佛陀修訂過的《大瑜伽密續》[135]傳承而聲名顯赫。

某些甯瑪派伏藏師的左手常托有伏藏寶篋作為手持器物，此外，也會畫在他們周邊的岩縫或岩洞裏，通常呈長方形或圓形的柳條盒或鍍金盒，蓋上飾有一顆珠寶。

伏藏寶盒和寶篋。

護身佛盒
（藏文：Ga'u）

藏族的護身佛盒[136]是用來盛放聖物和其他物品的圓盒、方形小盒或拱形靈骨盒，是藏族珠寶物之一，具有私人佛龕的功能，通常都戴在脖子上，置於胸前，宛如胸章，兩邊的兩個小鈕上繫有彩帶、皮條、鏈索或項鏈。一般用青銅箔或銀製成，正面刻有錯綜複雜的鏨花吉祥符號，常是鍍金的，並鑲嵌著小塊綠松石、珊瑚、珍珠、琉璃和琥珀。正面有一個背光形狀的窗口[137]，從中可以看到裏面擺放的金屬或泥製神像「擦擦」[138]。護身佛盒的背面可以拆下裝進一些小型聖物，如：寶石、印製的咒語、星咒和護身符咒及各種舍利。作為手持器物，護身佛盒是雙臂黃色象頭神的器物。

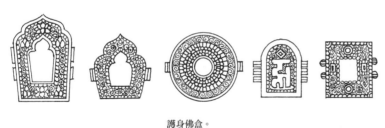

護身佛盒。

盆缽（梵文：karota；藏文：gZhong-pa）和缽（梵文：patraka；藏文：sNod）

盆缽常被畫成供品器物，盛放各種珍貴供品，如：珠寶、水果、甘露、藥品和藥丸、糖果、八瑞相、八瑞物、轉輪王的寶物和五妙欲。作為手持器物，財神常手托盈滿珠寶的缽。象頭神也手持一個盆缽，內盛他最喜歡吃的「飯團」[139]。鬼子母神[140]的「五百童子」也捧著盛滿糌粑的碗。

長壽神的前面常擺著一碗長壽丸[141]。在長壽加持儀式中分撒的長壽丸，一般是用中草藥製成，與糌粑、「三白」（酪、乳、酥油）及「三甜」（糖、糖蜜、蜂蜜）混合而成。盆缽畫成裝飾華麗的金色器皿，呈寬口碗或淺盤狀。鐵碗[142]內盛

內盈五妙欲的碗，前面有一把琴。

136.藏文：Ga'u，護身佛盒，藏文音譯「嘎烏」，亦稱「寶盒」。婦女首飾。內裝神像或活佛喇嘛所賜的物品，面鑲各種珠寶翡翠，珍珠為鏈，一般掛於頸下。

137.梵文：prabha-torana，窗口。

138.藏文：Tsa-tsa，藏文音譯「擦擦」。宗教用品，指用泥製成的小供品。一般大小如拳頭，呈圓錐狀，有佛像、佛塔及經文，由木頭和金屬模具製作而成。泥土多為黃色或紅色，常供於寺院、佛塔、轉經堂及各戶人家的房頂、經堂等聖潔之地。。

139.梵文：ladduka；藏文：La-du，飯團，亦稱「麵餅」、「飯丸」，翻越大山時食用的特製食品。有兩種不同作法：其一用三甜三果撒香料和稀麵為丸，煮於牛奶酥油中；其二以細麵、蓽撥、生薑、胡椒、葡萄、石榴、三川柳果等為飯團。

140.梵文：Hariti，鬼子母神，音譯「訶利底」，意譯為「愛子母」、「天母」、「功德天」。這原本是暴戾的夜叉女，專門吞食他人的幼兒，其後接受佛的教化，成為養育幼兒之神。

141.藏文：Tshe-ril，長壽丸。

142.藏文：lCags-snod, Par-bu，鐵碗。

有甘露、糖果、疾病或人血，是某些怒相神的手持器物。

琵琶（藏文：Pi-wang）和弦子（藏文：rGyud-mang）

在藏族藝術中，中亞和中國內地的琵琶及印度的維那琴[143]常交替出現，取決於畫中人物是中國風格還是印度風格。

中亞的琴是白色東方持國天王[144]的器物，食香者或乾闥婆的雙手也捧有維那琴。琵琶則畫成與阿富汗拉巴巴琴[145]或現代印度薩洛特琴[146]相似的形狀，有一個羊皮面木音盒及一個無飾紋的錐形指板，頂部有一個裝飾華麗的上弦軸盒或弦鈕，常雕有神話動物的頭，如：龍頭、金翅鳥頭或羯摩頭。琵琶有四根或五根弦及一個小琴馬[147]，頂邊線條筆直，底邊線條曲線則沿襲傳統的琴體式樣。

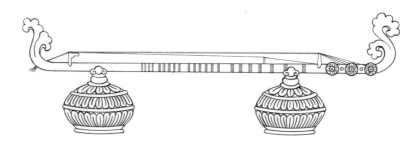

北印度的維那琴。

印度維那琴是辨才天女的主要器物，也常由妙音天女[148]和音樂女神[149]握持。妙音天女的維那琴與現代印度北部的維奇特拉[150]琴形狀相似。這種維那琴是用一根剖開的長竹製成，上有撥弦，琴的兩端下方固定著兩個葫蘆製成的共鳴器。此外，琴馬末端也常設有個小共鳴器，弦軸盒上有雕花的琴頭，琴身和琴頭都是傳統的大雁形狀，而大雁正是辨才天女的坐騎。

第十三章
植物供品

蓽撥
（梵文：picula；藏文：Pi-tsu-ra'i 'bras-bu）

聖純陀度母[1]和增祿天母的右手都持有蓽撥果[2]這個器物。蓽撥果和李子相似，內瓤呈黃色，皮呈藍色或紫色，與木瓜的形狀和大小相同。查閱梵文詞典，蓽撥樹屬於檉柳[3]的一種，有時，也稱作「picu」、「picuka」和「vicula」樹（葉花茜木屬[4]）。

香櫞
（梵文：jambhira, jambhara, bijapura；藏文：Bi-dza-pu-ra-ka）

黃色的香櫞果（或稱亞洲芒果）是純陀天女和財神的多種化身，如寶藏神、多聞天王和毗沙門天的器物。梵文「檸檬」一詞也有「勝利」之意，與財神寶藏神的詞根「jambha」相同。在印度教中，希望懷孕的婦女會敬拜寶藏神。梵文中「檸檬」的另一個詞彙「bijapura」代表「裝滿種子」，也有「盛滿精液」的性含義。黃色香櫞象徵著富裕、繁榮和多子多孫，常由財神施財的右手握持，與神靈左手中的吐寶鼠鼬配成對。

1.梵文：Arya Cunda Tara，聖純陀度母，度母名。

2.學名：*Piper longum*，蓽撥，生於深谷的胡椒科藥用木本植物名。味辛而甘，性溫熱。扶持胃陽，治痰分、風分及呼吸不暢諸病，能分離惡血和良血。

3.學名：*Tamarix indica*，檉柳，落葉小喬木，老枝紅色，葉子像鱗片，夏、秋兩季開花，花淡紅色，結蒴果。

4.學名：*Vangueria spinosa*，葉花茜木屬。

蘿蔔
(梵文：mulaka；藏文：La-phug)

(左) 蓽撥、(中) 香橡、(右) 蘿蔔。

白蘿蔔[5]是印度教和佛教象頭神的標識，通常握在他的右手中。蘿蔔頂部常飾有三根長葉，象徵「三德」[6]。與飯團一樣，蘿蔔是象頭神最鍾愛的食物，象徵大地的精華。蘿蔔和肉、魚、大蒜、洋蔥都不吉利，也是淨化或緣慈[7]儀式上禁止使用的「黑色」食物，會引發「鈍」、無知和謬誤[8]。

訶子
(梵文：haritaki；藏文：A-ru-ra)

5.學名：*Raphanus sativas*，白蘿蔔。

6.梵文：guna，德行、屬性之意。三德為佛之德行的三個方面：**1** 恩德，如來以大願力救護眾生；**2** 斷德，如來斷除一切煩惱，無所殘餘；**3** 智德，如來以平等智慧遍照一切諸法而無礙。

7梵文：sattvic，緣慈。儀式上禁止使用的「黑色」食物，這些食物可以引發「鈍」、無知和謬誤

8.梵文：tamasic，引發愚鈍、無知和謬誤的。

9.學名：*Terminalia chebula*，訶子樹。

10.梵文：Bhaishajyaguru；藏文：Sangs-rgyas-sman-bla，藥師佛，全稱「藥師佛琉璃光如來」，亦稱「大醫王佛」、「醫生善逝」等。佛名。是「東方淨琉璃世界」的教主。《藥師經》中稱他發過十二大願，要滿足眾生的一切欲望，拔除眾生的一切痛苦。

11.藏文：sMan-mchog-rgyal-po，萬藥之王。

訶子樹[9]神聖的藥用果是藥師佛[10]的主要器物。藥師佛的右手握有一根結有三粒訶子果的莖梗，左手捧著一個僧缽，內盈甘露和另外三個訶子果。訶子果是一種生澀的果實，乾癟後宛如洋李大小，可製出黃色染料或顏料。在印度草藥學和藏醫體系中，訶子因為是預防和治療的靈丹妙藥而備受尊崇。在藏文中，訶子稱作「萬藥之王」[11]，該樹的各種部分，如根、莖、枝、皮、葉和果都可用來治療骨、肌肉、血管、皮膚、內臟、人體器官和心臟等疾病。訶子源於神話的傳說很多，其中幾則都是以「攪拌大海」傳說中灑出的幾滴「甘露」為依據。藏醫體系列出了八種訶子，而印度草藥學列出了十一種。每一種訶子的藥性、味道、質地、顏色和形狀各不相同，訶子果可以畫成幾種獨具特點的不同形狀。

(左) 三種訶子果的手持器物；
(右) 僧缽中的三種水果。

玉米穗
(梵文：dhanyamanjari；藏文：'Bru'i sne-ma)

玉米穗是增祿天母左手所持器物之一。她手持玉米穗，象徵繁

榮、果實累累和大豐收。千臂觀音菩薩（共有一千零五十隻手
臂）的化身叫作「虛空王」，他的三十八隻次手中，有一隻握
有冬天收穫[12]的玉米穗。據信，冬天收穫的莊稼中有最優質的
玉米和青稞。

（左）玉米穗和（右）大豐收的多玉米。

穀穗
（梵文：manjari；藏文：sNe-ma）

「珠寶穀穗」[13]是紅色增祿天母和化現爲「牛郎」的黃色
增祿天母右手所持的器物。谷穗是大豐收後繁榮的象徵，而大
豐收是生長在須彌山北俱盧洲的長生無殼穀穗的標識。據說，
富饒大地上尚未收穫的莊稼會在收割的那一天自動再生。谷穗
乾淨、完美、美麗、香甜、令人愉悅、易於收割。

稻穗
（梵文：kanisha；藏文：'Bras-kyi sne-ma）

增祿天母的某些化身手持沉甸甸的稻穗作爲左手所持
器物。稻穗也是「九母」[14]左手常見的手持器物。九母是
多神形態的寶藏神九大化身在各方位上的伴偶。

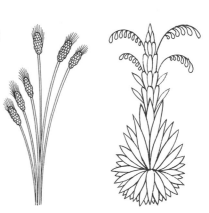

（左）穀穗和（右）稻穗。

菩提樹或道樹
（梵文：bodhi-vriksha；藏文：Byang-chub-kyi shing）

釋迦牟尼在無花果樹[15]下得道。當時，無花果樹被稱作「菩提
樹」或「道樹」。同樣，先於釋迦牟尼時代的「過去六佛」中，有
五位：**1**毗婆屍佛[16]；**2**毗舍浮佛[17]；**3**拘留孫佛[18]；**4**拘那舍牟
尼佛[19]；**5**迦葉佛[20]則分別在無憂樹、娑羅雙樹、合歡樹[21]、無花
果樹和印度榕樹下得道。對毗濕奴來說，菩提樹十分地神聖，也稱
作「馬站樹」[22]，因爲馬匹會自然被吸引到樹邊，在樹下納涼並獲
得保護。

某些神靈在畫中是坐在一些特定的樹下或背靠某種大樹的樹幹
站立著，例如：擔木度母[23]站在擔木[24]叢中；六臂大黑天神背靠著

12.藏文：dGun-'bru，冬天收穫。

13.梵文：ratnamanjari；藏文：Rin-
po-che'i sne-ma，珠寶穀穗。

14.九母，寶藏神九大化身在各方位上
的伴偶。九母為：**1**財流母；**2**月光
母；**3**布施母；**4**極施母；**5**聖
母；**6**極賢母；**7**隱母；**8**妙顏天
母；**9**妙音母。

15.原文：*Ficus religiosa*，pippala
tree，無花果樹，樹名。

16.梵文：Vipashyin，毗婆屍佛，佛
名。過去莊嚴劫的三佛之一。

一棵檀香樹[25]。在壇城的八大屍林裏也繪有八種不同的菩提樹，分別是：**1** 鐵力木[26]（東方）；**2** 刺梧桐樹[27]（東南）；**3** 芒果樹（南方）；**4** 巴塔克樹[28]（西南）；**5** 香蕉樹（西方）；**6** 阿見樹[29]（西北）；**7** 菩提樹（北方）；**8** 核桃樹（東北）。

兩棵纏枝的菩提樹。

神樹與花枝

某些神靈手持一棵樹或一枝花枝作為器物，如婆利闍多迦[30]神花或如意樹的花枝。持寶天母菩薩[31]手持一枝珠寶細枝，枝條上垂著「果實穗」。藍色披葉度母[32]的第一隻右手持有一根結實累累、可祛百病的天樹枝條。怒相大黑魔護法的一隻右手拿著一根會噴火焰的毒樹樹幹。毒樹是「見血封喉」[33]，其白色漿液在打仗時塗在箭頭製成毒箭。

無憂樹
（梵文：ashoka，藏文：A-shwa-ka, Mya-ngan-med-pa'i shing）

細高的無憂樹是亞洲一種普通的樹種，長葉帶槽，季節性地盛開紅花。梵文「ashoka」一詞有「無憂」之意，吠陀時期的欲神奉之為聖物。特別是當善良德高或心地純潔的女子觸摸它時，花朵就會盛開。在佛教中，無憂樹是毗婆屍佛的菩提樹，也是摩利支女的標識。摩利支女神的幾個化身和二十一度母之中的幾位都手持無憂樹或無憂樹開花的枝條。

龍樹
（梵文：naga-vriksha, champaka, Michelia champaka；藏文：Klu-shing）

龍樹稱作「含笑屬涎香樹」[34]，屬於木蘭的一種。芬芳的白色花朵在蒸餾後可製成香料或「香金木」[35]薰香。該樹是彌勒菩薩的標識，他的左手常持有一朵白色龍花或一枝開花的龍樹枝條。

17.梵文：Vishvabhu，毗舍浮佛，佛名，過去六佛之一。

18.梵文：Krakuccandra，拘留孫佛，佛名，過去六佛之一。

19.梵文：Kanakamuni，拘那舍牟尼佛，佛名，過去六佛之一。

20.梵文：Kashyapa，迦葉佛，佛名，過去六佛之一。

21.梵文：shirisha，合歡樹，樹名。

22.梵文：ashvatta，馬站樹。

23.梵文：Khadiravani，擔木度母，綠度母之一。

24.梵文：khadira；藏文：Seng-ldeng，擔木，紫檀，檀木，檀香科喬木名。入藥味甘澀，性涼，功能收斂敗血黃水。

25.梵文：chandan；藏文：tsan-dan，檀香樹，樹名，

26.梵文：nagkesar，鐵力木，指藤黃科兩種東印度樹產的喬木。

27.梵文：karaya，刺梧桐，樹名。

28.梵文：bataki，巴塔克樹，樹名。

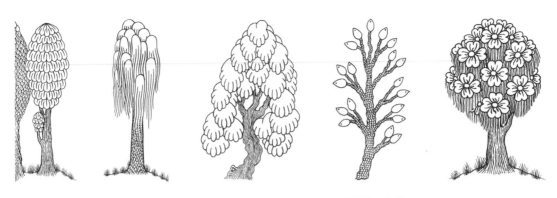

（從左至右）無憂樹、白色檀香樹、紅色檀香樹、珠寶枝條和龍樹。

29. 梵文：arjuna，阿見樹，產于熱帶亞洲的橄仁樹屬。

30. 梵文：parijata，婆利闍多迦，神花名。

31. 梵文：Manidhara，持寶天母，菩薩名。

32. 梵文：Parnasabari，藍色披葉度母，女神名。

33. 梵文：upas；拉丁文：*Antiaris toxicaris*，見血封喉，一種很大的常綠喬木。過去相信它的毒性可毀滅臨近的任何生物。生在亞洲東南部，往東遍及菲律賓，與木菠蘿相近，樹葉及樹皮產生一種有毒的生物鹼，對於心臟起作用，用於箭毒及標槍毒。

34. 拉丁文：*Michelia champaka*，含笑屬涎香樹，亞洲的一種灌木和喬木，屬木蘭科，又作黃蘭。

35. 梵文：nag-champa；拉丁文：香金木，一種印度薰香。

第十四章
法源

1.藏文：mKhyen gsum，三智：1 基智，亦稱「一切智」，聲聞緣覺之智、知一切法之總相者；2 道智，知一切種種差別之道法者，菩薩之智；3 果智，亦稱「一切種智」，是佛智，佛智圓明，通達總相、別相化道斷惑一切種之法者。

2.梵文：Vajrayogini dharmodaya，金剛瑜伽母法源。

喜旋
（梵文：ananda-chakra；藏文：dGa' 'khyil）

　　喜旋的形狀與古代中國的陰陽圖相同，但旋轉的中心點通常由三個或四個部分組成。藏文「dGa'」一詞用來描述各種快樂、喜悅和愉悅。藏文「'Khyil」一詞的意思是「旋轉」或「圍轉」。喜旋通常畫在法輪的中心點上，三旋或四旋代表「三寶」、殊勝「三界」，或是「四聖諦」及四大方位。作爲「三寶」的象徵，喜旋是轉輪王的「三睛寶石」或如意寶。在大圓滿教法中，喜旋的三旋主要象徵基智、道智和果智「三智」[1]。

　　在無上瑜伽密法的內瑜伽修法中，喜旋這個象徵物代表紅、白菩薩心露通過中央脈道的臍輪、心輪、喉輪和頭輪上升或下降，因而產生了「四喜」。下面將針對金剛瑜伽母法源[2]中喜旋的內在象徵意義作更爲詳細的闡釋。

正、逆時針旋轉的喜旋。

法源

（梵文：dharmodaya；藏文：Chos-kyi ʼbyung-gnas）

法源代表生成某些神靈的觀修場所，可以畫成倒三角、交疊的六角星或倒三角形的「金剛岩」形狀，置於神靈端坐或站立的蓮花座下面。三角形法源通常生成於空性，其字符爲「E」。在早期印度文字中，字符「E」寫成三角形狀，代表「evam」一詞。早期佛教的每一部經文都以「evam」爲開篇詞，其意爲「我曾耳聞」。

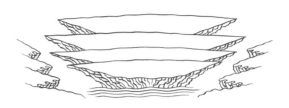

三角形金剛岩的構成方式。

在印度教和佛教的密宗經文中，倒三角形爲「陰性」，象徵著女神的陰道[3]；正三角形爲「陽性」，象徵神的陰莖[4]。交疊的六角星是由兩個交叉對置的等邊三角形組成，象徵神與其伴偶的結合。在印度教密宗經文中或在刻製的護符上，都可以看到交疊的六角星、三角形和正方形幾何圖形的多種變體。護符是專門敬獻給某些特定神靈的，尤其是十大智明女神[5]。而幾何圖案中最複雜、最著名的是吉祥天女神[6]護符，由五個陰性的倒三角形和四個陽性的正

3.梵文：yoni，陰道。

4.梵文：lingam，陰莖，即前述的林迦。

5.梵文：Mahavidya，十大智明女神，十位智慧女神名。

6.梵文：Tripura-sundari（Shri），吉祥天女神，女神名，即吉祥天母。

吉祥天護符。

三角形所組成。九個三角形交疊起來，形成一個共有四十三個三角形的完美數學圖形。

許多金剛乘神靈生成於三角形法源。其形狀一般是錐形三角形金字塔，塔尖朝下，彷彿指向神靈下方較遠處的某一點。但在藝術繪畫作品中，法源常畫成平面三角形，環繞著神靈的蓮花寶座。神靈從法源中升起，法源外部塗成藍色或白色，內部塗成紅色。某些怒相神或本尊神的壇城宮也視為立體法源，下面將描述金剛瑜伽母法源。

金剛瑜伽母法源。

金剛瑜伽母法源

金剛瑜伽法源呈六角星或立體六邊形，由兩個相互交疊的等邊三角形金字塔組成，塔尖朝下，指向壇城「金剛場」中央三角形的交合點。這個六邊形構成金剛瑜伽母的天宮，從其原點向上逐漸外擴，象徵金剛乘修習的「道路次第」[7]。法源內部呈紅色，象徵大樂；外部為白色，象徵空性。交疊三角形的三個角代表空、無相、無願「三解脫門」。構成法源六個角的六個等邊小三角形代表戒、忍、精進、禪、慧、佈施「六度」。頂角和底角是空的，象徵一切

7.藏文：Lam-rim，道路次第，經行道路的先後次第。

金剛瑜伽母火供儀式中使用的火灶圖形。

皆空和芸芸眾生的無我。另外四個小三角形內都有逆時針方向迅速旋轉的粉色喜旋，代表「四喜」。

在觀修金剛瑜伽母內瑜伽時，透過紅、白菩提心露在中央脈道的上升和下降，可體驗到「四喜」。白色菩提心露可觀想成脈輪中央的白色小喜旋。它迅速旋轉，使人感到大樂的生成。隨著大樂的增長，白色喜旋從臍部上升到心部，並繼續旋轉，使大樂不斷增加。紅色菩提心露可觀想成在額頭旋轉的紅色喜旋，它歡快地上升到頭部，然後經過喉部下降，最終停止在心部旋轉的白色喜旋之上。紅、白菩提心露越來越接近，最後合成單一一個旋轉的菩提心露，成為粉色喜旋。喜旋的體積逐漸膨脹，直至融入空性的明見之中。由白色菩提心露上升和紅色菩提心露下降而生成的「四喜」（喜、勝喜、殊喜、俱生喜），均要經過四大脈輪中心（臍部、心部、喉部、頭部）。

第十五章
朵瑪與象徵性供品

1.藏文：gLud-tshabs，贖身品，亦稱「供施代替品」。用彩線繞成或用糌粑捏成日用品、牲畜、房屋等模擬物，送祟時一併施捨的財物。

2.藏文：Tshogs-gtor，會供朵瑪，用作會供的食子。食子，即：朵瑪，由糌粑捏成用以供神施鬼的食品丸子。

朵瑪
（梵文：bali；藏文：gTor-ma）

藏族朵瑪是一種用麵團捏製的象徵性禮儀供品，上面飾有酥油花製成的彩色圖形。朵瑪的概念源自古印度一種稱作「bali」的獻祭儀式。作為供奉給善相神的神聖「禮物」，這個獻祭儀式通常使用食物供品，如：水果、穀物、米餅或飴糖。供奉怒相神和女神時，獻祭儀式常使用動物供或血供。由於佛教強調不殺生並視萬物為神聖而不可侵犯，因此佛教嚴禁動物供，而尋求用象徵的贖身品[1]替代血供。

藏文「gTor-ma」一詞源自「gTor-ba」這個詞根，其意為「摒棄」、「切開」和「分撒」。該詞也指無需回報的獻贈。在儀式結束時常拋撒朵瑪。朵瑪有三種主要形狀：❶供奉朵瑪，用於懷柔、增長及除障等世俗儀式；❷錐形食用會供朵瑪[2]，精神祝福的儀式舉行後可以切開，分撒給參加儀式的人食用；❸最大宗的神靈朵瑪，需要單獨捏製，代表壇城的象徵形式或符合某位獨特神靈的「口味」。有些朵瑪體積既小又簡單，只是一個基本的錐形體或三角形金字塔；有些朵瑪卻極為複雜，尺寸高達一人。

白色圓錐形朵瑪屬於供奉給白度母和觀音菩薩這類善相神的懷柔朵瑪。供奉給轉輪王或金剛瑜伽母這類的半怒相本尊神的朵瑪則十分複雜，通常為紅色心形食子（朵瑪）。供奉給大黑天神或金剛橛神這類怒相神的朵瑪通常是紅的，頂部有雕製而成的三角形火焰。在增強儀式中使用的朵瑪普遍為紅色或黑色三角形。為了與密宗四大「密業」相符，也會捏製白、黃、紅、黑色的朵瑪。一般說來，朵瑪食子通體塗成白色[3]或紅色[4]，代表神靈溫和或恐怖的活動。朵瑪也可用作替換物品或伏魔術中使用的物品，因為，在拋撒之前，朵瑪已將疾病和惡業吸了進去。

傳統上，糌粑麵團中可加入各種原料。把糌粑粉、酥油和水揉在一起，內含「三白」（酪、乳、酥油）、「三甜」（糖蜜、飴糖、蜂蜜）和二十五寶瓶藥。（參閱第233頁）在敬奉本尊神和怒相神時，要在上述成分中加入紅茶、酒、蒜和肉。朵瑪的裝飾極為奢華，包括一些用混有彩色染料的酥油花[5]製成的象徵性元素，如：圓形蓮花底座、六角形法源或帶台階的方形基座。錐形、金字塔形或心形朵瑪食子也常飾有象徵物，如：太陽、月亮和融滴。彩色圓盤或蓮花則代表花瓣、三角形火焰和特定神靈。在觀修神靈和金剛乘儀式中所用的朵瑪形態各異，高達幾百種。許多藏族家族都有自己獨特的製作方法和裝飾傳統。

靈器
（藏文：mDos, Nam-mkha'）

就跟製作特定種類的朵瑪一樣，舉行儀式時，也經常必須製作靈器作為神靈的臨時住所。用兩根細木棍捆成十字形，就是靈器的基本形狀。然後再用這個十字纏出一個蜘蛛網狀、複雜的菱形彩色圖案。上頭的彩線有特定的順序，根據即將舉行的儀式安排。顏色多達六種，共有黑、白、黃、紅、綠、藍。更為複雜的靈器可綁成各式各樣錯綜複雜的幾何圖形，包括大菱形狀（四角有四個定向的小十字架）、吉祥結、倒置的風箏圖形、六邊形或各種幾何圖形的結合體。

3.藏文：dKar-gtor，白色朵瑪。

4.藏文：dMar-gtor，紅色朵瑪，指帶血的朵瑪或塗成紅色的朵瑪。

5.藏文：Mar-tshon-mchod-pa，酥油花，藏族特有的古老手工藝術。酥油花反映的題材十分廣泛，花樣繁多，形象各異。

6.藏文：Zan-spar，糌粑模子，刻製糌粑製品的模子。

7.藏文：gLud，贖身品，亦稱「替身模擬像」、「替身品」或「贖命物」。宗教活動中用以懺悔替死的財物。

8.藏文：rGyang-bu，護籬，送崇時所用靈器周圍豎立的十字形竹籤撐架。

9.藏文：Pho-gdong，披虎皮的男子。

10.藏文：Mo-gdong，披豹皮的女子。

11.藏文：Thun-zor，真言武器。

最精緻的靈器是立體的，多層的基底座代表四大要素的根基。基座上方是一座有四面圍牆的壇城宮，宮頂呈三角形，上方支有一個複雜的平面靈器。靈器較低的基面通常建成四層或五層的須彌山。每層台階上都擺放著四大方位的供物，如：供燈、食品、武器和贖身品及精怪和動物模擬像。用木製糌粑模子[6]可以刻製出麵製模擬小像，也可以刻出奢華儀式所需的大批各式動物、武器、象徵物和贖身品。靈器支棍末端飾有特定的鳥翎或白色棉團，象徵天空。繪有被安撫神靈的小型佛畫置於靈器頂部，靈器中央則可畫上或塑上一張具有象徵意義的臉。

在恐嚇或息滅儀式中，靈器具有「獄所」的功能，邪惡精靈可能會在特定供品的誘惑下走進「獄所」，隨後被線織的幻網纏住。接下來，便毀掉、搗碎、焚燒靈器，並在十字路口或偏僻之地拋撒。作為一種保護裝置，靈器常矗立在居所或寺院的屋頂，以誘惑並纏住出沒在這些建築物裏的遊魂惡鬼。

贖身品：箭（藏文：mDa'）和紡錘（藏文：'Phang）

贖身品[7]用於某些藏族儀式中，以去除邪惡精怪對芸芸眾生，以及對其財富、財產的邪惡影響。在傳統上，這些「替罪羊」或「假」供品的形狀如同彩繪護籬[8]或受害者的麵塑像。

下頁圖中左下角有一對這樣的木護籬。依傳統，護籬要直插在一個叫作「糧倉」的穀物鬥盒內。左邊的護籬上繪有一個身披「陽性」虎皮的男子[9]。他的「方法」右手拿著一支象徵男性的箭，護籬下半部繪有他的財富和牲畜，護籬的三角部分繪有象徵陽性的金剛杵。右邊的護籬上繪有身穿「陰性」豹皮的女子[10]。她的「智慧」左手拿著一個象徵女性的紡錘，護籬下半部也同樣繪有她的財富和財產，護籬頂部上則繪有象徵女性的蓮花。陽性箭和陰性紡錘這對截然不同的象徵物源自前佛教時期，在苯教中被視為「真言武器」[11]而廣為使用。

贖身品也可按照為之舉行特殊儀式的人的模樣捏製。捏製時，

（上方）各式幾何形狀的靈器、交疊成結的九把劍；（中央及右下方）各種朵瑪；
（右下角）糌粑模子；（左下角）贖身品籥與紡錘。

要把剪下的指甲、頭髮和從受害者衣物上取下的一塊布揉進模擬像的麵團之中。

....

五覺供品
（藏文：Khro-bo'i dbang-po lnga-tshogs）

令人生畏的「五官供花」[12]在傳統上畫成敬獻怒相神的朵瑪。這種恐怖的供品與善供中的五官供品相對應。（參閱第三章）五官供品是敬獻給善相神的，但必須畫出真正的五官來替代令人感官愉悅的五種美麗物品（鏡子、樂器、香料、水果和絲綢）。作為朵瑪的一種，這種供品是手工捏製的糌粑麵團，色彩斑斕，宛如一個塗有礦物或蔬菜染料的「酥油花」。

這個令人生畏的供品基座是一個倒置的骷髏或嘎巴拉碗。在傳統上，要插在一個有三顆小骷髏的三腳架上。骷髏裏有五大器官：■一個撕裂的心臟，代表覺識或觸覺；■長長的視神經上一對撕裂的眼睛，代表視覺；■舌頭，代表味覺；■鼻子，代表嗅覺；■一對耳朵，代表聽覺。有時，砍下的雙手雙腳也構成恐怖供品的一部分，象徵觸覺。一隻彩箭直立刺入心臟，則象徵「第六識」，即意識。這支彩箭象徵為五官加持之神的身、語、意。箭桿比作代表神之「身」的中央脈道。箭的舵尾羽翼和黑絲箭旗代表咒語或神之「語」。刺入心臟的箭頭把神之「意」比作對心臟中央「金剛滴露」最細微的覺識。在儀式使用上，拋撒朵瑪前要先把彩箭拔出。

在描繪怒相神的唐卡上，五覺供品常畫在中央神靈的蓮花寶座前方和下方。盈滿漩渦狀甘露或酒，以及盛滿漩渦狀血液的嘎巴拉碗，分放在主供品的左、右兩側。就總體而言，這三個象徵物代表人胚胎成長發育的三個主要階段。盈滿藍或白色「甘露」的嘎巴拉碗，代表有繁殖能力的男精；盈滿紅色血液的嘎巴拉碗代表有繁殖能力的女血；而五覺供品就代表人們尋求再生的意識。在藏醫傳統中，據說父親的白色精液能夠生骨、生腦、生胚胎神經，母親的紅色經血可以生成柔軟的人體器官。尋求再生的意識將五官的特質帶

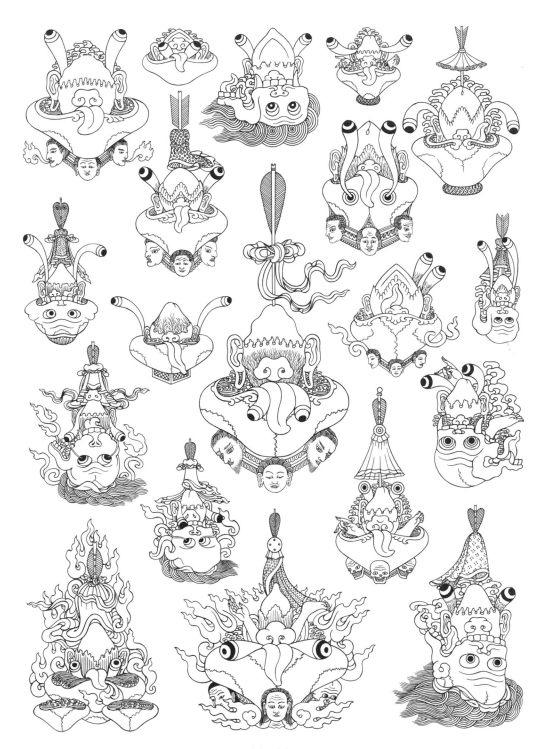

怒相五覺供品。

入了這種生育的結合。五官及其相應的五覺是「門」，通過這道「門」，尋求再生的意識最終感受到了這個世界。

內供
（藏文：Nang-chod）

「內供」是具有最高象徵意義的供品，用於觀修《轉輪王密續》、《金剛瑜伽母密續》、《喜金剛密續》、《密集金剛密續》、《怖畏金剛密續》等無上瑜伽密續。內供是一個白色的大嘎布拉碗，碗中央有一大裂縫，內部呈紅色，放在一個由白、紅、藍三顆割下人頭搭成的三角架上。三角架立在一個倒置的紅色三角形火壇城和一個正置的藍色碗狀風壇城之間。風壇城的兩側各有兩只白色或金色甘露瓶，一根紅色檀香木桿從瓶中伸出，桿頂飾有一支金剛杵和一支犛牛尾三角幡。每根桿上都繫了一面三角形勝利幢。當風壇城中的大漩渦使火壇城向上燃燒並熔化大嘎布拉碗中的物質時，勝利幢迎風飄拂。

碗中物質包括「五甘露」和「五肉」。五甘露包括人的大便、骨髓、男精、女血和小便。五肉指的是牛肉、狗肉、大象肉、馬肉和人肉。五甘露排成壇城形狀：黃色大便在東方（前）；綠色骨髓在北方（右）；白色男精在西方（後）；紅色女血在南方（左）；藍色小便在中央。五肉的排列相同：黑色牛肉在東南方（左前）；紅色或藍色狗肉在西南方（左後）；白色大象肉在西北方（右後）；綠色馬肉在東北方（右前）；紅色人屍在中央。

在禪修的生起次第階段，風壇城、火壇城、嘎巴拉碗及碗內被熔化和液化的物質，分別代表風、火、地、水四大元素。三顆割下的人頭象徵修習者的身（白色人頭）、語（紅色人頭）、意（藍色人頭），是將被淨化的三大「根本」。嘎布拉碗生成的白色字符「A」象徵空性，而嘎巴拉碗本身象徵大樂。嘎布拉碗的白色外殼代表父親的白色菩提心露（精液）；紅色內殼代表母親的紅色菩提心露（經血）。嘎布拉碗中央的一條縫隙代表方法與智慧、慈悲與寧靜、

色與空皆為不可分割。五甘露和五肉生成於各自梵文名字的第一個字符，象徵所有這些物質都是特意安排而存在，經過正思而生成。

五甘露象徵五佛、「五識」[13]和將被淨化的「五蘊」。大便代表大日如來佛、視覺和色蘊；骨髓代表不空成就如來佛、觸覺和行蘊；男精代表無量光佛、味覺和想蘊；女血代表寶生如來佛、嗅覺和受蘊；小便代表不動如來佛、聽覺和識蘊。

五肉象徵五佛母或五佛的伴偶、五大元素、「五惑」[14]或「五毒」。牛代表慧眼佛母、地和「無明」；狗代表金剛母[15]、水和

13.五識，透過眼、耳、鼻、舌、身五種感覺官能而表現除了的五種認識。

14.五惑，亦稱「五鈍使」，貪、嗔、癡、慢、疑五種妄惑。

15.藏文：Mamaki；藏文：Ma-ma-ki，金剛母，音譯「摩莫枳」，佛名。

內火供。

16.梵文：Pandara；藏文：Gos-dkar-mo，白衣佛母，佛名。

17.梵文：Vajradhatishvari；藏文：rDo-rje dbyings-phyug-ma，金剛界母，亦稱「金剛界自在母」，女神名。

18.藏文：gTum-mo，北支脈，指人體心脈輪中的北支脈。

「嗔」；大象代表白衣佛母[16]、火和「貪」；馬代表度母、風和「嫉」。中間的人既代表金剛界母[17]的伴偶，又代表「空」和「我慢」。

上述五甘露和五肉的方位順序與《轉輪王密續》和《金剛瑜伽密續》中對《母續》的描述一致。但在修密集金剛和怖畏金剛《父續》時，這十種物質的順序有截然不同的改變。此時，五肉排在與五佛對應的四大方位上，而五甘露則排在與五佛母對應的四小基本方位上。中央的人屍顏色要與主供本尊神的伴偶顏色相符。在作爲密集金剛和怖畏金剛的伴偶時，人屍呈藍色，作爲轉輪王和金剛瑜伽母的伴偶時，則呈紅色。這個「人肉」屍體放在嘎布拉碗的小便裏，頭朝西或朝後。其他四隻動物身體右側朝下，頭部朝向中央，身體左側刻有各自的字符。五肉畫成「無骨」，意思是每張無骨皮都分別填滿了從所屬動物身上割下的肉。

在「圓滿次第」修習階段，風壇城象徵「下勢風」，具有在臍輪下創生的能量。火壇城則象徵「北支脈」[18]的「內火」，在臍輪處被點燃。飄拂的旗幡象徵將下勢風聚集起來，使北支脈的火壇城向上燃燒。當北支脈的「內火」向上升騰時，消解了風，使中央脈道的滴液融化。這就產生了「白色顯現」、「紅色增長」和「黑色完全證得」這三個內在標記，也就是死亡過程中第五、第六和第七階段的標誌。割下的白、紅和藍三色人頭分別代表這三大階段。寬大的白色嘎布拉碗是「明光之意」，表明人進入死亡的第八階段和臨終階段。嘎布拉碗向上延伸的縫隙代表體驗了自發大樂的生成。

五甘露和五肉代表不潔的「五蘊」和「五大元素」。通過修明光，可將它們變成五佛和五佛母。它們融溶並轉化成甘露，就是把這十種物質（淨化後的智慧）蒸餾成「一味」長生不老藥。四小基本方位上的大便、骨髓、男精和女血繞著中間的小便逆時針旋轉。這些甘露象徵菩提心露從頭輪降到喉輪、心輪和臍輪的過程中所體驗到的「四喜」。四大基本方位上的牛、狗、大象和馬則繞著中間的人順時針旋轉。這些肉象徵四喜從臍輪上升到心輪、喉輪，最後

回到頭輪。（參閱第247頁）

在內供觀修過程中，每個組成部分都生成於各自的種子字符。觀修的生起次第初始階段使十種內供物質融成了橘黃色的液體，此後接續幾個觀修階段。白色字符「Hum」出現在溶液上方，變成一根倒置的白色菩提心露天杖。熱量使天杖熔化，滴入嘎拉碗中，橘黃色液體變成帶有甜味、水銀般的長生不老藥。在這個長生不老藥的上方升起三排梵文元音和輔音，分別呈白、紅、藍三色。這幾排字符漸漸淡散在中央點，直至最後融入倒置的白色字符「Om」、紅色字符「A」和藍色字符「Hum」之中。這三個字符最後下降、融入長生不老藥中，把藥轉化成經過煉丹而成的靈丹妙藥，給人帶來慈悲、活力、長壽和智慧。

在實際修習中，內供物質與修習者的顱骨形狀相同，內有一粒混有紅茶或酒的「甘露丸」。這種甘露丸是用五甘露和五肉的「合成精華」配製而成，並由修習者的世系大師為之加持。在傳統上，用來配製甘露丸的象徵性配料源自於植物，包括各種欖仁樹、丁香木、小豆蔻、肉豆蔻、藏紅花和檀香木。

第十六章
手印

1.梵文：asamyukta，單手手印。

2.梵文：samyukta，雙手手印。

3.梵文：asta-mahamudra，八大手印。

4.梵文：abhaya，施法印。

5.梵文：Vajradhatu，金剛界，大日如來的覺悟的智德，堅固無比，有如金剛石，能發揮殊勝力量，摧毀一切煩惱。「界」即是其作用的處所。

　　梵文「mudra」一詞源自動詞「mud」，其意為「取悅神靈」，一般指的是印記、符號或標識。在佛教詞彙中，該詞主要用來指佛和神靈所結的手印。在早期的大乘佛教肖像畫法中，只有幾個主要手印出現在雕塑佛像上。在後來的金剛乘佛教肖像畫法中，這些手印成為區分五佛的標識。大日如來佛結大圓滿手印；不動如來佛結觸地印；寶生如來佛結施予印；無量光佛結禪定印；不空成就佛結護法印。

　　隨著後期金剛乘佛教形象的豐富發展，大量的手印開始進入不斷擴充的眾神「神殿」中。一般可列出三十六種主要手印，內有十二種單手手印[1]和二十四種雙手手印[2]。在加德滿都峽谷尼瓦爾佛教中，一般列出八大手印[3]，即：◪：法輪印；◪施法印[4]；◪金剛印；◪金剛界[5]印；◪金剛薩埵所結手印；◪無量光佛所結手印；◪大日如來佛所結手印；◪金剛持所結手印。日本佛教一般也列出八大手印。印度教密宗和瑜伽派共列出一百零八種不同的手印，其中常用的有五十四種。在印度金剛乘佛教中，一般可看到十二種主要手印，但在敬拜神靈的儀式中使用的手印數量遠遠不只這些。

　　並非所有的手勢都歸類為手印。有些手勢，如：上翹的「威脅性食指」或「舞蹈中打榧子的手指」，只是簡單代表一些獨特的手

勢。梵文「hasta」一詞有「手」之意，也可用來描述手勢，尤其是手握器物或禮器的姿勢。

在金剛乘肖像畫法中，右手五根手指對應到五佛和五大要素，而左手五根手指則對應到五佛母。四根手指將大拇指指尖包在其中，自然形成一個五佛壇城。拇指被視爲大日如來佛（水）的白色字符「Om」；食指爲不動如來佛（空）的藍色字符「Hum」；中指爲寶生如來佛（地）的黃色字符「Tram」；無名指爲無量光佛（火）的紅色字符「Hrih」；小拇指則爲不空成就如來佛（氣）的綠色字符「A」。

在時輪金剛的肖像畫法中，五佛和五大要素的排列和色彩與其他密宗體系有所不同。在這種肖像畫法中，每根手指都有具體的顏色：拇指的指背塗成代表大地的黃色；食指指背塗成代表水的白色；中指指背塗爲代表火的紅色；無名指指背塗爲代表氣的黑色；小拇指指背塗爲代表空的綠色。轉輪王手指內側的三個指關節從掌心向外依次塗成黑、紅、白三色，象徵神的「意」（黑色）、「語」（紅色）和「身」（白色）。轉輪王共有二十四隻手，每隻手有十五個關節，總計爲三百六十個指關節，剛好與陰曆年的三百六十天相符。而十五個指關節也代表陰曆兩週的天數，二十四隻手則代表陰曆年中陰曆週的週數。

印度教和佛教常把四肢共二十隻的手指和腳趾分爲四根拇指和十六根手指。這種數字劃分的方式賦有各種象徵意義，如：「四無量」、「十六空」、十六根手指腳趾，或是新月和望月之間的陰曆天數。神靈的掌心和腳心常塗以較淺的顏色以凸出膚色的差異（皮膚黝黑的亞洲人掌心和腳心膚色往往較淺）。在藏族藝術中，很少畫出掌心的主要紋路，最常見的是畫一個「X」，區分出手掌的金星丘和月丘。此外，也可畫一個菱形，代表生命線、感情線、智慧線和命運線四大主線。在佛的化身身上，菱形之中還可畫上八輻或千輻金輪的吉祥標識。

在佛教密續中，右手代表陽性的方法或方便，左手代表陰性的智慧或空性。成對的禮器，如：金剛杵鈴或弓箭，分別握在左、右

6.藏文：bKres-skom sel-ba，消饑除渴印。

手中，象徵動態的陽性方便與靜態的禪定陰性智慧的結合。當用左、右兩手結雙手印時，左手通常握在右手中，如：殊勝三界印。有時，左手朝裏，如在結法輪印時。此時，裏面的左手代表教法與自身（智慧）的契合，外面的右手則代表能將佛法傳授他人（方便）。在佛像畫上，佛的右手常結動態的方便印，如：觸地印、護法印、無畏印、施予印或傳法印。左手一般保持靜態的禪定姿態，放在膝上，象徵智慧或禪修空性。

施予印
（梵文：varada-mudra；藏文：mChog-sbyin-gyi phyag-rgya）

結施予印時，掌心外翻向下，所有的手指放鬆外伸或稍微往內彎曲。該手印將「慷慨地」施捨比作慈善或賜予希望，通常以「方法」右手來結。在善相神，特別是參與懷柔和增長這類吉祥活動的善相神之中，十分常見。坐姿佛像最常結施予印，其手放在膝上，空無一物的掌心代表賜予佛法中的如意寶。賜福神靈也在窩成杯狀的右掌心捧著代表增長的器物，如一塊珠寶或一個水果。參與「降珠寶或甘露」活動的幾位神的右手呈圈狀，空無一物的掌心神奇地生成珠寶和甘露。十一面觀音四隻右手中的第三隻手結施予印，也叫作「消饑除渴印」[6]。此時，打開的掌心傾流出一股甘露，減輕餓鬼的饑渴之感。

像白度母、大白傘蓋佛母和千手觀音這類神靈的每隻掌心都繪有一隻「慧眼」，象徵他們無盡的慈愛覺識。慧眼和五根手指的結合把方法與智慧的結合比作「六度」。「六度」中的前「五度」佈施、持戒、忍辱、精進、禪定（五根手指）需要「六度」中的第六度「智慧」（掌心中的慧眼）支持，並以此為依據。

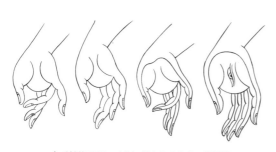

右手結施予印。（右）掌心有時也畫一隻眼睛。

護法印
（梵文：abhaya-mudra；藏文：Mi-'jigs-pa'i phyag-rgya）

護法印或無畏印也被視爲接下來所述的施依
印。「方法」右手通常結此手印，掌心向外，手
指上翹。表面看來，與施予印相似，但指尖朝上
而非朝下，通常結在胸前。施法印代表佛陀使芸
芸眾生免除輪迴的所有恐懼，是綠色北方不空成
就如來佛特有的手勢。在早期佛教藝術中，佛陀
像上常可看到護法印，代表統治和保護性的福報。在早期基督教藝
術中，耶穌基督也有類似的手勢，也就是所謂的「*magna manus*」[7]。

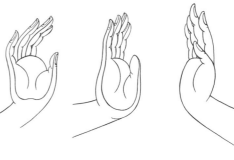

護法印。

7.拉丁文：*magna manus*，英譯為
great hand。

8.梵文：bhumisparsha，地觸手勢。

施依印
（梵文：sharanagamana-mudra；藏文：sKyabs-sbyin-gyi phyag-rgya）

在藏族藝術中，護法印也普遍稱作施依印，左、右兩手均可結
此手印。度母的八大化身或觀音菩薩多半結此手印，使人免遭「八
難」。結此手印時，掌心向上朝外皆可；在降伏令人恐懼
之物時，也可掌心向下。此外，食指、中指或無名
指也可與拇指相觸，形成一個圓圈，此時其他三
指向上直伸。圓圈象徵施依是方法和智慧的結
合，三指直伸代表佛、法、僧「三寶」是所依
之物。度母的各種化身都用「智慧」的左手結此
手印，同時一朵潔白蓮花的蓮莖穿過圈起的拇指和指尖。

施依印。

觸地印
（梵文：bhumyakramana；藏文：Sa-gnon）

觸地印或許更以「大地見證」或「地觸手勢」
[8]而爲人所知。結此手印時，要將直伸的右手向
下，指尖觸地，象徵「覺者」佛陀釋迦牟尼在菩
提樹下消滅了惡魔大軍，並召請地神母親證他無
數次的獻祭時刻。佛陀釋迦牟尼常畫成端坐在菩

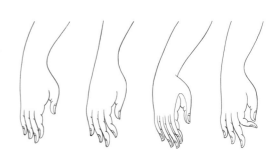

觸地印。

9.梵文：vyakhya-mudra；藏文：
Chos-'chad-kyi phyag-rgya，釋法
印。

10.梵文：dharmachakra-
pravatana-mudra，轉法輪印。

11.三道，行位三道，即：在修行道位
上的三個階段：**1**見道；**2**修道；**3**
無學道。

12.三力：**1**我功德力，行者修身、
語、意三密的力量；**2**如來加持力，
由佛而來的慈悲的力量；**3**法界力，
佛性的一如平等的力量。

提寶座上，右手觸地，左手放在膝上結禪定印，象徵他藉由禪修空
性的完美智慧（左手）與方法或方便的結合，征服惡魔（右手）。
觸地印也是中央或東方藍色不動如來佛的手印。

法輪印
（梵文：dharmachakra-mudra；藏文：Chos-kyi 'khor-lo'i phyag-rgya）

　　法輪印或釋法印[9]有時指的是「說法印」。法輪印源自佛陀釋迦
牟尼在瓦臘那西附近的斯里那他鹿野苑初次闡述「四聖諦」。這個
歷史事件也稱作佛陀的「初轉法輪」。在該地，他「轉動」了其教
法的「完美法輪」。而二轉法輪和三轉法輪分別在王舍城和舍衛城
轉動。斯里那他博物館的工作人員如今會用一塊打著鬆結的手絹，
示範用這個手印稍微轉動雙手就能解開「表像結」。法輪印也指
「轉法輪印」[10]，與轉輪王有直接的聯繫。

　　法輪印是雙手相結的手印，雙手放在胸前，右手外翻，左手內
翻。雙手食指和拇指指尖通常稍稍相觸形成一個圓圈，代表法輪是
方法和智慧結合而成。三根直伸的手指沿著食指曲線稍微內彎，代
表佛教各種「三」的概念。更具體地說，右手三根直伸的手指代表
早期佛教教法中的「三乘」，即：**1**聲聞乘；**2**緣覺乘；**3**大乘。
左手三根直伸的手指代表按三道[11]修持者的大、中、小「三力」
[12]。「方法」右手的掌心外翻代表將佛教教法傳授他人。「智慧」
左手的掌心向內代表自身對這些教法的內悟。「智慧」左手置於
「方便」右手前，象徵方便源自智慧，或者象徵「五度」有賴於頓

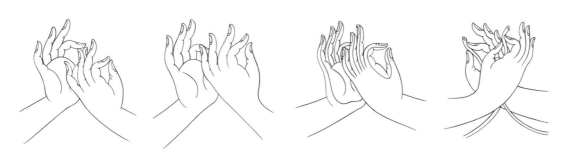

法輪印。

悟空性的「第六度」智慧。法輪印屬於中央或東方白色大日如來佛的手印。佛的眾多化身，如：釋迦牟尼、燃燈佛[13]、彌勒佛和文殊菩薩，都在胸前結此手印。此外，許多印度神靈和藏傳佛教大師，如：無著、阿底峽、宗喀巴和薩迦班智達，也結此手印。

說法印也可單以右手在胸前結法輪印，同時左手放在膝上結禪修空性的禪定印。這時候，右手可以看作是結「推究印」[14]或釋法印。在早期佛像上，可以看到其左手揪著多褶僧袍的一角，象徵著內教法或出離智慧。

13.梵文：Dipamkara，燃燈佛，亦譯「錠光佛」，佛名。釋迦牟尼前世曾買五莖蓮花供獻該佛，故被授記（預言）九十一劫後之「此賢劫」（現在之劫）時當成佛。

14.vitarka-mudra，推究印，手印名。

15.梵文：Mahavairocana，摩訶大日如來，佛名。

16.梵文：samadhi-mudra；藏文：Ting-nge-'dzin-gyi phyag-rgya，三摩地印。

大圓滿手印
（梵文：bodhyangi-mudra；藏文：Byang-chub mchog-gi phyag-rgya）

大圓滿手印是大日如來佛最具特點的一個手勢。他在幻現為眾多早期瑜伽密宗壇城中的白色之主摩訶大日如來[15]時，尤其會結此手印。大圓滿手印是將雙手相結，置於胸前，緊握的「金剛拳」右手包著緊握的「金剛拳」左手上翹的食指。大日如來佛以另一個化身結大圓滿手印時，右拳緊握的四根手指則包裹左拳上翹的拇指。拇指象徵壇城中央的大日如來佛，四根手指代表大日如來佛四周的四方佛。如果大圓滿手印中左、右手的位置、手勢顛倒，那麼，上翹的右手食指則象徵陽性金剛杵插入左手的陰性的「蓮花拳」之中。

大圓滿手印。

禪定印
（梵文：dhyana-mudra；藏文：mNyam-bzhag phyag-rgya）

在結禪定印或三摩地印[16]時，要將左手或兩隻手擱在膝上，掌心向上，手指張開。僅用「智慧」左手結此手印時，「方法」右手可結成任何手印，也可握持神靈特有的器物。佛眾多化身的左手均結這個手印，象徵禪定力的穩定，上翻的左掌掌心常托有僧鉢，象徵他們的出離心。當雙手都放在膝上時，右手一律置於左手之上，象徵方法（右手）的完善必須得到智慧（左手）的完美支撐。兩隻

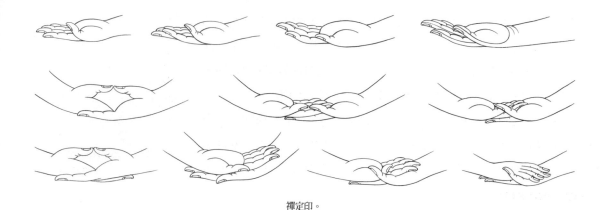

禪定印。

17.梵文：Adibuddha，最初一佛，最初的佛或本來的佛。

18.梵文：namaskara-mudra，合十，一種敬禮方式，兩掌在胸前對合。

拇指指尖通常相觸，此時，雙手相合結禪定印，代表紅、白菩提心露兩大主脈在拇指處終結，並分別傳送方法和智慧結合而生的能量。禪定印是甯瑪派最初一佛[17]普賢特有的手印，也是西方紅色無量光佛的手印。

合十印
（梵文：anjali, kritanjali；藏文：Thal-mo sbyar-ba）

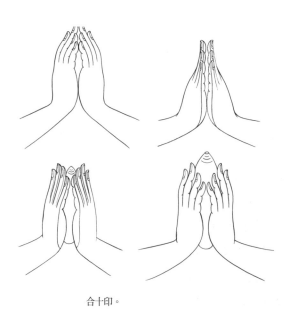

合十印。

在胸前或額頭前將掌心相合的合十[18]，在印度是表示敬意、尊敬和讚賞的傳統手勢，也可能是印度所有手印中最古老的一個。在佛教肖像畫法中，這個手印畫成「雙掌合攏」或相合，是觀音菩薩的幾個化身及其侍從的主要手勢。四臂觀音、八臂觀音和千手觀音就常畫成雙手稍稍相合，掌間捧著一塊如意寶。這塊珠寶象徵他的財產，並賜予佛法寶，但一般在描述觀音菩薩像時，很少提及這塊象徵性的如意寶。

天神或龍眾侍供於敬神供品兩側時，也常結此手印，以表示祈求或讚美。另外，叩拜儀式也使用這個手印，把相合的掌心分別置於額頭、喉部和胸前的高度，以代表身、語、意的純淨。梵

文「anjali」一詞的字面意思是「兩捧」，源自掌邊相扣的掌心，彷彿捧著兩捧穀粒或水。

殊勝三界印
（梵文：humkara-mudra；藏文：Hum-mdzad-kyi phyag-rgya）

梵文「Humkara」（字符「Hum」）是大力神[19]怒相化身的名字，大力神也稱作「降三世明王」。勝殊三界印是以雙手所結。前臂在胸前交叉，「方法」右前臂疊在「智慧」左前臂之上。兩隻手併攏成鬆弛的「金剛拳」狀，中指、無名指與拇指合成一圈，食指和小拇指優雅地展開，所結手印一般稱作金剛印[20]。神靈交叉的左、右兩手通常握有代表方法和智慧的金剛杵鈴。這個主要手印常視爲「金剛殊勝印」[21]。許多半怒相本尊神，特別是從藍色不空如來生成的本尊神，如：轉輪王、密集金剛、時輪金剛和金剛殊勝神，都畫成兩隻主臂交叉，結金剛持神所結的金剛殊勝印。金剛持這個一切佛部的怙主被視爲釋迦牟尼的主要法身，釋迦牟尼以此化身闡釋密續。

「殊勝三界印」[22]也被視爲金剛殊勝神[23]所結的「降三世印」，其雙手在頭頂上方交叉，掌心向外，表示勝利。

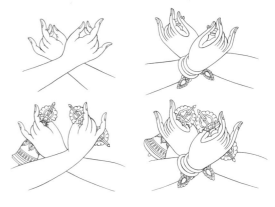

殊勝三界印。

降魔印
（梵文：bhutadamara-mudra；藏文：'Byung-po 'dul-byed-kyi phyag-rgya）

降魔印是令人生畏的金剛手（也稱「降魔者」[24]）四臂化身所結的手印。結此手印時，雙臂在胸前交叉，右前臂壓在左前臂上，兩根小指相勾，形成降伏鏈的形狀。兩隻手掌心向外翻，中指和無名指內彎，食指上翹。中指和無名指也可以向下與拇指形成圈狀，食指向兩側指，結成期克手印。該手印的形狀宛如金翅鳥外展的翅膀，據說可以恫嚇和

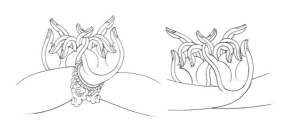

降魔印。

19.梵文：Sambara，大力神，神名。

20.藏文：rDo-rje phyag-rgya，金剛印，手印名。

21.梵文：vajrahumkara-mudra，金剛殊勝印，手印名。

22.梵文：trailokyavijaya-mudra；藏文：'Jig-rten gsum-las rnam-par rgyal-ba'i phyag-rgya，殊勝三界印，亦稱「降三世印」。

23.梵文：Vajrahumkara，金剛殊勝神，神名。

24.藏文：'Byung-'dul，降魔者。

25.梵文：ankusha；藏文：ICags-kyu，鐵鉤印，手印名。

降伏一切邪惡精怪。金剛手的幾個怒相化身都與金翅鳥關係密切。這些化身可從身體的不同部位射出金翅鳥，充當降魔使者。

期克印
（梵文：tarjani；藏文：sDig-mdzub）

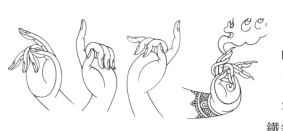

由於僅用食指結印，因此具有威脅意義的上翹食指實際上不能劃歸爲手印。作爲恐怖或威脅的手勢，食指像鉤子一樣從緊握或鬆弛的拳頭中伸出。許多怒相神都有這個手勢，特別是手握套索或鐵鉤這類的降魔器物，或是從智慧火中噴射火球之時。上翹的食指象徵不動如來之字符「Hum」的凶殘特質，可以恫嚇一切邪惡之敵。上翹的食指也叫「鐵鉤印」[25]。黑色馬頭金剛像或許最能生動地體現其恫嚇力。該神左手揮舞噴焰鐵鉤，鐵鉤上趴著一隻伺機嗞咬上翹食指指尖的黑色鐵蠍。上翹和彎曲的食指、鐵鉤和蠍尾，說明這個強力手印內含的惡意令人恐懼。

期克印。

壇城印
（梵文：mandala-mudra；藏文：dKyil-'khor phyag-rgya）

結壇城印表示將整個宇宙供奉給獲得圓滿的佛和大師。實際上，眾神並不結此手印，但在「壇城供」禮儀觀修中則廣泛使用。這個手印相當複雜，雙手的無名指相背，指尖向上，而中指和小拇指要交叉或在掌心平面上交叉。此時，大拇指展開，穿過掌心，壓在小拇指的指尖上。食指則分別向後彎曲，壓在中指指尖上。兩根直伸的無名指代表須彌山，交叉的中指和小拇指代表環圍須彌山的四大贍部洲，拇指和彎曲的食指代表環圍須彌山的浩瀚鹹海。在壇城供儀式中，修持者的念珠常盤捲在掌心和在直伸的無名指上，代表環圍須彌山的七座金色山脈和湖泊。

壇城印。

純陀印
（梵文：cunda-mudra；藏文：Lha-mo tsunda'I rtsa-ba'i phyag-rgya）

　　純陀印是女性菩薩純陀頗具特色的手勢。與觀音菩薩的合十印相同，結這個手印時，要將雙手的掌心在胸前相合，食指壓著中指的中指節上，拇指指尖則壓在食指的指根上。

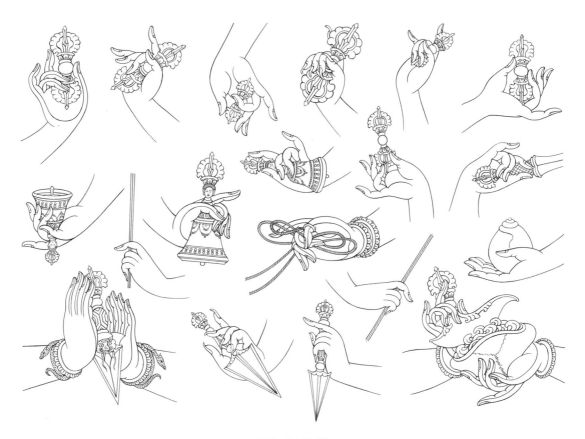

持有禮器的各種手勢。

附錄

1. 梵文：*Vishnu Purana*，《毗濕奴往世書》，《往世書》十八部之一。

2. 梵文：*Ramayana*，《羅摩衍那》，印度古代梵文史詩，與《摩訶婆羅多》並稱為印度兩大史詩。印度經典之一。相傳約西元前四至前三世紀根據傳奇材料編成。

3. 梵文：*Mahabharata*，《摩訶婆羅多》，印度古代梵文史詩，世界最長的史詩之一。與《羅摩衍那》並稱為印度兩大史詩。印度經典之一。

4. 梵文：soma，肉珊瑚，印度一種蘿蘼科無葉藤本植物，能產生一種稍帶酸味的乳液，在印度古代是一種讓人變醉的植物汁液，用作神的供品，且被崇拜者在吠陀儀式上當作長生飲料，以吠陀神仙人格化的形式崇拜。

一、攪拌大海的傳說

　　這裏簡述一下古代印度攪拌大海的傳說，傳說源自《毗濕奴往世書》[1]，但在《羅摩衍那》[2]和《摩訶婆羅多》[3]中也有關於這則傳說的不同論述。《往世書》是印度的早期經典，講述了一些印度眾神的傳說，並透過這些傳說傳播早期與祭祀關係密切的吠陀儀禮。《毗濕奴往世書》包括創世神話，記載尋找長生不老之甘露的故事。甘露更早起源於吠陀時期獻祭用的一種神聖植物，稱作肉珊瑚[4]。攪拌大海的傳說融入早期印度佛教之中，後來又忠實地從梵文譯成藏文。在藏醫傳統中，這個傳說極為重要，因為它描述了甘露、神醫和眾多藥用植物的形成過程，同時也揭示了一些古代象徵物的起源，如：神龜、大蛇神（三大龍王之一筏蘇枳）、白象寶、紺馬寶、如意樹、珠寶、牛、訶子、拘莎草、宇宙山和印度教的主要神靈，全都被吸納進後來的佛教象徵體系之中。

　　由於眾天神厭倦了與阿修羅無休止的戰爭，便前往大神毗濕奴那裏祈求長生不老。毗濕奴勸告眾天神與阿修羅結盟一起攪拌大海，這樣就可以使藏在海底深處的珠寶、草藥和甘露浮出海面。在創生之神梵天和大蛇神的幫助下，眾神和阿修羅才能連根拔起邁達

拉山，當作攪拌棍。毗濕奴幻現成巨龜，從海底深處浮升到海面。梵天將邁達拉山放在巨龜背上，使之更加穩定。盤繞在這座山上的大蛇神成了攪拌繩。眾天神和阿修羅分別拽著蛇頭、蛇尾來回擺動，以大山爲樞紐，把大海攪拌起來。

攪著攪著，海水越來越混濁，逐漸被攪拌成牛奶，而後又成了澄清的酥油。海中生成的第一批東西是射出千道光芒的太陽和涼淡的月亮（肉珊瑚），濕婆拿來當自己的頭冠飾物。隨後生成的是白色寶馬[5]和六牙白象，濕婆拿來當自己的坐騎。如意樹和光彩奪目的紅寶石隨後生成。眾神認爲該樹應爲天界所有，濕婆拿了寶石作自己的胸飾。吉祥天女接著生成，濕婆娶她爲妻。隨後出現的是醉醺醺的女酒神[6]。眾神飲下她的酒毫無異狀，但阿修羅不能飲酒。梵文「asura」（阿修羅）一詞便是源自「Sura」（女酒神），意爲「不能飲酒之人」或「沒有女酒神的那些人」。

由於眾神和阿修羅繼續賣力地攪拌大海，於是生成了致命的黑毒藥[7]訶羅訶羅[8]恐怖、凶殘的化身。眾神被訶羅訶羅凶殘的化身嚇昏過去，但梵天設法使眾神恢復意識。後來，梵天默念冗長的字符「Hum」，使訶羅訶羅的毒身爆裂成無數碎塊，成功降服。龍眾聲稱這毒藥的碎塊爲牠們所有，然而訶羅訶羅身軀爆裂的碎塊卻生成了各式各樣的有毒生物和植物。這個傳說還有另一個版本。濕婆持咒設法降服了訶羅訶羅並將其整個吞食，但毒物卡在濕婆的喉嚨，喉嚨變藍，自此，「藍喉者」就成了濕婆的稱號之一。

白色如意牛隨後從海中生成，可以產出牛奶、凝乳、酥油、小便和大便五種不同物質，滿足了人的需求。最後生成的是雙手托著甘露瓶的眾神神醫[9]。神醫是專爲闡釋印度草藥學而生的，印度草藥學後來成爲藏醫體系《四部醫典》[10]的根本。

阿修羅恢復了他們固有的嫉妒天性，再次發起與眾神爭奪甘露的戰爭。濕婆幻現成魅惑女神[11]的化身誘騙阿修羅，並把甘露給了眾神。阿修羅中的羅睺識破這個狡猾的詭計，裝扮成神的模樣也將甘露飲下。太陽和月亮看穿羅睺的騙局並告知濕婆。濕婆向羅睺拋去火盤，在甘露就要流到羅睺喉嚨之時，砍下了他的頭顱。羅睺的

5. 梵文：Uchaishravas，白色寶馬。

6. 梵文：Sura，女酒神，神名。

7. 梵文：Kalakuta，黑毒藥。

8. 梵文：Halahala，訶羅訶羅，神名。

9. 梵文：Dhanvantari，眾神的神醫。

10. 藏文：rGyud-bzhi，《四部醫典》，藏族醫學名著，成書於公元八世紀下半葉，由藏族大醫學家宇妥・雲丹貢布等九人編撰而成。全書分四部分，共一百五十六章，爲藏族醫學奠定了理論基礎。有多種藏文木刻本和漢譯本。

11. 梵文：Mohini，魅惑女神，神名。

12.梵文：Haridwar，哈里迪瓦爾，印度地名。

13.梵文：Nasik，納西克，印度地名。

身體倒地引發了大地震。羅睺並再次恢復了原本的烏鴉模樣，被砍下的頭顱飛到了天界。羅睺對太陽和月亮的背叛勃然大怒，這位帶有陰影的星神和天界之主，注定要永生穿越天界追逐太陽和月亮，並週期性地引發日食。一旦他的陰影遮蔽日月，日月就會從他被砍斷的喉嚨處再生。這個傳說還有另一個版本。毗濕奴的坐騎金翅鳥為了解救被龍神監禁的母親，試圖偷盜甘露，但金翅鳥被大天神因陀羅降服，被迫歸還了甘露。有幾滴甘露從金翅鳥鳥喙叼著的瓶子灑落到一片拘莎草上，生成各種草藥植物。甘露的香氣吸引了龍眾，開始去舔拘莎草上的甘露，但拘莎草尖利的葉片把龍眾的舌頭從中劈開，成了叉狀。

據說，眾神為再次獲得甘露與阿修羅進行了十二天的戰爭，甘露瓶中灑出的四滴甘露灑落在印度城市阿拉哈巴德、哈里迪瓦爾[12]、納西克[13]和烏賈因附近。這四座城市每三年輪流舉行一次盛大的宗教節日「寶瓶節」，每十二年要舉行一次規模更大的宗教節日。十二年一個週期的概念是源自於眾神的一天相當於世間一年。

眾神擁有全部甘露，激怒了阿修羅。他們針對眾神發起更激烈的戰爭。然而，眾神已經飲用了甘露，全身上下唯一的致命弱點唯

有斬首，而阿修羅身體的各個部位卻依然脆弱。阿修羅最終消失在大地和大海之中，而獲勝的眾神再次恢復他們在天界應有的地位。「輪迴圖」[14]描述了這場戰爭。畫面中，眾神和阿修羅為了爭奪如意樹發起了戰爭。因陀羅率領神之大軍，揮舞著金剛杵和輪，騎在六牙白象上。眾神住在如意樹的樹冠周圍，能夠隨意分嚐如意樹的花朵和果實，而嫉妒成性的阿修羅則住在大樹的根部，永遠不能滿足私欲。

邁達拉山這座聖山並不高，位於印度北部的比哈爾邦[15]。因為攪拌大海的傳說，印度教、佛教和耆那教將這座山列為聖山，而且都曾在此地修造廟宇。在佛教宇宙觀中，邁達拉山也是八大屍林眾山之一。

二、五部佛

五部佛是金剛乘佛教教法的核心，一般稱為「五禪佛」或「禪定佛」，但這種認定是錯誤的。五部佛或五勝佛[16]構成了幾何形狀壇城的基礎，佔據中央點和四大基本方位，是其完美特質的形象化表現。壇城的軸線沿著太陽的路徑，底部為東（面對觀者），頂部為西。

五佛代表淨化後的「五蘊」、五大要素、「五官」和「五識」。每尊佛都有特定的方位、顏色、種子字符、動物寶座、伴神、菩薩和神靈的後代、特定的手印和象徵性的標識或器物。有時還要加上五個一組的元素：如「五味」、「五類聲」[17]、「五珍寶」、一日的五時和五季（春、夏、雨季、秋、冬）。從本質上來看，五部佛代表把「五鈍使」或「五毒」（貪、嗔、癡、慢、疑）變成「五智」[18]。

五部佛包括：① 藍色不動如來佛（中央或東方）；② 白色大日如來佛（東方或中央）；③ 黃色寶生如來佛（南方）；④ 紅色無量光如來佛（西方）；⑤ 綠色不空成就如來佛（北方）。在不同的密宗體系中，大日如來佛和不動如來佛的五毒、五蘊可與智慧互換，位置也可互換（東方或中央）。在早期的漢地佛教和後期的日本佛教中

14. 藏文：Srid-pa'i-' khor-la，輪迴圖，藏語稱「斯巴霍」，漢語稱「十二因緣圖」，即描述六道生死輪迴的畫面。佛教認為，眾生受報，皆因趣果。輪迴往復，無始無終。

15. 原文：Bihar，比哈爾邦，印度地名。

16. 梵文：panchakula；藏文：Rigs-Inga，五勝佛，五部佛的另一種說法。

17. 五類聲：梵文字母的子音中，在破裂音與鼻音方面，有五組，每組五字母。

18. 五智：① 法界體性智；② 大圓鏡智；③ 平等性智；④ 妙觀察智；⑤ 成所作智。

19.梵文：Vajravarahi，金剛塚，亦稱「金剛豚」，女神名。

「拜」大日如來佛極為盛行。眾多早期的瑜伽密續把大日如來佛的白色善相化身置於中央位置。許多半怒相的藍色本尊神，如喜金剛、密集金剛、轉輪王、多聞天王和時輪金剛這些後期的無上瑜伽密續神靈，也都讓藍色不動金剛佛佔據中央的位置。印度大成就者將對無上瑜伽密續神靈的敬拜傳到西藏。

五部佛是從更早期、與癡貪嗔「三毒」相對應的密續三部概念演變而來。密續三部就是佛部（癡）、蓮花部（貪）和金剛部（嗔）。文殊菩薩、觀音菩薩和金剛手是三部的怙主，總稱「密宗事部三怙主」。作為佛陀的智慧（嬗變後的癡愚）、慈悲（嬗變後的貪欲）和力量（嬗變後的嗔怒），按階位大小，文殊菩薩在最高處，觀音菩薩在中央，金剛手在最低處，與眾多三個一組的概念相對應，如：身、語、意，上、中、下士道，以及印度教中的梵天、毗濕奴和濕婆。將文殊菩薩畫在觀音菩薩和金剛手之上，正體現出這種精神階別。五佛部也可加入金剛薩埵或金剛持，成為五佛部所有佛的「最初一佛」，擴展為六佛。

從早期的「輪迴圖」中，可以看到從三部到五部或六部的變化過程。畫面中，在中央輪轂上象徵性地畫上一頭豬、一隻小鴿子和一條蛇，代表癡、貪、嗔「三毒」。「三毒」也代表下三界的畜生、餓鬼和地獄，而慢（眾神）、嫉（阿修羅）和五毒（人）的混合，則是上三界的特徵。五部佛的顏色也與五毒相符：大日如來佛的白色象徵「癡」的嬗變；不動如來佛的藍黑色象徵「嗔」的嬗變；寶生如來佛的黃色象徵「慢」的嬗變；無量光佛的紅色象徵「貪」的嬗變；不空成就如來佛的綠色象徵「疑」的嬗變。

白色大日如來佛是中央或東方的佛部怙主，伴神是「能斷滅『愚』」的慧眼佛母盧舍那，主菩薩是虛空藏菩薩或普賢。大日如來佛代表色蘊（或「覺識」）、水（或「空」）、癡和大圓鏡智。手結說法印或大圓滿印，種子符號為白色「Om」，與頭部的「身」相符，標識是法輪，端坐在龍座或獅座上。生成了許多主要女神，如：頂髻天母、摩利支、大白傘蓋佛母和金剛塚[19]女神。

藍色不動如來佛是中央和東方的金剛部怙主，伴神是「能斷滅

『瞋』的金剛母，主菩薩是金剛手。不動如來佛代表識蘊（色）、空（水）、瞋（癡）和大圓鏡智。手結觸地印，種子符號爲藍色「Hum」，與胸部的「意」相符，標識是金剛杵，端坐在大象寶座上。生成了許多怒相神，如：密集金剛、轉輪王、喜金剛、閻魔女、怖畏金剛、金剛橛神、覺鉢神、摩訶摩耶[20]和時輪金剛。

黃色寶生如來佛是南方寶生部怙主，伴神是「能斷滅『慢』」的金剛界自在母，主菩薩是地藏菩薩或寶生持[21]。寶生如來佛代表受蘊、土、慢和平等相智。手印爲施予印，種子符號爲黃色「Tram」，與臍部的「器物」相符，標識是一塊珠寶，端坐在馬座或獅座上。生成某些財富神，如：寶藏神和增祿天母。

紅色無量光佛是西方的蓮花部怙主，伴神是「能斷滅『欲』」的白衣觀音，主菩薩是蓮花手觀音。無量光如來佛代表想蘊、火和妙觀察智。手印爲禪定印，種子符號爲紅色「Hrih」，與喉部「語」相符，標識是蓮花，端坐在孔雀寶座上。生成的神有：觀音菩薩、馬頭金剛、作明佛母、毗俱胝[22]和度母的幾個化身。

綠色不空成就如來佛是北方的羯磨部怙主，伴神是「能斷滅『嫉』」的綠度母，主菩薩是世持[23]。不空成就如來佛代表行蘊（意願）、氣、嫉和成所作智。手印爲護法印或無畏印，種子符號爲綠色「A」，與私處的「活動」相符，標識是十字金剛杵或寶劍，端坐在金翅鳥寶座上。生成的神包括：擔木度母、聖度母、佛母大孔雀明王和披葉度母。

五部佛的伴偶叫作五佛母，在傳統上，常畫在壇城中軸線蓮花瓣四小基本方位上。白色慧眼度母是大日如來的伴神，通常畫在東南方，種子符號爲白色「Lam」。藍色金剛母是不動如來的伴神，通常畫在西南方，種子符號爲藍色「Mam」。紅色白衣度母是無量光佛的伴神，通常畫在西北方，種子符號爲紅色「Pam」。綠度母[24]是不空成就如來佛的伴神，通常畫在東北方，種子符號爲綠色「Tam」。第五位佛母是黃色金剛界自在母，作爲寶生如來佛的智慧，通常畫在壇城中央。由於是「金剛界的女主人」，也可以成爲妙金剛[25]的金色伴神或密集金剛的藍色伴神。

20.梵文：Mahamaya，摩訶摩耶，亦稱「摩耶夫人」，飯淨王之妻，釋迦牟尼之母。

21.梵文：Ratnapani，寶生持，神名。

22.梵文：Bhrikuti，毗俱胝，觀音菩薩的化身之一。

23.梵文：Vishvapani，世持，亦稱「世掌」，神名。

24.藏文：sGrol-ljang，綠度母，度母的另一種藏文寫法。

25.梵文：Manjuvajra，妙金剛，神名。

26.梵文：rupahaya，色身，身體由地、水、火、風、空等物質的要素合成。據佛教教義，色身是會毀滅的，沒有永恆性。

27.梵文：svabhavikakaya，自性身。

28.梵文：tathagata-garbha-sutra，如來藏，佛教名詞。指佛所說的一切經藏。《增一阿含經‧卷一》：「其有專心持《增一》，便為總持如來藏。」

29.梵文：abhisambhodikaya，現證身。

30.梵文：vajrakaya，金剛身，亦稱「金剛不壞身」。如金剛石般堅固不變壞的身體，即佛身。

31.梵文：advaita，不二論。吠陀經裏的非二元論，否認現實方面與非人格的婆羅門同一體的任何分離。

32.藏文：Rang-bzhin，自性。

當來自某個佛部的神靈居於壇城中央時，壇城中央的主神（大日如來佛或不動如來佛）會移到該神原來的位置上。例如：觀音菩薩居於壇城中央時，白色大日如來就會移到紅色無量光佛在西方的位置上，因為無量光佛是觀音所屬的蓮花部怙主。

五部佛也與人體的五大輪脈相符：白色大日如來在頭輪，紅色無量光佛在喉輪，藍色不動如來佛在心輪，黃色寶生如來佛在臍輪，綠色不空成就如來佛在生殖輪。此時，他們與種子符號「Om A Hum Sva Ha」所代表的身、語、意、特質和業力相符。在傳統上，這五個種子字符刻在主神軸輪輪尖後面的唐卡背面。

在肖像畫法上，五部佛一般畫成佛的變化身，身披佛教僧人所穿的暗紅色僧袍。在呈現受用身時，則佩戴菩薩所戴的十三種神聖飾物，呈金剛薩埵姿，在胸前持有各自的器物。

三、三身

梵文「kaya」（藏文：sKu）一詞的字面含義是佛「身」。該詞彙不僅指佛陀的肉身，也指佛證覺後的特質和特性生成的各個層面。小乘佛教經論一般具體指明佛有兩身：1法身；2色身[26]。大乘佛教經論一般認為佛有三身：1自性身[27]；2受用身；3變化身。大乘佛教經典中，有一類稱作「如來藏」[28]，把「身」分為四種：1法身；2受用身；3變化身；4自性身。此處，「自性身」指「法身」更精微的展現，或者更常指金剛乘經文中「三身」（法身、受用身、變化身）基本、不可視見的本質。在無上瑜伽密續中，「身」分為五種，除其他三種外，還包括現證身[29]和金剛身[30]。現證身指的是法身「具有表現力或可以體驗到的本質」，而金剛身指的是法身「不可分割的本質」。

佛教的「三身」與印度哲學的「不二論」[31]學派有關，在傳統上，「三身」等同於一天的三個狀態，即：睡眠狀態（法身）、作夢狀態（受用身）和睡醒狀態（變化身）。在金剛乘佛教中，這三個狀態可歸類為「自性」[32]中陰，也就是六種中陰中的三個，即：

睡醒狀態的中陰（變化身）、作夢狀態的中陰（受用身）和禪定狀態的中陰（法身）。死亡和轉世之間的四十九天是具有象徵意義的一個階段，要經歷其他三個中陰。這三個階段同樣與「三身」有直接的聯繫。死亡階段經歷的臨終中陰[33]對應於法身和「明光」、「覺識」的自然生成。當善相神和怒相神示現時，實相中陰[34]對應於受用身和「幻身」[35]的親證。轉世進入六道輪迴的過程爲中有中陰[36]，對應於變化身和將一個新身帶走。

在無上瑜伽密續修習的生起次第和圓滿次第階段，通過有意識地模仿死亡經歷，將三個中陰變成「三身」，從而把三個中陰「帶入『道』中」。在死亡過程中臨終中陰出現的「八大視相」最終獲得「明光」，成爲「法身」（或稱佛的無色「法身」）。在實相中陰，「幻身」於「明光」狀態中生成，最終臻於「受用身」。在中有中陰，有意識的轉世藉由神的形式，最終「帶走舊體」，變成佛的變化身。在藏語中，「色身」叫作「朱古」[37]。該詞也用於轉世爲佛的「色身」的轉世喇嘛身上。死亡、中陰和轉世這三個階段於是轉換成佛神聖的「三身」。由於獲得了「三身」，死亡本身也就進入了大圓滿狀態。

在肖像畫法上，僅有兩位金剛乘神佛是無色「眞身」（法身）的化身。他們是古代甯瑪派（舊譯派）的最初一佛普賢和金剛乘（新譯派）[38]的最初一佛金剛持。在傳統上，甯瑪派用普賢（法身）、金剛薩埵（受用身）和蓮花生（變化身）代表「三身」。在薩迦派、噶舉派和格魯派這些「新譯派」中，金剛持代表初始法源，生成了眾多佛身和密宗傳承。儘管金剛持畫成受用身狀，仍代表佛陀釋迦牟尼爲了「闡示」密法而展示的初始形態。

在金剛乘眾神中，所有超凡的禪定善相神和怒相神示現的，都是佛陀「大喜」的受用身形象。這些神都在純光中生成，沒有實體形態，生成於空性，擁有證果之人的三十二大相和八十小相。這些男女菩薩呈六十歲男、女神靈相，飾有證果之人佩戴的十三件受用身飾物。半怒相本尊神身戴骨飾、人皮獸皮及顯示其圓滿之純淨的具體飾物和器物。怒相護法神則穿著令人害怕的屍林服飾，毫無畏

33.藏文：'Chi-kha'i bar-do，臨終中陰。

34.藏文：Chos-nyid bar-do，實相中陰，亦稱「法爾中陰」。

35.藏文：sGyu-lus，幻身，無上密宗圓滿次第所說雖無行相而有種種現分雖有現分而無自性，故名幻身。

36.藏文：Srid-pa'i bar-do，中有中陰，亦稱「投生中陰」。

37.藏文：tulku，sPrul-sku，朱古，活佛之意。

38.梵文：Sarma；藏文：gSar-ma，新譯派，亦稱「新教」，指西藏後弘期佛教。

懼地站在熊熊燃燒的智慧之火之中。

　　佛和圓滿大師所示現的是變化身，旨在慈悲地指引芸芸眾生。變化身包括釋迦牟尼及其他佛的化身、阿羅漢、大成就者、印度和西藏大師及傳承大師，如：阿底峽、無著、蓮花生、米拉日巴和達賴喇嘛。

　　「三身」也與身、語、意「三門」有關。而「三門」又與「三部怙主」及頭（變化身；身；如來部；白色字符「Om」）、喉（受用身；語；蓮花部；紅色字符「A」）、心（法身；意；金剛部；藍色字符「Hum」）三個主要的中心相對應。無上瑜伽密續中另有兩身對應另外兩個佛部，即：臍部的黃色寶生如來佛（現證身；特質；寶生部；黃色字符「Sva」）和生殖器官的不空成就如來佛（金剛身；業力；羯磨部；綠色字符「Ha」）。

四、脈輪

　　根據佛教密宗經文的說法，人能懷胎有三個主要原因，即：精液、經血與尋求轉世的意識的結合。白色男精可以生成堅硬的白色骨髓、大腦和脊柱，紅色女血可以生成柔軟的紅色內臟器官、內臟、血和肌肉。尋求轉世的意識把覺識引進這種生物平衡之中；通過這道「無色門」，即將進入的覺識最終會體驗到這個世界並與之互動。

　　精液和經血的大量結合可以生成「終生金剛滴露」。「終生金剛滴露」宛如芥子粒大小，白頂、紅底，注定要存留在心臟中央直至死亡降臨。「終生金剛滴露」無形地包圍著即將進入覺識「最細微的意和精氣」──「永恆金剛滴露」。「永恆金剛滴露」注定存留直至獲得圓滿。最細微的「意」及其持續的氣將業的藍圖印在「終生金剛滴露」上，細胞鏈於是開始工作，讓子宮在懷孕第一個月就經歷了「混合、凝結、凝固和成長」的階段。在發育的第二階段，纖細的內「中脈」和粗大的外臍帶開始形成，在兩個次要脈道中相互印證自身的存在。在心部相融的紅、白金剛滴露較纖細的細

胞「精華」開始增生，並沿著中脈上升、下降。白色滴露上升生成
脊柱和大腦結構，紅色滴露下降至臍部，生成柔軟的內臟器官。白
色滴露輸送白色男精，紅色滴露輸送紅色女血。

　　隨著子宮繼續發育，經歷「魚狀、龜狀和豬狀」幾個階段，分
別對應到「無四肢（水生）、有四肢和頭（兩棲）及吞食不潔食物
（哺乳）」的各個階段。在出生之前，中脈心部中靜止不動的氣開始
通過臍部中央，進入兩個次脈道並由鼻孔排出。出生後，吸進第一
口重要的心氣[39]，開始激活「體內」的氣，使「意」達到與「世俗」
的「覺」自我認同。輸送「意」之精華的心氣，以五種主要和五種
次要的「氣」的形式出現。氣停留在脈道精細的網絡上，生成無數
條覺識。隨著孩子的成長，紅、白「滴露」繼續在整個體內游移。
到了青春期，隨著女性在大約十二歲月經來潮，男性在大約十六歲
開始生精，這些滴露完全成熟。

　　在死亡降臨之際，維持體內骨髓（地）、血和濕度（水）、暖度
和膚色（火）、呼吸（氣）和孔道（空）之間平衡的地、水、火、
氣和空五種體內元素開始互融。當這些元素消散並朝著心臟歸併之
時，生成了死亡過程中的前四大境相，宛如閃爍的海市蜃樓，有煙
霧、火花或螢火蟲及一盞搖曳的酥油燈。然後，當粗鈍之「意」及
其無處不在的「氣」完全昇華爲「持命」之氣進入中脈時，天之要
素「空」融入「智」的第六元素中。當這股昇華之「氣」開始「進
入、滯留和融入」中脈時，在有意識的生命中一直阻礙氣進入中脈
而緊縮的「脈輪結」於是打開。頭部的白色滴露開始朝著心部的金
剛滴露下降，生成宛如秋日晴空之月光的第五觀「白色觀相」。然
後，臍部的紅色金剛滴露朝著金剛滴露向上升騰，生成宛如秋日晴
空之陽光的第六觀「紅色增長」。當紅、白滴露融合並把金剛滴露
完全包住，就生成了宛如秋日幽黑夜空的第七觀「黑色近得」。最
後，心部的金剛滴露迸裂，顯露最精細的「覺識」和氣，宛如明媚
秋日黎明天空中的「死亡之明光」。此時，微弱的氣是亡者覺識的
運輸工具，通過人體的「九瘡門」之一，朝著業力預定的轉世之界
下降。九瘡門是：■肛門（地獄界）；■性器官（畜生界）；■口

39. 梵文：prana，心氣。

40.藏文：rTsa-rlung-thig-le，脈風明
點，壽末變異、命末止息時期之識所
依處。此三者互相依存，脈如居宅，
精如財寶，風心如主人。

41.藏文：rTsa-dbu-ma，中脈道，脈
道之一。

42.藏文：rKyang-ma，左脈道，脈道
之一。

（餓鬼界）；④ 鼻（人界）；⑤ 耳（阿修羅界）；⑥ 肚臍（欲神
界）；⑦ 眼（色神界）；⑧ 頭頂（無色神界）；⑨ 頭頂的「梵天孔」
（阿彌陀佛的極樂天）。由於喪失了持續的生命力或覺識，位於心部
的「終生金剛滴露」的紅、白組成物此時分離。白色金剛滴露一般
下降，通過性器官離開身體，而紅色金剛滴露上升，通過鼻孔流出
體外。「臨床死亡」的過程此時終結。

死亡過程的八十境相也出現在熟睡、生理興奮狀態和昏厥之
時，但由於沒有意識，幾乎無人知曉這些難以體察的境相。這些境
相每天都會出現，但並未被認知，因此在死亡的實際經歷中，亡者
的覺識幾乎無法或根本就不能控制死亡、中陰和轉世這三個階段。

金剛乘佛教神靈瑜伽修法中，大量運用具有創造性、精煉的觀
視技巧，人們可以透過認同某一位獨特神靈的神形和品性及其壇
城，來模仿死亡的體驗。達賴喇嘛說：「簡言之，只有通過修佛才
能獲得佛身。」在無上瑜伽派中，運用禪定修持的兩個階段，藉由
實際變成本尊神化身的程序，模擬死亡過程並獲得最高圓滿。第一
階段被稱作「生起次第」，由空性中生起生動的本尊神化身或「明
相」，並實際擁有該神的「神慢」。第二階段叫「圓滿次第」，要讓
氣進入、留駐和融入金剛身的中脈，並將心部的金剛滴露釋放出
來。隨著金剛心露的打開及「明光」的明晰，空性被有意識地視為
「明光大樂心」。這就生成了「幻身」，「幻身」是以神的清淨光的
形式顯現。「明光」與「幻身」的結合是神禪修空性的純空形式，
這一結合將智慧和方法迅速聚合，可直接獲得佛性上的圓滿。修持
者把氣吸入中脈的能力，標誌著從生起次第到圓滿次第的轉變。

對身體形象化的描述，揭示了不同密宗經文在圓滿次第修持方
面的某些差異。但在無上瑜伽派的主要經文中，如：《時輪金剛密
續》、《金剛瑜伽母密續》、《怖畏金剛密續》和《喜金剛密續》，
都沿用早期密集金剛體系的模式，也就是梵文中所謂的「脈輪體
系」，在藏文中稱作「脈風明點」[40]。中脈道[41]的梵文為
「avadhuti」，其意為「拋掉或晃掉」。左脈道[42]為「lalana」，意為

「撫愛女人」，右脈道[43]稱作「rasana」，即「舌頭」。左、右、中三大主脈也叫身、語、意脈，通常可觀想爲白、紅、藍三色。白色「陽性脈」代表男性的方法和白色男精。紅色「陰性脈」代表女性的智慧和紅色女血。中脈中無氣，但具有火的特質，把男、女對立的性別，或是方法與智慧結合在一起，形成大樂與空性的結合。在《父續》和《母續》的不同修法中，陰、陽脈道的位置可以顛倒。在時輪密續體系中，這兩條脈道在臍部交匯，右脈在臍下輪送廢物，在臍上輪送血液。左脈在臍下輪送小便，在臍上輪送精液。

中脈像一根垂直的根莖從性器官頂端上升直抵頭部，然後向前彎折，越過顱頂，終止在兩眉之間的「慧眼」。陰、陽脈道平行上升直抵中脈，在左、右鼻孔的上鼻尖處終止，產生每天二萬一千六百次的呼吸脈動。在中脈的各個不同點上，陰、陽脈道環圍中脈盤繞，形成緊縮的「脈結」[44]。這些脈結出現在五大脈輪[45]中心，於生殖器官、臍部、喉部和頭部結成單脈結，在心部則結成三重脈結。在密集金剛體系中，中脈的兩個開口在前額和私處，被收縮的脈結封住，並在有意識的生命中，有效地阻止精氣的進入和游移。

脈輪是收縮脈結的五大神經叢和神經，各種神經從此處發出，呈輪輻或蓮瓣狀。可將它們觀想成傘骨的骨條，骨條沿中脈互爲拱形。「大樂輪」在頂部，呈內拱形，有三十二個白色輪輻或蓮瓣。「喜輪」在喉部，呈上拱形，有十六個紅色輪輻。「現象輪」在心部，有八個白色輪輻，呈下拱形。「變化輪」在臍部，呈上拱形，有六十四個紅色輪輻及一個三角形中心。叫「鄔摩天女」（忿怒母）的「內火女神」住在三角形裏面。「護樂輪」在私處，呈下拱形，有三十二個紅色輪輻。

不同密宗教派的脈輪、脈結、滴露和氣稍有不同。例如，在許多修習中僅用頭輪、喉輪、心輪和臍輪四大脈輪，而在其他修習中可觀想出七大脈輪。時輪密續獨特的體系認定頭部的「大樂輪」有四個蓮瓣；前額的「風輪」有十六個蓮瓣；喉部的「喜輪」有三十二個蓮瓣；心部的「現象輪」有八個蓮瓣；臍部的「生成輪」有六

43.藏文：rTsa-ro-ma，右脈道，脈道之一。

44.藏文：rTsa-mdud，脈結，藏醫所說的人體血管紐結處。

45.梵文：nadi-chakra；藏文：rTsa 'khor-lo，脈輪。

46.梵文：Sati，薩底，濕婆首任妻子。

47.藏文：gTum-mo，內火，該詞另有如下含義：**1**鄔摩天女；**2**北支脈。

十四個蓮瓣；私處的「護樂輪」有三十二個蓮瓣。在肖像畫法中，半怒相本尊神佩戴的骨飾代表脈輪，其骨珠或骨環的數量與頭部（帶有三十二個掛環的輪子）、喉部（帶有十六個環的項鏈）、心部（帶有八輻骨輪）、臍部（帶有六十四個環的骨圍裙）的蓮瓣相符。中脈輪的數量呈四、八、十六、三十二、六十四的倍數，也與壇城各種蓮花環圈和護法輪相符。

包括印度的軍荼利瑜伽體系在內的所有密宗體系，在理論上都認爲人體分佈著七萬二千根神經（脈道）。在佛教經文中，這七萬二千根神經均源自八大主要脈道。八大主脈道都有自己的名稱、具體的意識功能和支撐它的氣，每一條脈道都有白、紅、藍三條支脈，分別代表身、語、意，並輸送白色菩提滴露、紅色菩提滴露及支撐它們的氣。二十四條脈道通往身體不同的感官神經叢，象徵轉輪王「身壇城」的二十四個聖地；二十四位護法和瑜伽母居於此地。這二十四個神聖的朝聖地源自有關濕婆首任妻子薩底[46]的悲劇傳說（毗濕奴將其屍體肢解成二十四塊，拋撒在印度各地）。二十四條脈道中的每條脈道又分成三個支脈，共形成七十二條白、紅、藍脈道，同樣輸送白色滴露、紅色滴露和氣。七十二條脈道又再分成一千條脈道，總計爲七萬二千條脈道。這些脈道負責輸送覺識的不潔之氣。死亡時，這些不潔之氣會融入中脈。在生起次第的禪修階段，則會被淨化並受到控制。到了圓滿次第修持階段，這些淨化後的精氣被吸入中脈，在那裏「進入、留駐和融入」，讓每個脈輪中緊縮的脈結輪打開，最終展現心輪上永恆金剛滴露最細微的覺識。

五大主氣分別對應到五佛的功能、位置、方位、要素及顏色。密宗修持中最重要的氣是心輪上「支撐生命的氣」，從這個重要的氣中生成五種支配五官的次要的氣。在密宗「內火」[47]修持中，透過控制呼吸的技巧（稱作「瓶呼吸」）把臍部的「同住氣」集中在一起，以掘起臍部中央的消化之火，使之燃燒並通過中脈向上燃燒，宛如一根竄動的火針。該火熔化頭部的白色滴露，並生成對大樂的體驗。據描述，此種大樂比生理興奮狀態要高出百倍。所有主氣和次氣都可分爲粗、精細和極爲精細的不同等級。粗和精細之氣

輸送粗糙之物和淨化後的精神覺識，而極精細的氣輪送極精細、可使一個生命轉化成另一個生命的覺識。同樣地，紅、白菩提滴露也可分為粗、精細和極精細；大的滴露生成性樂，精細的滴露生成密宗的「四喜」，最細微的金剛滴露生成「明光之意」。

印度的軍荼利瑜伽也同樣使用「內火」修持。在修習中，「盤繞」的女蛇神軍荼利被迫進入中脈，並上升與其白色之主濕婆在頭輪的千瓣蓮花中結合。在軍荼利瑜伽中，中脈叫作「sushumna」，意為「最精細」。白色的陰性左脈道稱作「舒適脈」[48]，紅色的陽性右脈道稱作「黃褐色脈道」[49]。在軍荼利瑜伽中，與生起次第相對應的是呼吸控制和哈達瑜伽[50]，控制成功就可淨化體內七萬二千條脈道。有「強制或強烈結合」之意的「哈達瑜伽」一詞，由太陽字符「Ha」和月亮字符「Tha」組成，象徵紅色陽脈和白色陰脈中被淨化的氣在「極為精細的中脈」中被迫結合（瑜伽）。

美國十九世紀的通神論[51]信徒布拉瓦茨斯基夫人[52]和奧爾科特上校[53]首次引發了西方世界對軍荼利瑜伽脈輪體系宇宙論的關注。亞瑟·阿瓦倫[54]在1918年翻譯了《蛇力》[55]一書，加深了人們對深奧晦澀的軍荼利瑜伽密宗教法的理解。他把通神論信徒里德比特牧師[56]（1910年）有關時輪較早、過於簡單的論文作了通盤的解析。在有關軍荼利瑜伽的一場研討會上，榮格[57]說：「這些象徵符號（輪）特別令人著迷。它們抓住了潛意識，令人著迷。但那是我們體系之外的東西，我常擔心這些符號可能對我們產生的影響。」

實際上，榮格陰性／陽性基質[58]（anima/animus）的理論源自軍荼利和濕婆這兩個截然相反的象徵。他的洞察力極強，把這些密宗教義僅僅看作是進入西方心理學的舶來品，是原型而非從經驗出發的現實，就如同一份菜單而非可入口的佳肴。榮格觀察到這些象徵符號具有某種吸引力，自神智運動興起的最初幾年以來，已滲入西方新世紀文化之中（西方新世紀文化有大量治療方面的實踐和觀念）。各種性靈雜誌充斥著時輪治療的廣告、軍荼利的課程和雙修工作坊，還刊有授課者堆滿笑容的照片、授課地點、時間和價格。但這些東西往往效果有限。正如我的朋友、博學多才的羅伯特·斯

48. 梵文：ida-nadi，舒適脈。

49. 梵文：pingala-nadi，黃褐色脈道。

50. 梵文：Hatha Yoga，哈達瑜伽，一種以增進身體的控制能力和盡善盡美為目的的身體修煉體制，係印度教四大教規之一。

51. 通神論，泛指任何神祕主義哲學和神學說教，如新柏拉圖主義、諾斯替教派等，又譯作神智學。

52. 原文：Blavatsky，布拉瓦茨斯基，1831年－1891年，人名。

53. 原文：Colonel Olcott，奧爾科特上校，1832年－1906年，人名。

54. 原文：Arthur Avalon，亞瑟·阿瓦倫，即：約翰·伍德羅夫爵士（Sir John Woodroffe），漢譯「吳卓飛博士」，人名。

55. 蛇力，The Serpent Power，書名。

56. 原文：Leadbeater，C·W·里德比特牧師，人名。

57. 原文：Carl Gustav Jung，卡爾·古斯塔夫·榮格，1875年－1961年，奧地利心理學家。

58. 陰性／陽性基質，anima/animus，榮格提出的理論，陰性基質指的是男人潛意識中的女性性格；陽性基質指的是女人潛意識中的男性性格。又譯作阿尼瑪／阿尼姆斯。

59.原文：Robert E. Svoboda，羅伯特·斯沃博達，人名。

60.原文：Rumi，魯米，十三世紀波斯詩人。

61.原文：Pandora，潘多拉，希臘神話中的第一個女人。「潘多拉盒子」常用來比喻災禍的來源。

62.梵文：ahamkara，自我認定。

63.Kundalini Shakti，軍荼利明妃，軍荼利瑜伽中一種沉睡於脊柱基部的母性駭人力量，像大蛇般纏繞三圈半，瑜伽行者利用冥想，使之穿過七個脈節，升至頭頂，與濕婆會合，與梵天合而為一。

沃博達[59]所說：「一般人修習軍荼利瑜伽，在共有現實的外在世界中，確能發揮其心理學的功能，但談及精神發展，仍無法替代眞實的東西。」或者，正如魯米[60]一針見血地指出：「傾聽大師的教誨，不要聽毛頭小子的一派胡言。」

　　榮格面對這些密宗概念，退避三舍，進而反對，這點不應受到責難。他明白，打開超意識的潘多拉盒子[61]，同時也代表「我」或「自我認定」[62]的崩解，一般人的理性思維不見得能夠承受。在印度，修習軍荼利瑜伽須經有能力的大師悉心指導，方能完成。這類大師十分罕見，因爲他本人要精通軍荼利瑜伽。密修過程不是經歷神祕的觀修，而是把創造性的觀想精煉到某一程度；唯有如此，才可能產生眞正的性靈轉變。但超出個人控制的狀況也可能召喚軍荼利明妃的靈量大能[63]，例如：極度的精神創傷、精神病或精神治療

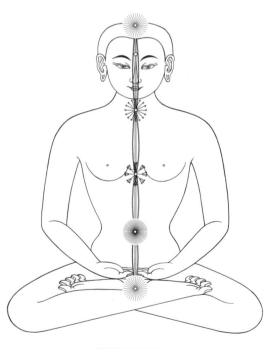

印度軍荼利瑜伽時輪體系。　　　　　　　佛教脈道輪時輪體系。

藥物引起的化學變化。此時，主、客觀現實，或是清醒、象徵性的現實爭相引起關注。在這樣的「軍荼利危機」中，由於迅速的游移波動和深度的變化會引發人格崩解，個人就如同坐在一隻漏水的概念之船，在來回反覆、無邊無盡的現實大海中飄盪。妖怪一旦被喚醒就不可能再放入瓶中，因此，現實的安全之地不復存在。儘管寓言常說，有勇氣不看熟悉海岸的人才能發現新大陸，但即便在頗有能力的大師保護下，經歷「軍荼利危機」的航行極少是風平浪靜的。又如拉瑪穆蒂・米施拉[64]博士一針見血的比喻：一不小心，可能是「精神官能患者（neurotics）在空中修建城堡；精神病患者（psychotics）住在裏面；心理治療師上門收取租金。」

64.原文：Ramamurti Mishra，拉瑪穆蒂・米施拉，人名。

詞彙解釋

1.梵文：Shravaka，聲聞，九乘之一。

2.梵文：Pratyekabuddha，獨覺，九乘之一。

3.梵文：Bodhisattva，菩薩，九乘之一。

4.梵文：Mahayoga，大瑜伽，九乘之一。

5.梵文：Anuyoga，隨類瑜伽，九乘之一。

6.梵文：Atiyoga，最極瑜伽，九乘之一。

7.藏文：rDzogs-pa.chen-po，大圓滿，九乘之一。

七支（梵文：saptanga；藏文：Yan-lag bdun-pa）

修「七支」以淨化「惑」並積下陰德，「七支」包括：1 禮拜；2 供奉；3 懺悔；4 隨喜；5 皈依；6 發心；7 迴向。

七聖財（梵文：saptadhana；藏文：vPhags-pavi-nor-bdun）

七聖財包括：1 信；2 戒；3 聞；4 舍；5 慚；6 愧；7 慧。七聖財是隨著轉輪王的誕生而生成。

九乘（梵文：navayana；藏文：Theg-pa rim-pa dgu）

藏傳佛教早期的甯瑪派把佛教的「道」分成幾個漸次的「乘」，其依據是「顯教三部」、「三外乘」和「三內乘」。九乘分別是：1 聲聞[1]；2 獨覺[2]；3 菩薩[3]；4 事部；5 行部；6 瑜伽部；7 大瑜伽[4]；8 隨類瑜伽[5]；9 最極瑜伽[6]或大圓滿[7]。

二空（梵文：dvishunya；藏文：sTong-nyid gnyis）

二空為：1 人空，主體的人無自性（五蘊）；2 法性，客觀的法無自性。

二障（梵文：dvi-avarana；藏文：sGrib-gnyis）

「二障」是遮蔽我們獲得圓滿佛性的因素。二障包括：1 煩惱

障；2所知障。煩惱障也稱作「解脫障」，其特點是帶有消極的情緒、思想和情緒上的烙印，如：瞋、欲、嫉、妒。「所知障」也稱作「迷執障」，其特點是癡愚。

二諦 (梵文：dvisatya；藏文：bDen-pa gnyis)

二諦為：1俗諦，通過普通的認知來體驗現實世界顯而易見的眞諦；2眞諦，通過圓滿智慧來體驗空性的實際眞諦。

二資糧 (藏文：Tshogs gnyis)

二資糧[8]為：1福德資糧[9]，通過佈施、持戒、忍辱、精進、禪定「五度」得以獲得；2智德資糧[10]，通過修「六度」中的第六度「智慧」獲得。

八大屍林 (梵文：astamahasmasana；藏文：Dur-khrod chen-po brgyad)

八大屍林（寒林）是古印度八大墓地，許多佛教信徒和密修瑜伽師在此處靜修、獲得成就。在神話中，八大屍林生成於惡魔樓陀羅[11]被肢解的八塊肉身。這八塊肉身被納進金剛乘眾多怒相神的壇城中，形成八大屍林的外圈保護輪。八大屍林均有特定的樹、湖、雲、火、護方神、護地神、龍神、大成就者、山、塔和各式各樣的屍體、精靈、動物、瑜伽師、瑜伽母和博學的持修者。八大屍林一般分為四大方位上的四大墓地：1東方暴虐寒林；2南方骨鎖寒林；3西方金剛焰寒林；4北方密叢寒林。以及四小方位上的墓地：5東南方吉祥寒林；6西南方幽暗寒林；7西北方啾啾寒林；8東北方狂笑寒林。

八大隨佛菩薩 (梵文：asta-upaputra；藏文：Ne-ba'i sras brgyad)

八大隨佛菩薩指的是八大男性菩薩：1文殊菩薩；2觀音菩薩；3金剛手菩薩；4彌勒菩薩；5普賢；6虛空藏；7地藏菩薩；8除蓋障菩薩。承托佛陀菩提寶座的八隻獅子便是八大菩薩的象徵。

8.二資糧：1福德資糧；2智德資糧。佛教徒把「福德」和「智德」看做是修法者應具備的兩種資糧，認為以此二德作為資糧可證佛果。

9.藏文：bSod-nams，福德資糧，二資糧之一。

10.藏文：Ye-shes，智德資糧，二資糧之一。

11.梵文：Rudra，樓陀羅，婆羅門教、印度教神名，為後來大神濕婆的雛形。

八正道 （梵文：astangamarga；藏文：'Phags-lam yan-lag brgyad）

「八正道」直接源自於佛陀在斯里那他鹿野苑初轉法輪時宣講「四聖諦」中的最後一諦「滅諦」。「八正道」是斷滅痛苦、培養菩薩圓滿態度的方法，包括：**1**正見；**2**正思；**3**正語；**4**正業；**5**正命；**6**正精進；**7**正念；**8**正定。

八苦 （梵文：astadukha；藏文：sDug-bsngal brgyad）

八苦包括：**1**生苦；**2**病苦；**3**老苦；**4**死苦；**5**愛別離苦；**6**怨憎會苦；**7**求不得苦；**8**略攝一切五取蘊苦。

八識 （梵文：astavijnana；藏文：Shes-pa brgyad）

五感識、意識、阿賴耶識和未那識總稱爲「八識」。（參閱詞彙解釋「識」）

八難 （梵文：astabhaya, astaghora；藏文：'Jigs-pa brgyad）

八難包括：**1**火難（嗔）；**2**水難（執）；**3**獅難（慢）；**4**象難（癡）；**5**牢獄難（貪）；**6**龍難（嫉）；**7**非人難（疑）；**8**賊難（謬見）。聖度母和十一面觀音是保護芸芸眾生免遭「八難」的兩大菩薩。

十二因緣 （梵文：dvadasanga-pratityasamutpada）

在佛教的因果觀念中，十二因緣是最重要的教法之一，詮釋人生的種種苦難均源自癡愚及癡愚誘發的「業」。十二因緣以圖形方式繪製在「輪迴圖」的外圈上。

1無明，盲人。

2行，正在製作陶器的陶工。

3識，受到食物吸引的頑皮猴子。

4名色，站在船上的兩名男子。

5六入，有五扇窗和一扇門的房子。

6觸，一對正在接吻或做愛的人。

7受，被箭射中一隻眼睛而失明的人。

8愛，正在飲酒的人。

⑨取，正從樹上採摘果實的猴子。

⑩有，孕婦或正在孵蛋的母雞。

⑪生，正在分娩的婦女。

⑫老死，拄著拐杖的老者和一具被抬往墓地的屍體。

十六空 （梵文：sodashashunyata；藏文：sTong-nyid bcu-drug）

《般若波羅蜜經》共列出十六種空，用於不同的現象：❶內空[12]；❷外空[13]；❸內外空[14]；❹空空[15]；❺大空[16]；❻勝義空[17]；❼有爲空[18]；❽無爲空[19]；❾無際空[20]；❿畢竟空[21]；⓫散空[22]；⓬本性空[23]；⓭一切法空[24]；⓮自相空[25]；⓯不可得空[26]；⓰無法自性空[27]。就空性而言，十六空在本質上相同，即：內在自我認定或外在現象的終極空性。在大乘佛教經文中也可以看到二空、四空、八空、十六空和二十空。

十方 （梵文：dasadik；藏文：Phyogs bcu）

十方包括：東、南、西、北四大基本方位、四小基本方位以及上頂下底。中心點可包括在內，爲第十一方，象徵十一面觀音。

十度 （梵文：dasaparamita；藏文：Phar-phyin-bcu）

十度爲：❶佈施；❷持戒；❸忍辱；❹精進；❺禪定；❻智慧；❼方便；❽願；❾力；❿智。（參閱詞彙解釋「六度」）

十惡 （梵文：dasa-akushalani；藏文：Mi-dge-ba bcu）

十惡爲：❶殺；❷盜；❸淫；❹妄語；❺離間語；❻惡語；❼綺語；❽貪欲；❾瞋；❿邪見。❶～❸爲身不善，❹～❼爲語不善，❽～❿是意不善。同修「十善」[28]以抑制上面所列的「十惡」。

三十七果位 （藏文：rGyal-sras lag-len so-bdun-ma）

藏族大師額曲·妥美桑布[29]撰寫的一篇經文，涉及一組從菩薩果位到實現圓滿的三十七果位。

三十七道品 （梵文：saptatrimsa-bodhipaksha-dharma；藏文：Byang-phyogs-so bdun）

三十七道品是相隨的修法，指通過修法達到圓滿。在小乘佛教

12.藏文：Nang stong-pa-nyid，內空，十六空之一。

13.藏文：Phyi-stong-pa-nyid，外空，十六空之一。

14.藏文：Phyi-nang gnyis-ka stong-pa-nyid，內外空，十六空之一。

15.藏文：sTog-pa-nyid stong-pa-nyid，空空，十六空之一。

16.藏文：Chen-po stong-pa-nyid，大空，十六空之一。

17.藏文：Don-dam-pa stong-pa-nyid，勝義空，十六空之一。

18.藏文：'Du-byas stong-pa-nyid，有爲空，十六空之一。

19.藏文：'Du-ma-byas stong-pa-nyid，無爲空，十六空之一。

20.藏文：mTha'-las 'das-pa'i stong-pa-nyid，無際空，十六空之一。

21.藏文：Thog-ma-dang mtha'-ma med-pa stong-pa-nyid，畢竟空，十六空之一。

22.藏文：Dor-ba med-pa stong-pa-nyid，散空，十六空之一。

23.藏文：Rang-bzhin stong-pa-nyid，本性空，十六空之一。

24.藏文：Chos thams-cad stong-pa-nyid，一切法空，十六空之一。

25.藏文：Rang mtshan-nyid stong-pa-nyid，自相空，十六空之一。

26.藏文：Mi-dmigs-pa stong-pa-nyid，不可得空，十六空之一。

27.藏文：dNgos-po med-pa'i stong-pa-nyid，無法自性空，十六空之一。

28.梵文：dasakushalari；藏文：dGe-ba bcu，十善：❶不殺生；❷不偷盜；❸清淨行；❹不妄語；❺無離間語；❻無粗惡語；❼無綺語；❽不起貪心；❾無瞋心；❿無邪見。

29.藏文：Ngul-chu Thog-me Zang-po，額曲·妥美桑布，人名。

30.梵文：kaya，身念往，四念往之一。

31.梵文：vedana，受念往，四念往之一。

32.梵文：chitta，行念往，四念往之一。

33.梵文：dharma，法念往，四念往之一。

34.四正斷，**1**斷斷，未生惡不善法令不生；**2**律儀斷，已生惡不善法令斷；**3**隨護斷，已生善法令增長；**4**修斷，未生善法令生。

35.四神足，四種禪定。足者，所依之意，是禪定的比喻詞，如身意足而立。

中，修三十七道品可獲得阿羅漢果位。在大乘佛教中，通過菩薩的十個果位，可以獲得圓滿或成佛。三十七道品分成七大類，與「菩提五道」相對應，分別是：**1**四念往；**2**四正斷；**3**四神足；**4**五根；**5**五力；**6**七覺支；**7**八聖道支。

1四念往：①身念往[30]，使人理解第一聖諦「苦諦」；②受念往[31]，使人理解第二聖諦「業諦」；③行念往[32]，使人理解第三聖諦「滅諦」；④法念往[33]，使人理解第四聖諦「道諦」。

2四正斷[34]：①斷斷；②律儀斷；③隨護斷；④修斷。

3四神足[35]：①欲神足；②勤神足；③心神足；④觀神足。

4五根：①信根；②精進根；③念根；④定根；⑤慧根。

5五力：①信力；②精進力；③念力；④定力；⑤慧力。

6七覺支：①擇法覺支；②精進覺支；③喜覺支；④輕安覺支；⑤舍覺支；⑥定覺支；⑦念覺支。

7八正道支：①正見；②正思；③正語；④正業；⑤正命；⑥正精進；⑦正念；⑧正定。

三十二相 (梵文：dvatrimsanlakshanani；藏文：sKyes-bu-chen-povi)

法輪王或「大人物」的三十二相，包括：頂有肉髻、眉間毫相、手足掌中各有千輻金輪、目紺青色、膚體紫磨金光、手足指皆網面。八大相包括對面部和體態特徵的描述，例如：眼、睫毛、舌、髮、指甲、足和手。

三十三 (梵文：trayastrimsa；藏文：gSum-cu rtsa gsum)

三十三天位於「居地神」居住的欲界，在「輪迴圖」上，該欲界常畫成最高的一重天。「三十三」之名取自大天神因陀羅天及其三十二個助神或大臣。在印度傳說中，這個數字常被乘以百萬，以符合高達三百三十萬印度眾神的數量。

三金剛 (梵文：trivajra；藏文：rDo-rje gsum)

三金剛爲淨化後的身、語、意。

三門 (梵文：tridvara；藏文：sGo-gsum)

身、語、意與思（意）、語（語）、業（身）相對應。頭部的白色字符「Om」代表「身」，喉部的紅色字符「A」代表「語」，而心部的藍色字符「Hum」代表「意」。

三毒 (梵文：trivisha；藏文：Dug gsum)

「三毒」指的是貪、瞋、癡三大消極情緒，在「輪迴圖」中央繪製的「三毒」如下：**1** 黑豬，象徵癡或愚；**2** 紅色小鴿子，象徵貪或欲；**3** 綠色蛇，象徵瞋或怒。這三種動物互咬著尾巴，象徵最初的癡愚可以生成貪欲，貪欲又生成怒，怒又可生成更進一步的愚癡。（參閱詞彙解釋「五毒」或「輪迴」）

三界 (梵文：triloka, trailokya, tridhatu；藏文：Khams gsum)

佛教宇宙觀將輪迴分為三界：**1** 欲界；**2** 色界；**3** 無色界。欲界包含在地獄界、惡鬼界、畜生界、人界和阿修羅界六道輪迴中的生靈及較低的六位天神。六位天神由兩位「居地神」（四大天王天和「三十三天」）和四位「居天神」組成。色界由較高的十七層或十八層天組成，其特點是「意」的漸次精細，及生成於前世的「四靜慮」之一或更多靜慮的意識中。無色界由四層無形天組成，個人作為純意識存在於此。四層天生成於前世「四等至」之一或更多的等至之中。

「三界」一詞也可以指「三地」[36]：**1** 地上[37]，神和天神界；**2** 地[38]，人界；**3** 地下[39]，龍神界。在吠陀傳說中，三界指的是神、人和地獄界。

三時 (梵文：trikala；藏文：Dus gsum)

三時為：**1** 過去；**2** 現在；**3** 未來。

三根本 (藏文：rTsa gsum)

「三根本」為：**1** 上師；**2** 本尊；**3** 空行母（或護法）。加被根本依上師或喇嘛；成就根本依本尊；除障根本依空行母。（參閱詞彙解釋「空行母」和「本尊」）

36. 藏文：Sa-gsum，三地：**1** 地上；**2** 地；**3** 地下。

37. 藏文：Sa bla，地上，三地之一。

38. 藏文：Sa steng，地，三地之一。

39. 藏文：Sa 'og，地下，三地之一。

40.心所：直力能見各自對境事物特殊屬性之心法所生。五十一心所：五遍行、五別境、六根本煩惱、二十隨煩惱、十一善、四異轉或不定。

41.梵文：Vaibhashika，毗婆沙，毗婆沙派主張經藏即佛陀所傳授的教誨。

三解脫門 （梵文：vimok-shamukha；藏文：rNam-par thar-pa'i-sgo）

通過三解脫門就可獲得解脫。「三解脫門」是：**1**空解脫；**2**無相解脫；**3**無願解脫。

三寶 （梵文：triratna；藏文：dKon-mchog gsum）

三寶：**1**佛；**2**法；**3**僧。

大樂 （梵文：mahasukha；藏文：dBe-ba chen-po）

在無上瑜伽部修持中，「大樂」指的是修持者對大樂的究極體驗，生成於與同伴或伴偶的結合（無論是觀修，還是實際的體驗）。當這種究極大樂的體驗隨著對空性的直接體驗而生成時，產生的狀態就稱作「大樂與空性的結合」。

中脈 （梵文：avadhuti；藏文：rTsa dbu-ma）

中脈是指軸線上或居中的脈道，垂直貫穿整個身體，從會陰直到頭頂，並經過五大神經叢或五大脈輪。 （參閱附錄四）

中陰 （梵文：antarabhava, anubhava；藏文：Bar-do）

據說，從象徵意義上來看，死亡與轉世之間的過渡階段要持續四十九天。達到中陰要經過三個階段。第一階段叫作「臨終中陰」，是經歷死亡的階段。第二階段叫「實相中陰」，是善相神和怒相神顯現的主要階段。第三階段是尋求轉世的「投生中陰」。「生命」的經歷也可進一步分為醒分際、夢分際和禪定三個中陰狀態。

（參閱附錄三及附錄四）

五十一心所 （梵文：chaitasika；藏文：Sems-byung）

怒相神所佩戴、用五十一顆新割人頭或骷髏串成的環形長飾物，代表五十一心所的淨化過程。五十一心所[40]在佛教早期的《阿毗達磨藏》中，特別是唯識論經文中有所記載及分類。毗婆沙[41]派只列出四十六心所。

五大種 （梵文：panchabhuta；藏文：'Byung-ba lnga）

地、水、火、風、空為五大種，又作五大基本元素或五大自然

力。從內在含義上來看，五大種與身體的固性（骨）、液性（內臟器官或體液）、熱量（膚色）、能量或流動（呼吸）和空性（意識）相一致。

五毒 （梵文：panchavisha；藏文：Dug-lnga）

五毒為：**1**癡；**2**貪；**3**嗔；**4**妒；**5**慢。有時，第六毒「謬見」也加入其中。

五部佛 （梵文：panchakula；藏文：Rigs lnga）

五部佛也叫作「五種姓佛」，分別是：**1**不動如來（金剛部）；**2**大日如來（如來部）；**3**寶生如來（寶生部）；**4**無量光如來（蓮花部）；**5**不空成就如來（羯磨部）。梵文「kula」（藏文：Rigs）一詞的意思是「家族」或「部族」。在西方，五佛一般被稱作「五禪佛」。

五道 （梵文：panchamarga；藏文：Lam-lnga）

通達佛性的「五道」[42]，即：**1**資糧道[43]；**2**加行道[44]；**3**見道[45]；**4**修道[46]；**5**無學道[47]。

六度 （梵文：satparamita；藏文：Phar-phyin drug）

六度為：**1**佈施；**2**戒；**3**忍；**4**精進；**5**禪；**6**慧。「六度」中的前五度是「陽性」的方法或方便，形成「清淨」[48]。最後一度「慧」為「陰性」，構成「智」[49]。

六界 （梵文：sadaloka；藏文：Rigs drug）

六界或六道輪迴以圖解形式繪製在「輪迴圖」上。投生六界之一的特點是處在獨特的精神狀態或「毒」之中。六界為：**1**神界或天界（慢）；**2**嫉妒成性的阿修羅界（嫉）；**3**人界（欲或「五毒」）；**4**畜生界（癡或愚）；**5**餓鬼界（貪和苦）；**6**地獄界（怒或嗔）。前三界是「上三界」，對人有利，後三界為「下三界」，充滿著痛苦。有時，只列出五界，在「輪迴圖」中，天界和阿修羅界合二為一。

42.藏文：rGyal-ba-rigs-lnga，五道，所渡津梁，所行路途。從此能登世間及出世間最勝果位之歷程。

43.梵文：sambharamarga；藏文：Tshogs-lam，資糧道，五道之一。

44.梵文：prayogamarga；藏文：sByor-lam，加行道，五道之一。

45.梵文：darshana-marga；藏文：mThong-lam，見道，五道之一。

46.梵文：bhavana-marga；藏文：sGom-lam，修道，五道之一。

47.梵文：ashaiksha-marga；藏文：Mi-slob-lam，無學道，五道之一。

48.梵文：punya，清淨，遠離種種染惡煩惱。

49.梵文：jnana，智，智是心的簡擇作用。

50.藏文：sByor-ba，性交技巧。

51.藏文：sNgon-'gro，前行階段，最初的準備階段。

化身 （梵文：Nirmanakaya；藏文：sPrul-sku）

「頓悟者」展現其化身以幫助他人。佛，以及頓悟的印度和藏族大師或活佛，以這種可見的化身顯現。

幻身 （梵文：mayadeha；藏文：sGyu-lus）

在無上瑜伽密續的「圓滿次第」階段，修持者的「意」生成在修持者本尊神變幻的白色「幻身」的「明光」階段。使「意」與神的受用身完全同一，便獲得幻身。《父續》特別強調獲得幻身，而《母續》強調獲得「明光」。據說，在金剛乘佛教中有七類幻身：**1** 譬喻幻化；**2** 現分幻化；**3** 夢境幻化；**4** 中有幻化；**5** 光明幻化；**6** 變化幻化；**7** 智慧幻化。

方法或方便 （梵文：upaya；藏文：Thabs）

修方便或方便，指的是通過佈施、持戒、忍辱、精進、禪定五「陰」積下陰德。方便度也是「十度」之一，在「十度」中，方便度表示為利益眾生而積下迴向功德。在修無上瑜伽部《父續》時，方法也表示性交技巧[50]，由脈道、氣和滴露激活。神靈右手持有這些「方便」器物作為「陽性」的象徵。

世間八法 （梵文：astalokadharma；藏文：'Jigs-rten-chos-brgyad）

世間八法是：利、衰、譽、毀、稱、譏、苦、樂。

四大 （梵文：caturbbuta；藏文：'Byung-ba bzhi）

地、水、火、風（氣）為四大物質要素。從內在含義來看，四大與體內的髓液、體液、溫度和能量相對應。

四加行 （藏文：Thun-mongs-kyi sngon-'gro bzhi）

「四加行」也叫「四禪定」。「四禪定」是前行階段[51]禪修的四大內容，以克服「執」並打下堅實的精神基礎。第一加行為禪修生；第二加行為反思死亡與不滅；第三加行為禪修因果規律之羯磨；第四加行為禪修輪迴的痛苦與苦難。

四空 (梵文：caturshunyata；藏文：sTong-nyid bzhi)

四空包括：❶空[52]；❷極空[53]；❸大空[54]；❹一切空[55]。在密宗體系中，與「四空」相對應的是：❶自性空；❷無法空；❸他法空；❹法相空。「四空」可分類爲：❶有性空；❷無性空；❸自性空；❹他性空。（參閱詞彙解釋「空性」、「二空性」和「十六空性」）

四喜 (梵文：caturananda；藏文：dGa'-ba bzhi)

在白色菩提心露從最低的私處輪向上升騰至臍輪、心輪、喉輪和頭輪的過程中，可以經歷「四喜」並逐漸體驗大樂的生成。「四喜」爲：❶喜；❷勝喜；❸殊喜；❹俱生喜。在《喜金剛密續》中，「四喜」有隱喻的性解釋。喜是蓮花和金剛（陰道和陰莖）的接觸；勝喜是對更大歡愉的欲望；殊喜是興奮高潮後對鬆弛的渴望；俱生喜是由前喜而生成的滿意狀態或滿足。密續中也列出「八喜」或「十六喜」。白色菩提心露在四大輪的升降中可以生成八喜，而紅、白菩提心露的升降則生成「十六喜」。

四無量 (梵文：catvary-apramanani；藏文：Tsha-med bzhi)

四無量也稱作「四無量心」或「四梵往」。四無量指的是：慈、悲、喜、捨。慈無量是無量地使眾生免於痛苦的利他願望；悲無量是無量地使眾生享受快樂；喜無量是無量地讓眾生處於解脫的喜樂之中；捨無量是讓眾生捨棄「執」與「瞋」平等相待的願望。

四等至 (梵文：catursamapatti；藏文：sNyoms-'jug bzhi)

四等至[56]爲四個最平和的境性之相，獲得四等至可使人投生於四大無色天中。四等至分爲：❶空無邊處等至[57]；❷識無邊處等至[58]；❸無所有處等至[59]；❹非有非非有處等至[60]。

四業 (梵文：caturkriya；藏文：Phrin-las-bzhi)

四業是得道之人果法的功能。在佛教密續中，護摩火供儀式通常表現出四業，包括：❶息業[61]；❷增業[62]；❸懷業[63]；❹誅業[64]。息業指通過除障和除病進行淨化和安撫。增業是增富或使人富有、長壽。懷業是控制局面的影響或吸引力。怒相神、毀滅神或暴

52.梵文：shunya，空，四空之一。

53.梵文：atishunya，極空，四空之一。

54.梵文：mahashunya，大空，四空之一。

55.梵文：sarvashunya，一切空，四空之一。

56.四等至，亦譯「四定」，靜慮所攝身內大種，心及心所，於所緣平等安和心一境性之相。

57.梵文：akashanantya，空無邊處等至，四等至之一。

58.梵文：vijnananantya，識無邊處等至，四等至之一。

59.梵文：akinchaya，無所有處等至，四等至之一。

60.梵文：naivashanj-nanasamjna，非有非非有處等至，四等至之一。

61.藏文：Zhi-ba，息業，四業之一。

62.藏文：sGyas-pa，增業，四業之一。

63.藏文：dBang，懷業，四業之一。

64.藏文：Drag-po，誅業，四業之一。

65. 靜慮，亦譯「禪定」。心不散亂，不染煩惱，心境專注。由此之因，生起一切正量智慧之果。

66. 梵文：kriyatantra；藏文：Byargyud，事部，四續部之一。

67. 梵文：caryatantra；藏文：sPyod-rggyud，行部，四續部之一。

68. 梵文：Yogatantra；藏文：rNal-vbyor-rgyud，瑜伽部，四續部之一。

69. 梵文：anuttarayogatantra；藏文：rNal-vbyor-bla-med-pavi-rgyud，無上瑜伽部，四續部之一。

力行動等誅業都意味著滅除混亂和障礙。有時，也加入第五業「任定業」。

四聖諦 (梵文：catuharyasatya；藏文：'Phags-pa'i bden-pa bzhi)

四聖諦是以釋迦牟尼在斯里那他鹿野苑的首次傳道爲依據，包括：**1** 苦諦；**2** 道諦；**3** 業諦；**4** 滅諦。（參閱詞彙解釋「八正道」）

四解脫門 (藏文：rNam-par thar-pa'i sgo bzhi)

透過這些方法，人們可以達到解脫：**1** 空解脫門（空三昧）；**2** 無相解脫門（無相三昧）；**3** 無願解脫門（無願三昧）；**4** 終極空性或萬象皆空。（參閱詞彙解釋「三解脫門」）

四障 (梵文：caturavarana；藏文：sGrib bzhi)

四障包括：**1** 煩惱障；**2** 礙對障；**3** 所知障；**4** 貪著障。

四靜慮 (梵文：caturdhyana；藏文：bSam-gtan bzhi)

「四靜慮」[65]是人在神的最高色界轉世而進行禪修的四個階段。「四靜慮」的特點是斷滅：**1** 身體的痛苦或不適；**2** 精神或情緒上的不快；**3** 令人愉悅的激動；**4** 世俗的歡愉體驗。

四攝法 (藏文：bsDu-ba'i ngos-po bzhi)

菩薩攝持弟子的四種方法：**1** 佈施攝；**2** 愛語攝；**3** 利行攝；**4** 同事攝。

四續部 (梵文：caturtantra；藏文：rGyud-sde-bzhi)

金剛乘瑜伽四續分類爲：**1** 事部[66]，主要強調外在活動和禮儀；**2** 行部[67]，既強調外在禮儀修習，又強調內在觀修；**3** 瑜伽部[68]，主要強調內在瑜伽修習或禪修；**4** 無上瑜伽部[69]，極爲強調「生起次第」和「圓滿次第」的觀修。

四魔 (梵文：caturmara；藏文：bDud-bzhi)

魔（Mara）有「毀滅者和踐踏者」之意，是試圖阻礙佛陀在菩提樹下證果的邪「魔」。在這個阻礙過程中，魔被消滅。傳統上，

魔就是吠陀時期的欲神，也是最高欲界天眾神之主。當他呈此化身時，被視爲「他化自在天魔」或「魔子」，讓人聯想到撒旦對基督的誘惑。早期佛教經文把魔的大軍描述爲四兵（馬兵、象兵、車兵、步兵）。在後來的大乘佛教中，四兵被擬人化成爲四魔，並繪成印度神的化身。

四魔中的第一魔是陰魔，即：五蘊之魔，以黃色梵天的化身出現。第二魔是煩惱魔，以白色毗濕奴的化身出現。第三魔是死魔，以藍色自在天的化身出現。第四魔是他化自在天魔，即：「他化自在」，是魔子或傲慢與貪欲之魔的化身，以黑色因陀羅的化身出現。也可畫成梵天（陰魔）、夜叉（煩惱魔）、炎魔（死魔）和因陀羅（欲魔）。作爲魔本身的化身，他化自在天魔也可畫成欲魔的紅色化身。

在肖像畫法上，四魔也可以被踩在喜金剛和怖畏金剛這樣的神靈腳下，四魔的鮮血也會出現在某些怒相神的嘎巴拉碗中。在金剛乘佛教中，魔的大軍代表一切精神和情感上的「惑」，而這些「惑」生成「邪惡大軍或惡魔」。金剛乘神靈手持的許多武器都具有砍殺、擠壓、刺殺和斬斷四魔之「障」或邪惡影響的功能。

本尊 （梵文：ishtadevata, ishtadevi；藏文：Yi-dam, Lhag-pa'i lha）

藏文「Yi-dam」一詞指的是男、女密宗神，修持者將其視爲自己的禪定神。作爲上師、本尊和空行母「三根本」之一。成就根本依本尊；加被根本依上師；除障根本依空行。

甘露 （梵文：amrita；藏文：bDud-rtsi）

原本屬於神的甘露，在攪拌大海、創生一切時重新重回神的手中。梵文「amrita」一詞有「長生」或「不死」之意，藏文的對應詞「bDud-rtsi」意爲「瓊漿玉液」（rTsi），可以戰勝惡魔或死魔。藏族藝術中，一般來說畫成正在旋轉的藍色滴液。

由旬 （梵文：Yojana；藏文：dPag-tshad）

「由旬」是古印度的大計量單位，是不套輓具的牛拉著車舒適

296

70.梵文：Upa-purana，《小往世書》，書名。

71.梵文：astabhumi，第八道品。

行走的路程距離。在早期的阿毗達摩體系中，一由旬相當於四千噚，大約四英里半。在後來的時輪體系中，由旬增倍至約九英里。《時輪密續》中列出了各種計量單位：「八顆粒相當於一個粒子。八粒子相當於一根優質髮絲的髮尖。八根髮絲尖相當於一粒芥子。八粒芥子相當於一隻蝨子。八隻蝨子相當於一粒大麥。八粒大麥相當於一指節。二十四指節相當於一軫。四軫相當於一弓，二千弓相當於一聞距，四聞距相當於一由旬。」

如來十力 (梵文：dasabala；藏文：sTobs bcu)

如來十力是達到菩薩道「第八道品」[70]的佛或菩薩的十種力量：■1知處非處智力；■2知自業智力；■3知種種解智力；■4知種種界智力；■5知根勝劣智力；■6知遍趣行智力；■7知淨慮解脫等持等至等智力；■8知宿命隨念智力；■9知死生智力；■10知漏盡智力。

吠陀 (梵文：vaidika, Veda；藏文：Rig-byed)

吠陀指的是四部最古老的《吠陀本集》，又作《四吠陀》，包括：■1《梨俱吠陀》；■2《夜柔吠陀》；■3《娑摩吠陀》；■4《阿闥婆吠陀》。構成了印度教最古老的經典，可能成書於公元前二千年，是根據印度聖者的「神示」撰寫的。吠陀時期（公元前2000年－前900年）後來被婆羅門時代所取代，婆羅門時代後期與釋迦牟尼佛陀時代同期。

往世書 (梵文：purana)

《往世書》是古印度神話傳說的彙集，涉及創世說、宇宙毀滅史詩、有關眾神的各種傳說及印度宗教和王族世系。現存十八部，另有十八部爲《小往世書》[71]，主要涉及有關梵天、毗濕奴和濕婆的各種傳說。《往世書》的大部分內容可能成書於公元六世紀和十四世紀之間，但有些部分可以遠溯到公元一世紀。

受用身 (梵文：Sambhogakaya；藏文：Longs-spyod rdzogs-pa'i sku)

神示現出三十二大相和八十小相的受用身。只有證果者才看得到。

明光 (梵文：prabhasvara；藏文：'od-gsal)

「明光」是最精煉或最細微的「意」，只有愚鈍的「意」不再活躍之時，才得以展示。儘管明光的內在光芒存在於芸芸眾生之中，但通常只有在死亡之際、更愚鈍的「意」消散時，才能體驗到明光。在無上瑜伽部的圓滿次第階段，修持者要學會如何控制體內所有重要的氣，並學會如何喚醒停留在心部、成為金剛滴露的「明光之意」，從而激起死亡的體驗。在密續中，死亡經歷中的「母明光」和經過禪修培養的「子明光」是有區別的。

法身 (梵文：Dharmakaya；藏文：Chos-sku)

法身指佛陀圓菩提心的純淨空性。

空行母 (梵文：Dakini；藏文：mKha' 'mgro-ma)

「空行母」的字面解釋是「穿越天際者」，這象徵的意義為沉浸在空性體驗中的人。空行母是瑜伽母，已獲得成就[72]，是教法的護法或圓滿智慧女神。空行母通常畫成裸體舞姿狀，身上裝飾著五骨節莊嚴。她們的男性伴偶叫「無畏」[73]。在印度教肖像畫法中，空行母經常視為吸血「女巫」，側伴著時母[74]和遮文荼等怒相女神。

空性 (梵文：shunya, shunyata；藏文：sTong-pa-nyid)

空性指現實的終極本性，完全不存在於「人空」和「法空」中，而在「我空」和「他空」之中。空性是「終極眞理」、「法性」和「眞如」[75]的同義詞。大乘佛教經文中提到二空、四空、十六或二十空。

金剛滴露 (梵文：vajrabindu；藏文：rDo-rje thig-le)

金剛滴露形成於紅、白菩提心露的精華，即：父母充裕的精液和經血。尋求轉世之眾生的轉世意識這個最細微的「意」，被包在滴露之中。在人的一生中，滴露在心臟中央始終不變。當死亡降臨之際，金剛滴露融化並開啟，讓最細微的「意」和「意」所依之「氣」進入到下一個轉世。

72. 梵文：siddhi，成就。

73. 藏文：dPa'-bo，無畏、英雄之意。

74. 梵文：Kali，時母，音譯「迦利」，意為「黑色女神」。印度教女神，雪山神女十個化身之一，濕婆的妻子。相對獨立的女神，殘滅和毀滅女神。性力派崇奉的主神之一。專喝惡魔的鮮血，據說她象徵強大和新生。

75. 梵文：tathata，真如，亦稱「如」。「如」是不變之意，指實現或最高真理。

76.原文：Titan，泰坦，希臘神話中的巨人。

77.藏文：rTag-gzig，大食，古地名。

78.原文：Bactria，巴爾赫，古稱「大夏」，現今阿富汗境內。

79.原文：Zoroastrianism，瑣羅亞斯德教，中國史稱「祆教」、「拜火教」，流行於古代波斯、中亞地區的宗教。

阿修羅 (梵文：Asura；藏文：Lha-ma-yin)

阿修羅是半神、泰坦[76]或「妒神」，居住在須彌山的低坡上。爲了爭奪如意樹，他們經常與高位階的神爭鬥。如意樹的樹根扎在較低的阿修羅界，果實卻長在更高的神界。作爲六界之一，阿修羅界的特點是妒忌和敵意。

阿羅漢 (Arhat, Archant；藏文：dGra-bcom-pa)

阿羅漢指的是獲得圓滿或擺脫輪迴之苦的人。「個人解脫」這個目標與小乘佛教「較低果位」尤爲有關。在傳統上，阿羅漢十六個爲一組，畫成佛祖釋迦牟尼的親傳弟子。梵文「Arhat」一詞有「值得尊敬之人」或「長者」之意，藏文的對應詞「dGra-bcom-pa」意爲「滅敵者」。

苯教信徒 (梵文：Bonpo；藏文：Bon-po)

藏文「Bon-po」一詞指的是苯教信徒。苯教是先於佛教的西藏本土宗教或「薩滿教」。據說，苯教源於西域的大食[77]，許多學者認爲其根源是波斯和巴爾赫[78]的瑣羅亞斯德教[79]。自從公元八世紀佛教傳入藏地以來，苯教吸納了許多佛教教義和教法，擴充了神靈的數量。與佛教徒順時針轉經相反，逆時針轉經是苯教徒最鮮明的特徵之一。

脈道 (梵文：Nadi；藏文：rTsa)

脈道指的是體內輸送紅、白菩提心露的神經或脈道及其承載的氣或「精氣」。人體內共有七萬二千條脈道，其中三條脈道格外重要。

般若 (梵文：prajna；藏文：Shes-rab)

「般若」一詞的最佳定義，或許是能根據空性正確理解萬象的「智慧」或能力，也可定義爲直接領悟現實（空性）眞實本質的感悟力。梵文「jnana」（藏文：Ye-shes）一詞也可以用來指「智慧」或「知識」。或許，圓滿心境的「原始認識」或「純淨、未遭污染的知識和直覺」，是其最佳定義。「般若」（智慧）始終被視爲具有「陰

「性」特質，男神的女性伴偶常稱作「般若」。由於具有空性的「陰性」（與「色」的陽性相反），神靈的左手手印和器物通常展示其智慧。

梵文中的五十個元音和輔音

怒相神所佩戴、用五十顆新割人頭或白色骷髏串成的長花環，象徵「語」的淨化，是梵文字母表中的十六個元音和三十四個輔音，或與之對應的藏文字母。在許多密宗觀修中，元音[80]和輔音[81]在循環的「語念珠」中生成，十六個「陽性」或白色元音順時針旋轉，而三十四個「陰性」或紅色輔音則逆時針旋轉。這些「咒語念珠」常與紅、白菩提心露在體內脈道中融合和流動。在某些能立[82]中，元音的數量可以增至四十，咒語念珠的數量可以加倍，兩圈白色元音的數量可達到三十二個，兩圈紅色輔音的數量可達到八十個。這些數字與得道者的三十二大相和八十小相相符。

十六個元音是：A，AA，I，II，U，UU，RI，RII，LI，LII，E，AI，O，AU，AM，AH。

三十四個輔音可分為七個語音組：**1** KA，KHA，GA，GHA，NGA；**2** TSA，TSHA，DZA，DZHA，NYA；**3** TA，THA，DA，DHA，NA：**4** TA，THA，DA，DHA，NA；**5** PA，PHA，BA，BHA，MA；**6** YA，RA，LA，WA；**7** CHA，SHA，SA，HA，KSHA。

寒林八飾 （藏文：Dur-khrod-kyi chas brgyad）

寒林八飾是最怒相神的八件服飾或「必需品」。前三件是面部用品，後三件是身上用品，最後兩件是臂飾、頭飾或項飾。寒林八飾包括：**1** 屍灰點子[83]，塗抹前額；**2** 鮮血明點[84]，塗抹鼻子的三個突出部分和臉頰；**3** 人油胭脂[85]，塗抹在下頜或喉部；**4** 披在背上的象皮肩披[86]；**5** 圍在脖子上的惡人全皮[87]；**6** 虎皮圍裙[88]；**7** 五種姓龍神的「旋轉蛇飾」；**8** 五骷髏冠頭飾和五十五顆乾骷髏或新割的人頭做成的頭飾。有時，金翅鳥的雙翼和一團噴焰的智慧火也會出現在怒相神第九件和第十件的服飾中。

80. 梵文：ali，元音。

81. 梵文：kali，輔音。

82. 梵文：sadhana，能立，因明學中要建立某種觀點主張或對論式的建立的證明，都是能立。

83. 藏文：Thal-chen-gyi tshom-bu，屍灰點子，寒林八飾之一。

84. 藏文：Khrag-gi thig-le，鮮血明點，寒林八飾之一。

85. 藏文：Zhag-gi zo-ris，人油胭脂，寒林八飾之一。

86. 藏文：gLang-po-che'i pags-pa，象皮肩披，寒林八飾之一。

87. 藏文：Zhing-lpags-kyi yang-gzhi，惡人全皮，寒林八飾之一。

88. 藏文：sTag-lpags-kyi sham-thabs，虎皮圍裙，寒林八飾之一。

89.無上瑜伽部，方便智慧無二和合，成為一切密乘至高無上。

90.梵文：Mahayoga，《大瑜伽方便續部》，四大密續之一。

91.梵文：Anuyoga，《瑜伽智慧續部》，四大密續之一。

92.梵文：Atiyoga，《方便智慧無二部》，四大密續之一。

93.梵文：bhumi，智地。「智」指的是佛智，「地」是基礎、所自來的地方。

無上瑜伽部 <small>（梵文：Anuttarayogatantra；藏文：rNal-'bor bla-na med-pa'I rgyud）</small>

　　無上瑜伽部[89]是四大密續中最複雜、最深奧的一部，特別強調禪修中生起次第和圓滿次第兩個階段。早期甯瑪派將無上瑜伽部（或稱內瑜伽部）分為三類：❶大瑜伽方便續部[90]；❷瑜伽智慧續部[91]；❸方便智慧無二部[92]。後來的新教派將無上瑜伽部分為：❶父續；❷母續；❸無二續部。《密集金剛密續》、《怖畏金剛密續》和《閻魔女密續》是主要父續；《轉輪王密續》、《金剛瑜伽母密續》和《喜金剛密續》是主要母續；《時輪金剛密續》是主要無二續。《父續》強調方便或方法及「幻身」的發展，《母續》強調智慧和「明光」的培養是空與樂的結合。

菩提心露 <small>（梵文：Bodhichitta；藏文：Byang-chub kyi-sems）</small>

　　在大乘佛教中，菩提心露有兩個層次鮮明的含義。一是傳統的菩提心露，指為芸芸眾生獲得圓滿的利他動力。二是終極菩提心露，指的是直接實現空性的覺識或智慧。在密宗教法中，菩提心露也指經過體內脈道並在其中流動的滴露或「精液」。這些滴露分為兩種：❶白色滴露，相當於男精；❷紅色滴露，相當於女血。白色滴露在頭輪（大樂輪），紅色滴露在臍輪（幻化輪）。時輪密續比較特殊，將四種滴露分別放在主輪（頭輪、喉輪、心輪和臍輪）上。「身滴露」在頭頂生成醒的狀態；「語滴露或夢滴露」在喉部，生成作夢的狀態；「心滴露或酣睡滴露」在心部，生成酣睡狀態；「深識滴露」在臍部，生成性愉悅的經歷。（參閱附錄四）

菩薩 <small>（梵文：Bodhisattva；藏文：Byang-chub sems-dpa'）</small>

　　菩薩或「覺者」指在精神之道上走了很久的精神修持者。主要目的是引領芸芸眾生經過他（或她）利他的菩提心的啟迪而獲得圓滿。大乘佛教教義列出了十大智地[93]，也就是從菩薩道到獲得大圓滿的十個階段（十地），但在某些密宗教法中可增至十三地。在佛教眾神之中，菩薩是五佛部的精神繼承者。傳統上，這些精神繼承者中的佼佼者為一組八大男菩薩和八大女菩薩，有時則是一組十六尊男菩薩和十六尊女菩薩。（參閱詞彙解釋「八大隨佛弟子」）

甯瑪派 (藏文：rNying-ma)

甯瑪派（「古譯派」）是西藏四大主要佛教教派中最古老的一派，可追溯到公元八世紀。當時，蓮花生和無垢友首次將佛教教義從印度傳到西藏。西藏其他三大教派是噶舉派、薩迦派和噶當派，統稱為「新教」或「新密乘」。噶當派後來併入格魯派（「新譯派」）。格魯派是由宗喀巴大師創建。甯瑪派、噶舉派和薩迦派常被稱為「紅帽系」，而格魯派被稱為「黃帽系」。

塔樓牌坊 (梵文：Torana；藏文：rTa-babs)

塔樓牌坊[94]作為佛和菩薩「六莊嚴」菩提寶座上的拱形圓光，在傳統上常飾有各種藝術圖案或神話動物，其頂部飾有金翅鳥或饕餮，圓光下飾有對稱的龍神和摩羯。兩側通常飾有各種圖案，如：珠寶十字桿、一對小神或天神、兩隻雜交羚羊[95]、兩頭獅子和兩頭大象。在尼泊爾加德滿都峽谷依然可以見到精美的木雕或石刻牌坊。在南印度的建築上，塔樓牌坊常呈精緻雕刻的門道狀，被稱作「山門」[96]。

聖道三要 (藏文：Lam-gyi gtso-bo-rnam gsum)

獲得圓滿的聖道三要為：**1**出離心；**2**菩提心；**3**正見。

滴露 (梵文：bindu；藏文：Thig-le)

(參閱「菩提心露」、「金剛滴露」及附錄四)

輪迴圖 (梵文：bhavachakra；藏文：Srid-pa'i 'khor-lo)

「輪迴圖」以圖解形式闡述了佛陀關於無常、苦難、羯磨、死亡和轉世進入六道輪迴及十二因緣等教法。圖中央繪有一頭黑豬、一隻小紅鴿子和一條綠蛇，牠們互咬著尾巴，象徵著癡、貪、瞋「三毒」。圖右邊白色部分的第二圈畫有升至上三界的人，左邊黑色部分畫有降至下三界的人。第三圈被輪輻分成五個或六個部分，畜生、餓鬼及各種地獄界的下三界都畫在較低的部位。人、阿修羅和天神的上三界畫在上面或其他兩、三處。輪最外層按順時針繪有十二因緣的圖解。閻王或紅色惡魔的爪子持輪，象徵無常。閻王或紅

94. 梵文「torana」一詞意為「甬道」，藏文「rTa-babs」一詞指的是「牌坊」，在此處似乎譯為佛像上的「背光」或「圓光」比較妥當。

95. 梵文：sharabha，雜交羚羊。

96. 原文：gopura，山門，印度南部廟宇的山門，常指山門上部的金字塔形的大塔。

色惡魔用致人死地的尖牙啃咬並吞食著輪子。釋迦牟尼化身站在輪的上方和輪的外緣，舉著右臂，指向月亮，象徵佛教教義將指引眾生免受輪迴之苦。「輪迴圖」是一件珍貴的文物，據說最初經由佛陀釋迦牟尼加以闡述。（參閱詞彙解釋「十二因緣」、「六界」和「三毒」）

器物（梵文：upakaranam；藏文：Yo-byad 'tshogs-chas）

神的標識、徽記或禮器。

斷行（梵文：Chod；藏文：gCod）

藏文「gCod」一詞的意思是「斷行」。這個獨特的禪定修習是由印度大成就者帕當巴・桑傑傳入西藏的，他又將教法傳承給其藏族女大弟子瑪久拉珍。修斷行的目的是斷滅對自我欣賞的依戀，借用強力的觀修方法切開自己的身體，將其供奉給餓鬼。斷行要趁夜深人靜之際，在與世隔絕的屍林中孤寂地修行。

識（梵文：vijnana；藏文：Shes-pa, rNam-shes）

「識」分為六類或八類。「六識」是五感識（眼識、耳識、舌識、鼻識、身識）和意識。另外兩識為阿賴耶識[97]和未那識[98]，與「六識」一起構成「八識」。

證果者（梵文：Mahasiddha；藏文：Grub-chen）

證果者指的是「大成就者」或修學佛道證得殊勝成就之人。傳統上，共有八大證果者。印度佛教共列出八十四位證果者，生活在八世紀和十二世紀間的這些歷史人物，都是佛教經文的主要傳承者或「闡述者」。

蘊（梵文：skandha；藏文：Phung-po）

五蘊是芸芸眾生的組成部分，包括：1色蘊；2受蘊；3想蘊；4行蘊；5識蘊。色蘊是「身」，其他四蘊是「意」。

護摩（梵文：homa；藏文：sByin-sreg）

傳統上，長時間閉關靜修結束後要舉行護摩儀式（火供儀式），以淨化閉關靜修期間滋生的罪孽。出於某個具體的宗教或世

俗目的，如：除障或增財，也可以舉行護摩儀式。護摩儀式必須喚請火神阿耆尼，並把各種東西作爲焚燒供品投入聖火中，供品包括木頭、草、穀物、種子、蜂蜜和乳酪。爲這些儀式專門修造的火灶或火坑一般分爲四種，與「四業」和密宗儀式相對應。白色圓形灶用於懷柔護摩；黃色方形灶用於增長護摩；紅色弓形型灶用於息滅護摩；黑色三角形灶用於誅滅護摩。

魔 (梵文：Mara；藏文：bDud)

魔試圖阻止佛陀修得正果。（參閱詞彙解釋「四魔」）

知識叢書 1055

藏傳佛教象徵符號與器物圖解（十周年紀念版）
The Handbook of Tibetan Buddhist Symbols

著／繪——羅伯特·比爾（Robert Beer）
譯　　者——向紅笳
副 主 編——陳怡慈
編　　輯——張啟淵
美術設計——萬勝安
企　　劃——林進韋
董 事 長
總 經 理——趙政岷
總 編 輯——余宜芳
出 版 者——時報文化出版企業股份有限公司
　　　　　　一〇八〇三臺北市和平西路三段二四〇號四樓
　　　　　　發行專線—（〇二）二三〇六—六八四二
　　　　　　讀者服務專線—〇八〇〇—二三一—七〇五
　　　　　　　　　　　　（〇二）二三〇四—七一〇三
　　　　　　讀者服務傳真—（〇二）二三〇四—六八五八
　　　　　　郵撥——一九三四—四七二四時報文化出版公司
　　　　　　信箱— 臺北郵政七九～九九信箱
時報悅讀網—http://www.readingtimes.com.tw
法律顧問—理律法律事務所 陳長文律師、李念祖律師
印　　刷—盈昌印刷有限公司
二版一刷—二〇一七年六月十六日
定　　價—新台幣四二〇元
（缺頁或破損的書，請寄回更換）

時報文化出版公司成立於一九七五年，
並於一九九九年股票上櫃公開發行，於二〇〇八年脫離中時集團非屬旺中，
以「尊重智慧與創意的文化事業」為信念。

國家圖書館出版品預行編目資料

藏傳佛教象徵符號與器物圖解 / 羅伯特.比爾(Robert Beer) 著；向紅笳譯. -- 二版. -- 臺北市：時報
文化, 2017.06
　　面；　　公分. -- (知識叢書；1055)
十周年紀念版
譯自：The handbook of Tibetan Buddhist symbols

ISBN 978-957-13-7027-9(平裝)

1.藏傳佛教　2.佛教法器　3.佛教藝術　4.象徵主義

226.964　　　　　　　　　　　　　　　　　　106007764

ISBN 978-957-13-7027-9
Printed in Taiwan